고신신학

23호

KB190360

Kosin Theological Journal

고신신학

제23호

위기 시대에
개혁신학과 교회는
어떻게
대응할 것인가?

고신신학회 지음

더워드

고신신학회는

신구약 성경이 정확무오한 하나님의 말씀인 것을 믿으며 그것에 기초하여
개혁주의적 신학을 연구하고 발전시키려는 취지로 형성된 모임으로서
신학전문학술지 「고신신학」을 정기적으로 발간하고 학술발표회를 개최하는 등
신학연구에 관한 사역을 담당하는 신학자 모임입니다.
이러한 취지와 활동에 뜻을 같이 하여 학술연구로 참여하고 기도와 재정으로
후원하기를 원하는 분들은 아래 주소로 연락해 주시기 바랍니다.

부산시 영도구 와치로 194 고신대학교 기독교사상연구소
Tel: 051) 990-2187

구독료는 한 권당 10,000원이며,
뜻있는 교회 및 독자가들은 아래 구좌로 후원해 주시기 바랍니다.

우체국 600015-0334180-12 고신신학회
국민은행 105-01-0966-273 고신신학회

고신신학회

차례

Kosin Theological Journal

편집자 서문

이번 고신신학 23호는 코로나19 전염병이 장기화되는 시대에 개혁신학과 교회가 어떻게 대응할 수 있는가를 다루었다. 하나님의 복음을 설교자는 충실히 전달하고 회중은 온유함으로 받으며, 하나님의 창조와 섭리를 믿고, 초기교회의 성장 원리를 따라 진리 안에서 사랑을 실천하며, 넓게는 공교회 좁게는 목회자의 실천적 역할을 되새기고, 교회 청소년의 요구를 충족시킬 수 있어야 함이 제안된다. 특집 논문들과 더불어, 나실인의 규례와 올 해 소천 받으신 김용섭교수의 생애와 기독교교육 사상에 대한 귀한 연구도 있다. 본 연구가 목회에 실제로 접목되고 결실하기를 소망한다.

2021년 7월
송영목

구약학

코로나 시대에 고찰하는 설교(선포)의 신학적 역할: 이사야 61장을 중심으로[1]

최윤갑(고신대학교 신학과 교수)

[초록]

본고는 이사야 61장에서 여호와의 종이 수행한 선포를 면밀히 조망함으로써, 설교의 신학적 역할과 중요성을 밝히는 데 목적이 있다. 코로나19 재난으로 인해, 대면예배가 쉽지 않은 상황에서 교회는 새로운 방식의 예배인 비대

---

1. 본고는 논자의 박사논문, "To comfort All who mourn: The Theological and Hermeneutical Function of Isa 61-62 in the Book of Isaiah" (Ph.D. Thesis, Trinity Evangelical Divinity School, 2016)의 제3장 일부분과 논자의 게제 논문 "A Theological Viewpoint Regarding the Purpose of Preaching: with Special Reference to the Proclamation in Isaiah 61," 『생명과 말씀』 24 (2019): 183-221을 더욱 정교하게 발전시킨 것임을 밝힌다. 하지만 본고는 두 가지 면에서 신학적·실용적 중요성을 갖는다. 첫째, 이전의 두 논문이 사 61장의 종의 선포가 창세기 1장의 창조 선포와 연결되었다고 논한 반면, 본고는 사 61장의 종의 선포가 창 1장의 창조 선포 뿐 아니라 레위기 25장의 희년 선포도 신학적·주제적인 관점에서 반영하고 있음을 더욱 발전시켜 논하였다. 둘째, 이전의 두 논문이 영어로 작성된 반면, 본고는 한글로 작성되었기 때문에, 한글 독자들의 가독성을 한층 더 높일 것으로 기대된다.

면 예배에 주목하게 되었다. 나아가 예배의 이런 변화는 설교의 중요성을 새롭게 부각시키는 결과를 가져왔다. 이런 상황에서, 본 연구는 이사야 61장에 나타난 종의 선포를 성경신학적으로 해석함으로써, 설교의 신학적 함의와 역할을 살피고자 한다. 이 목적을 성취하기 위해, 본고는 크게 세 부분으로 구성된다. 첫째 부분은 이사야 61장에 대한 선행 연구를 다루고, 그간 이 본문과 관련된 연구 주제들과 논의들을 살핀다. 둘째 부분은 이사야 61장의 구조와 중심 주제를 다루고, 세 번째 부분은 이사야 61장의 선포가 창세기 1장의 창조 선포와 레위기 25장의 희년 선포를 언어적·주제적인 관점에서 반영하고 있음을 논한다. 이상의 논의를 바탕으로, 결론적으로, 논자는 본고를 통해 설교(선포)가 신앙 공동체의 새 창조를 성취하는 신적 도구임을 논증할 것이다.

주제어: 설교, 선포, 이사야 61장, 창조, 희년

1. 들어가는 글

본고는 이사야 61장에서 여호와의 종이 수행한 선포를 면밀히 조망함으로써, 설교의 신학적 역할과 중요성을 밝히는 데 목적이 있다. 코로나 바이러스는 전 세계적으로 소위 '코로나19 펜데믹'(Pandemic)을 확산시켰고, "이전에는 비정상적인 것으로 여겨지던 것이 이제 상식적이고 일반적인 것으로 변화"된 '뉴 노멀'(new normal) 시대를 열었다.[2] 코로나19 펜데믹은 사회 전 분야에 걸쳐 지금까지 살아온 우리의 생활양식을 크게 바꾸어 놓았다.[3]

그런데 코로나19 펜데믹으로 인해 일어난 변화의 양상은 기독교계에도 큰

---

2. 이일영, "뉴노멀 경제와 한국형 뉴딜," 「동향과 전망」 100 (2017): 79.
3. 최동규, "코로나19 사태로 인한 뉴 노멀 시대의 목회," 「선교와 신학」 52 (2020): 173.

영향을 미치고 있다. 최동규는 코로나19 사태가 기독교에 미친 근본적인 영향
은 "사회적 거리두기와 비대면 커뮤니케이션의 확산"이라고 밝혔다.[4] 코로나
재난 속에서 성도들은 감염을 피하기 위해 타인과의 접촉을 꺼리게 되었고,
그 결과 교회의 예배와 모임은 위축될 수밖에 없었다. 물론 이 현상들은 교회
의 다양한 문제들—교인수의 감소, 소그룹 모임 자제, 재정적 어려움, 교육과
교재의 중단—을 파생시켰다. 반면 코로나 사태로 인해 교회는 반성의 기회와
예배와 선교의 새로운 가능성을 발견하는 계기를 마련하였다. 특히 대면예배
가 쉽지 않은 상황에서 교회는 새로운 방식의 예배인 비대면 예배에 주목하게
되었고, 이런 변화의 과정은 설교의 중요성을 새롭게 부각시키는 결과를 가져
왔다. 청어람 ARMC(오수경 대표)가 수행한 코로나19로 인한 교회 예배의 변
화와 교회의 미래에 대한 설문조사에서 여덟 번째 질문은 우리의 관심을 끈
다. "온라인 예배에서 가장 '예배'라고 느껴지는, 가장 만족한 지점은 무엇입니
까?" 이 질문에 대한 답의 1위는 설문 참여자 805명중 635명이 응답해 80%의
응답률을 보인 '설교'였다.[5] 한국교회의 목회적 상황에서 설교의 위치와 영향
력을 실로 크다고 할 수 있다. 특히 비대면 예배의 상황은 설교의 중요성을 상
대적으로 더욱 크게 부각시키는 계기를 마련하였다. 류병수 교수는 "코로나19
로 인해 온라인 예배가 불가피한 상황에서 개인의 영성과 목회의 구심점으로
무엇보다 설교가 부각되고 있다."라고 밝혔다.[6] 이런 시대적 상황에서, 논자는

---

4. 최동규, "코로나19 사태로 인한 뉴 노멀 시대의 목회," 174.
5. 박현철, "코로나19 이후 온라인 예배," 「청어람ARMC」 (2020. 9.), 접속 2021. 2. 12. http://www.
   newsnjoy.or.kr/news/articleView.html?idxno=301312. 설문은 202년 8월 20일부터 26일까지 소셜
   미디어를 통해 온라인으로 진행했고, 총 805명이 응답했다. 응답자 805명 중 일반 성도는 576명(71%),
   목회자는 188명(23%), 가나안 성도는 40명(5%)였다. 또한 773명(96%)가 10년 이상 신앙 연수를 가
   진 비교적 기독교 신앙이 체화된 사람들이었다. 류병수, "코로나 시대의 온라인 목회를 위한 설교," 「
   신학과 실천」 74 (2021), 177.
6. 논자는 본고에서 영상예배의 신학적 타당성에 대해 논하는 것을 지양하고, 대면예배와 비대면예배에

이사야 61장의 종의 선포를 중심으로, 설교의 신학적 역할과 중요성을 살피고자 한다. 본 연구는 성경신학적인 관점에서 설교의 신학적 함의와 본질적 가치를 밝힘으로써, 설교자들의 설교 사역 뿐 아니라, 교회의 예배 회복에 크게 기여할 것으로 기대된다.

이상의 목적을 성취하기 위해, 본고는 크게 세 부분으로 구성된다. 첫째 부분은 이사야 61장에 대한 선행 연구를 다루고, 그간 이 본문과 관련된 연구 주제들과 논의를 살핀다. 둘째 부분은 이사야 61장의 구조와 중심 주제를 다루고, 세 번째 부분은 이사야 61장의 선포가 창세기 1장의 창조 선포와 레위기 25장의 희년 선포를 언어적·주제적인 관점에서 반영하고 있음을 논한다. 이상의 논의를 바탕으로, 결론적으로, 논자는 본고를 통해 설교(선포)가 언약(신앙) 공동체의 새 창조를 성취하는 신적 도구임을 논증할 것이다.

2. 펴는 글

2.1. 이사야서 61장의 선행 연구와 그 한계

학자들은 이사야 61장에 특별한 관심을 보였고, 그 연구는 크게 세 가지로 분류된다. 첫째, 학자들은 이사야 61:1-3에 묘사된 선포자(Proclaimer)의 정체를 밝히는 데 집중하였다. 이사야 40-55장에 등장하는 종(42; 49; 50; 53장)과 이사야 61장의 종이 가진 언어적·주제적 상응관계를 바탕으로, 그들은 이 선포자가 각각 종, 종의 후손들 중 하나, 또는 복합적 인물이라고 주장하였

서 주도적인 역할을 감당하는 설교의 신학적 역할을 논하는 것에 중점을 둔다. 온라인 영상예배의 장단점에 관해서, 류병수, "코로나 시대의 온라인 목회를 위한 설교,"171-95를 참조하라.

다.[7] 두 번째, 학자들은 두 본문-이사야 61:1-3과 누가복음 4:16-20-의 신학적·해석학적 관계를 살피기 위해 이사야 61장을 연구하였다. 그들은 누가복음 4장이 메시야의 인물됨 보다는 사역을 묘사하는 데 치중하고 있음을 강조하였다. 그들에 의하면, 그리스도께서 회당에서 이사야 61:1-3을 읽은 것은 자신이 이사야서의 왕과 종을 통해 예견된 메시아 사역을 기독론적으로 성취하는 인물임을 공적으로 선언하는 것이다.[8] 마지막으로, 학자들은 이사야 61장이 다른 장들과 가진 언어적·문학적 호응관계를 바탕으로, 이사야 56-66장이 이사야서에서 수행하는 해석학적 역할을 파악하고자 하였다.[9] 대표적으로, 뷰컨 (W. A. M. Beuken)은 이사야 61장이 이사야 40-55장에 등장하는 종(42, 49, 50, 그리고 53장)과 복된 소식의 선포자(40:9-11; 52: 7-10)를 언어적·주제적인 관점에서 반영하고 있음을 설명한다. 그런데 이 선포자는 이사야 40-55장

---

7. W. W. Cannon은 사 61:1-3이 사 40-55장의 종의 노래 중 하나라고 여기고, 따라서 이 선포자는 사 40-55장에 등장하는 종과 동일인물이라고 여긴다. "Isaiah 61,1-3 an Ebed-Jahweh Poem," *ZAW* 47 (1929), 284-88을 참조하라; 반면, W. A. M. Beuken은 사 61:1-3에 선포자는 이사야 40-55장에 등장하는 종의 후손 중 한명이며, 이사야 56-66장에 등장하는 종들 공동체의 대표자라고 주장한다. "Servant and Herald of Good Tidings: Isaiah 61 as An Interpretation of Isaiah 40-55," in *Book Isaiah-Livre Isaie* (ed. Jacques Vermeylen; Louvain: Leuven University Press, 1989), 411-42를 참조하라; 끝으로, 윌리암슨(H. G. M. Wiliamson)과 슬트롬버그(J. Stromberg)는 사 61:1-3의 선포자는 사 40-55장에 등장하는 복된 소식의 선포자(40:9-11), 종(49; 50; 53), 고레스(45:1-2), 천상 회의에 참여하는 자(40:1-2), 그리고 선지자의 모습을 모두 가지고 있는 복합적인 인물(a composite character)라고 주장하였다. H. G. M. Williamson, *Variations on a Theme: King, Messiah and Servant in the Book of Isaiah* (Paternoster, 2000), 174-88과 Jacob Stromberg, David G. Firth, and H. G. M. Williamson, "An Inner-Isaianic Reading of Isaiah 61:1-3," in *Interpreting* (Downers Grove: IVP Academic, 2009), 261-72를 참조하라.

8. RobertB. Chisholm, "The Christological Fulfillment of Isaiah's Servant Songs," *Biblical Sacra* 163 (2006): 387-404; John Joseph Collins, "A Herald of Good Tidings: Isaiah 61:1-3 and Its Actualization in the Dead Sea Scrolls," in *Quest Context Mean* (Leiden: Brill,1997), 225-40.

9. W.A.M. Beuken, "Servant and Herald of Good Tidings: Isaiah 61 as an Interpretation of Isaiah 40-55," 411-42; Hugo Odeberg, *Trito-Isaiah (Isaiah 56-66):A Literary and Linguistic Analysis* (Uppsala: Lindequistska Bokhandeln, 1931), 250-60.

에 등장하는 종과 동일 인물이 아니라, 미묘한 차이들이 암시하듯이, 이 종의 후예들이다.[10] 결국 이사야 61장은 이사야 40-55장의 '종'이 이사야 56-66장에서 '종들'의 공동체로의 변모하는 주제의 발전을 보여주는 하나의 정경적 실례인 것이다.[11]

이사야 61장에 대한 대다수의 연구는 이 장이 이사야 40-55장과 가진 언어적·주제적 호응관계를 바탕으로, 이사야 61장에 등장하는 선포자의 정체를 밝히는 데 집중하였다. 하지만 이사야 61장에 등장하는 '선포'를 하나의 중요한 논제로 상정해 그 신학적·정경적 의미와 역할을 규명하는 연구는 아직까지 없는 상태다. 베스터만은 양식비평(form-criticism)에 근거하여 구약 본문의 다양한 문학적 장르와 형식을 분류하였다: 구원과 심판의 선포, 논쟁, 고발, 공동체와 개인의 애가.[12] 이 분류에 근거해, 그는 이사야 61장을 전형적인 "구원의 선포"로 규정하였고, 이 장이 구약의 선포 형식을 통해 시온의 구원을 전달하고 있음을 다루었다.[13] 그런데 베스터만이 이사야 61장을 구원의 선포로

---

10. 뷰컨은 사 56-66장의 주된 주제는 사 53:10에 나오는 '종의 후손'이 누구이고, 사 54:17의 '종들의 기업'이 언제, 어떻게 성취되는가에 집중하고 있다고 본다. 아울러, 사 61장에서 선포자가 여호와의 영의 기름 부음을 받은 것은 사 42장과 48:16에서 종이 여호와의 영의 기름 부음을 받은 것과 연결 될 수도 있지만, 더욱 정확히, 사 44:2-4와 59:21에서, 여호와의 영이 종의 후손들(seed, offspring)에게 임할 것이 예언 되었고, 그것의 성취가 사 61:1-3에서 이루어 진 것이라고 주장한다. 따라서 사 61:1-3에 등장하는 선포자는 사 40-55장의 종이 아니라, 그의 후손들 중 한명, 즉 종들 공동체의 대표자이다.
11. 일반적으로, 사 61장은 56-66장의 핵심 메시지를 담고 있고, 이 장들을 대표하는 장으로 알려져 있다. 따라서 이사야서에서 사 61장의 정경적, 해석학적 역할은 더 나아가 사 56-66장의 해석학적 역할을 충분히 반영한다. 사 56-66장에서 61장의 정경적 위치와 역할에 대해서는 Claus Westermann, *Isaiah 40-66: A Commentary* (Philadelphia: Westminster/John Knox, 1969), 296-97; John Goldingay, *Isaiah 56-66: A Critical and Exegetical Commentary* (London: Bloomsbury T&T Clark, 2014), 1-3를 참조하라.
12. Claus Westermann, *Basic Forms of Prophetic Speech*, Tr. by Hugh Clayton White (Louisville: Westminster/John Know Press, 1991); Claus Westermann, *Prophetic Oracles of Salvation in the Old Testament*, Tr. by Keith Crim (Edinburgh: T&T Clark, 1987).
13. Claus Westermann, *Isaiah 40-66*, 296-97.

명명한 것은 선포를 하나의 문학 형식으로 다룬 것이지, 신학 주제로 조망한 것이 아니라는 점을 주목해야 한다. 이와 같은 이론적 상황을 고려한다면, 논자가 본고에서 선포를 하나의 중심 논제로 다루고, 그 신학적·주제적 함의를 탐구하는 것은 의미 있는 시도라고 할 수 있겠다. 또한 구약의 선포가 오늘날 설교자들의 설교와 신학적으로 깊이 연관되었다는 점을 고려할 때, 이 연구는 코로나 사태를 맞아 신학적·목회적 중요도가 더욱 부각되는 설교의 성경신학적 의미와 역할을 규명하는 데 크게 기여할 것이다.[14]

2.2. 이사야 61장의 구조와 주제

이 부분에서 논자는 먼저 이사야 61장의 신학적·문학적 전후 맥락을 살핀 후, 이사야 61장의 전체 구조와 중심 주제를 다룰 것이다.

(1) 이사야 61장의 문학적·신학적 전후 맥락

이사야 56-66장에서 이사야 60-62장은 시온의 종말론적 회복, 구원, 그리고 영광을 묘사한다.[15] 특히, 클라우스 베스터만(Claus Westermann)에 의하면, 이사야 60-62장은 완전한 "구원의 메시지"를 펼치면서, 이사야 56-66장의 중심 주제를 전달하고 있다.[16] 그 중에서 이사야 61-62장은 여호와의 종이 시

---

14. 구약의 선포와 설교의 상관성에 관하여, 아래 자료를 참조하라. 이학재, "구약 선지서를 통해서 본 설교의 전형(Model)," 「개신논집」 9 (2009): 41-68.
15. B. S. Childs, *Isaiah*. OTL (Louisville: Westminster John Knox Press, 2001), 448-49; Westermann, 296; John N. Oswalt, *The Book of Isaiah 40-66* (Grand Rapids: William B. Eerdmans Publishing Company, 1998), 16; Joshph Blenkinsopp, *Isaiah 56-66* (New Haven: The Anchor Yale Bible, 2003), 38; Jeffrey Shaochang Lu, "Called to Proclaim Covenantal Transformation: A Text-Linguistic Analysis of Isaiah 59:21-63:6" (Ph.D. Thesis, Trinity International University, 1999), 86.
16. Claus Westermann, *Isaiah 40-66*, 296.

온 백성들을 향해 선포한 종말론적 회복, 구원, 영광을 생생하게 다루고 있다.

이사야 61장의 메시지를 정확히 이해하기 위해, 우리는 이 장의 앞뒤 근접 본문들을 살피고, 동시에 신학적·문학적 상관관계를 살피도록 하겠다. 먼저, 이사야 60장은 시온에 임할 '외적인 회복'을 중점적으로 기술한다.[17] 과거에 여호와는 시온 백성을 향해 진노하였지만, 이제는 무한한 긍휼과 자비로 그들을 회복시키고, 영원한 아름다움과 기쁨을 그들에게 허락하신다(10절, 15절). 그때 열방의 압제자들은 몸을 굽혀 그들에게 항복할 뿐 아니라, 금, 은, 각양 물품들을 가져와 황폐된 시온 성전과 성벽을 재건할 것이다(7절, 10절, 13절). 시온 백성은 열방의 풍성함과 영광을 누리지만, 시온 백성을 섬기지 않는 열 방은 파멸할 것이다(12절). 열방은 더 이상 시온을 과거의 황폐한 성읍이 아니라, 공의와 영광이 빛과 같이 빛나는 여호와의 보좌로 기억할 것이다.

반면 이사야 62장은 시온 백성들의 '내적인 변화'를 묘사한다. 이사야 62 장에서 시온 백성들은 새 언약 체결을 통해 한 때 여호와와 깨어진 언약관계를 새롭게 체결한다. 그들은 옛 이름-아주바, 셔마마-대신 새 이름-헵시바, 뿔 라, 거룩한 백성, 그리고 여호와께서 구속하신 자-으로 불리며, 새로운 시작을 경험하게 된다(4절, 12절). 그들은 언약의 주권자이신 여호와의 보호아래, 포 도주를 마시고, 추수한 곡식을 먹을 것이다(8-9절). 결국 그들은 여호와의 손 에 높이 들린 '아름다운 왕관'이 되어, 열방에서 부러움과 찬송의 대상이 될 것이다(3-5절, 12절). 특히 이 장면이 고대 사회 왕족의 결혼식을 연상시킨다 는 점에서, 이사야 62장은 머지않은 때에 시온이 여호와의 존귀한 신부로 변 모할 것을 예견하고 있다.[18]

---

17. Lu, "Called to Proclaim Covenantal Transformation," 85-153.
18. 사 62:1-5의 이면에 있는 고대 왕족의 결혼 예식에 관하여는, 아래의 자료를 참조하라. T. David Andersen, "Renaming and Wedding Imagery in Isaiah 62," *Biblica* 67 (1986), 75-80; Christle

이와 같은 이사야 60-62장의 맥락 속에서, 이사야 61장은 시온 백성이 과거의 황폐함과 애통함에서 벗어나 기쁨, 회복, 영광을 누리는 극적인 반전을 기술하고 있다. 여기서 중요한 점은, 여호와의 종이 그 백성을 향해 구원과 위로의 신탁을 선포할 때, 마음이 상한 자는 치료를, 포로된 자는 자유를, 애통하는 자는 기쁨을 누리는 극적인 변화를 경험한다는 것이다(1-3절). 그 날에 시온 공동체는 존재적인 측면에서 여호와의 언약 율례를 실천하는 '의의 나무(3절)'가 되고, 기능적인 측면에서 성전에서(60장) 제사를 집례하는 제사장이 된다(6절). 광의의 문맥에서 볼 때, "시온은 정의로 구속함을 받고 그 돌아온 자들은 공의로 구속함을 받으리라"라는 이사야 1장 27의 구원 신탁이 이사야 61장에서 성취된 것이다.

문학적·주제적 구조를 살필 때, 이사야 60장이 시온의 외적 회복을 다룬다면, 이사야 62장은 내적 회복을 다루고 있다. 이 속에서 이사야 61장은 종의 선포가 시온의 종말론적 변화와 구원을 성취하는데 결정적인 역할을 수행하고 있음을 보여준다. 달리 표현하자면, 문학적인 관점에서, 이사야 60-62장은 A-B-A' 구조, 즉 카이아스틱(Chiastic: 교차대칭) 구조를 이루고 있다.[19] 즉 이사야 61장은 이사야 60-62장이 전개하는 시온의 극적인 구원, 회복, 영광의 성취과정에서 중추적인 역할을 수행할 뿐 아니라, 선포가 얼마나 중요한 기능을 감당하고 있는지 구조적으로 시사하고 있다.

(2) 이사야 61장의 구조와 시온의 구원

학자들은 대부분 이사야 61:1-11을 세 단락(1-7절, 8-9절, 10-11절)으로 구분

M. Maier, *Daughter Zion, Mother Zion: Gender, Space, and the Sacred in Ancient Israel.* (Minneapolis: Fortress Press, 2008).

19. Blenkinsopp, 60-63; John Goldingay, 1-3.

하였다.[20] 하지만 논자는 이사야 61장을 네 개의 주요 단락으로 나눈다. 1-3절, 4-7절, 8-9절, 10-11절.[21] 특히 동사의 인칭 변화와 주제의 흐름을 면밀히 살필 때, 이 장의 구조 분석에서 결정적 차이를 보이는 1-7절을 1-3절과 4-7절로 나누는 것은 타당하고, 따라서 전체 구조를 네 개의 주요 단락으로 나누는 것을 적절하다. 1-7절을 두 단락으로 나누는 근거를 좀 더 상세히 논한다면, 첫째, 동사의 형태상, 1-3절이 1인칭 동사를 통해, 기름부음 받은 종의 사역과 그 목적을 다룬다면, 4-7절은 3인칭 동사를 통해, 시온 공동체의 회복과 구원을 사실적인 방식으로 서술하고 있다. 둘째, 구문론적으로, 1-3절은 "ל + 부정사" 형태를 일곱 번 사용하여 하나의 일관성 있는 단위로 묶고 있는 반면, 4-7절은 그런 구문론적 형태를 갖지 않는다. ל + 부정사를 중심으로, 1-3절의 구문 형태를 살피면 아래와 같은 구조가 나타난다.

기름을 부으사(마샤) --> 아름다운 소식을 전하기 위하여(르+바세르)
나를 보내사(샬라흐니) --> 마음이 상한 자를 고치기 위하여(르+하보쉬)
　　　+ 자유와 놓임을 선포하기 위하여(라+커로)
　　　　+ 은혜의 해와 보복의 날을 선포하기 위하여(라+커로)
　　　　　+ 모든 슬퍼하는 자를 위로하기 위하여(르+나헴)
　　　　　　+ 시온에서 슬퍼하는 자를 회복하기 위하여(라+슘)

---

20. B. S. Childs, Joseph Blenkinsopp, and Gary V. Smith은 사 61:1-11을 세 단락으로 나누었다. 아래의 자료를 참조하라. Childs, *Isaiah* 500-508; Blenkinsopp, *Isaiah 56-66*, 218-31; Gary V. Smith, *Isaiah 40-66: An Exegetical and Theological Exposition of Holy Scripture*, vol. 15B, *The American Commentary* (Nashville: B&H Academic, 2009), 628-44.

21. J.L. Koole, Lu, and R. N. Whybray는 사 61:1-11을 네 개의 주요 단락으로 나눈다. 아래의 자료를 참조하라. J.L. Koole, *Isaiah III. Volume III/Isaiah (Leuven: Peeters, 2001), 56-66*, 261-96; Lu, "Called to Proclaim Covenantal Transformation," 154-214; R. N. Whybray, *Isaiah 40-66, The New Century Bible Commentary* (Grand Rapids: Eerdmans, 1981), 239-46.

+ 재대신 화관을 주기 위하여(*라+테트*)

표1) 이사야 61:1-3의 동사 구문 형태

1-3절은 두 개의 주절("기름 부으사," "나를 보내사")과 일곱 개의 목적절로 구성되었다. 따라서 문법적·주제적 일관성 갖는 1-3절은 그렇지 못한 4-7절과 구분된다. 일곱 개의 ל + 부정사 절에서 세 번 반복해 등장하는 선포 관련 동사((*baśśēr*:1절, *qᵉrōʾ* 1절), (*qᵉrōʾ* 2절))는 이 주제의 중요성을 극대화하고 있다. 셋째, 주제 면에서, 1-3절은 종의 선포를 통해 시온이 경험할 변화와 회복—슬픔에서 기쁨으로, 포로에서 자유함으로, 그리고 억압에서 해방으로-을 일인칭 인물의 주관적인 톤으로 묘사한다면, 4-7절은 시온 백성의 변화—제사장이 됨, 오래 황폐한 곳들이 재건됨, 보상을 받음-를 객관적이고 사실적인 방식으로 서술하고 있다. 이상의 논의를 바탕으로, 우리는 1-7절을 1-3절과 4-7절로 구분한다.

셋째 단락(8-9절)은 화자의 전환을 통해 두 번째 단락(4-7절)과 뚜렷이 구분된다. 4-7절에 지배적이던 3인칭 동사 형태는 8-9절에서 여호와의 선포를 전달하는 1인칭 남성형으로 전환한다. 이 단락은 시온 백성을 향한 여호와의 영원한 언약체결과 그 결과를 다룬다. 여호와와의 영원한 언약체결을 통해, 시온 공동체는 그들과 그 자손들이 열방 가운데 영화로운 백성이 될 것을 확신하게 된다.

끝으로, 화자는 1인칭 동사 형태의 종에게 다시 전환함으로써, 새롭게 시작하는 마지막 단락(10-11절)은 이사야 61장의 결론 역할을 수행한다. 이 단락에 등장하는 종은 1-3절에서 구원의 신탁을 선포하며, 시온의 변화를 이끌었던 그 사역자이다. 그는 장차 성취될 시온의 놀라운 회복과 구원을 미리 내다보며, 여호와께 기쁨과 찬양을 올려 드리고 있다. 이상의 논의를 바탕으로, 우리는 이사야 61장을 아래와 같이 네 개의 주요 단락으로 나눌 수 있다.

첫째 단락(1-3절): 종의 권능 있는 선포와 시온 백성의 변화(A)
둘째 단락(4-7절): 시온 백성의 계속되는 변화와 영광스런 사역(A')
셋째 단락(8-9절): 여호와의 영원한 언약체결과 축복(B)
넷째 단락(10-11절): 종의 반응으로서 기쁨과 찬양(C)

첫째 단락은 이사야 61장 전체에 묘사된 시온의 변화와 구원이 어떻게 시작 되는지 보여준다. 영의 임재와 함께 여호와의 종이 말씀을 선포할 때, 시온 공동체는 종말론적 변화와 회복을 경험하기 시작한다. 둘째 단락은 앞 단락이 이미 다룬 시온의 종말론적 회복과 구원을 더욱 포괄적인 방식으로 발전시키는 반면, 셋째 단락은 그 선포된 시온의 회복을 확정짓는 여호와의 언약 선언을 다룬다. 마지막 단락은 시온의 구원과 영광을 미리 내다보는 한 종의 기쁨과 찬양을 생생하게 묘사하고 있다. 여호와의 종이 선포한 시온의 회복과 구원은 황폐한 상황에 놓여있던 백성에게 더할 나위 없이 큰 위로가 되었다.

(3) 이사야 61장에 나타난 선포의 신학적 기능

이사야 61장은 여호와의 종이 시온 공동체를 향해 선포한 구원의 선포를 중점적으로 다룬다. 이 선포는 이사야 62장에서 다수의 파수꾼들이 쉬지 않고 전파하는 '지속적인 선포'의 주제로 더욱 발전한다(1, 6절). 그렇다면 선포(qr)의 주제는 이사야 61장에서 어떤 신학적·주제적 함의를 내포하고 있는가? 선포의 본질적인 기능은 무엇인가? 이 질문에 답하기 위해, 논자는 이사야 61장이 창세기 1장의 창조 선포와 레위기 25장의 희년 선포를 언어적·주제적인 면에서 반영하고 있다는 사실에 주목할 것이다. 이 호응관계를 근거로, 논자는 선포의 주제가 창세기 1장과 레위기 25장에 공통적으로 제시된 창조 신학과 깊이 연관되어 있음을 논증할 것이다.

(a) 이사야 61장의 선포와 창세기 1장의 창조 선포

이사야 61장에 묘사된 종의 선포와 창세기 1장의 창조 선포 사이에는 두드러진 유사성이 나타난다. 우리는 두 본문의 유사성을 세 가지 관점—언어적, 주제적, 그리고 결과론적—에서 살피도록 하겠다. 첫째, 이사야 61장에서 히브리어 동사 $qr̄'$("선포")는 여호와의 창조 선포를 회상함으로써 새 창조의 뉘앙스를 강력하게 전달하고 있다. 구약성경에서 히브리어 동사 $qr̄'$는 상당히 포괄적인 의미들—큰 소리로 부르다, 이름 짓다, 초청하다, 언급하다, 소환하다, 선포하다, 광고하다, 읽다—을 포함한다.[22] 그런데, 종커(Jonker)에 의하면, 많은 선지서에서 $qr̄'$는 여호와의 종이 "여호와의 뜻을 전달한다는 의미"의 "선포를 지칭하는 전문용어(technical term)"로 사용된다(사 40:2, 6, 58:1; 61:1-2; 렘 2:2; 3:12; 7:2; 11:6; 19:2; 20:8; 49:29; 욘 1:2; 3:2, 4; 슥 1:4, 14, 17).[23] 그 선포는 이스라엘 공동체 가운데 여호와의 계획을 알릴 뿐 아니라, 그것을 성취하는 신적 도구로 작용한다.

창세기 1장에서 $qr̄'$는 여호와께서 태초에 창조된 기본적인 사물들과 단위들—하늘, 땅, 바다, 낮, 그리고 밤—에게 "이름을 부여한다"는 의미를 주로 전달한다(1:5, 8, 10). 그런데 두 가지 이유에서, 창세기 1장의 $qr̄'$동사는 어떤 이가 일상적으로 다른 사람이나 사물에게 이름을 부여하거나 이름을 부른다

---

22. Kindl Hossfeld, "$qr̄'$," *TDOT* 8: 109-35; Louis Jonker, "$qr̄'$," *NIDOTTE* 4: 971-74.
23. Jonker, "$qr̄'$," 972.

는 의미보다, 창조 선포의 형식을 빌려 여호와께서 이름을 수여한다는 함의를 강하게 내포한다. 즉 여호와의 이름수여 선포는 그의 창조 선포(창 1:3, 6, 9)와 의미론적으로 연속선상에 놓여 있다. 첫째, 구문론적으로, *qr'*동사(창 1:5, 8, 10)는 미완료 와우 계속법 동사(waw-consecutive imperfective verb) 형태로 창조의 선포행위를 나타내는 *ymr*("선포하다, 말하다") 동사(창 1:3, 6, 9)와 긴밀하게 연결되어 있다. 이것은 여호와의 이름 수여 행위가 창조를 위한 그의 신적인 선포와 함께 진행되었음을 암시한다. 둘째, 의미론적으로, *qr'* 동사는 *ymr*동사와 병치 구조(parallel)를 이루면서, 이름을 부여한 여호와의 행위가 창조를 위한 신적 선포와 동격임을 구조적으로 보여 준다. 이런 맥락에서, 대다수의 성경이 창세기 1:5, 8, 10의 *qr'*동사를 단순히 "-을 부르다"라고 번역하였지만, 더욱 정확히 3, 6, 9절에 나타난 창조 선포의 뉘앙스를 살려 "선포하여 부른다" 또는 "선포하여 칭한다"라고 번역하는 것이 타당하다. 그러므로 이사야 61장에서 '선포하다'라고 번역된 *qr'*동사는 태초 창조를 성취한 여호와의 이름수여 선포를 떠올리며, 종의 선포가 창조를 위한 신적 선포임을 암시한다.

둘째, 이사야 61장에 나타난 여호와의 영은 종의 선포가 새 창조를 성취하는 신적 행위임을 암시한다. 여호와의 영은 하늘과 땅의 만물에 생명을 부여할 뿐 아니라, 질서를 유지하며, 태초의 창조를 완성하였다. 영의 임재를 통해, 모든 만물은 여호와의 눈에 아름다운 생명체가 되었다(창 1:10, 12, 18, 21, 25, 31). 특히 여호와의 영은 선포된 말씀과 동역하여 창조의 사역을 완성하였다. 윌프 힐더브란트(Wilf Hildebrandt)에 의하면, "강력하게 활동하는 여호와의 영의 권능을 통해, 태초의 여호와의 말씀은 그 성취를 이루었다."[24] 시편 33:6

---

24. Wilf Hildebrandt, *An Old Testament Theology of the Spirit of God* (Grand Rapids: Baker Academic, 1993), 37.

은 "여호와의 말씀으로 하늘이 지어졌으며, 그 만상을 그의 입 기운으로 이루었도다."라고 말하는데, 여기서 "기운(*rûaḥ*)"은 히브리어의 (여호와의) 영을 의미한다. 따라서 여호와의 말씀과 함께, 여호와의 영은 태초의 창조를 성취하는데 결정적인 역할을 수행하였다.

놀랍게도, 이사야 61장에서, 태초의 창조에 일하셨던 여호와의 영은 이제 여호와의 종위에 임재하신다. 이것은 이 종의 선포가 단순한 언어의 전달에 그치는 것이 아니라, 시온 공동체를 새롭게 하는 (새)창조의 방편임을 시사한다. 즉 태초의 창조에 활동하셨던 여호와의 영은 이제 여호와의 종에게 임하여서, 그를 신적 대리인으로 세울 뿐 아니라, 그를 통해 선포된 종말론적 위로와 구원이 공동체가운데 성취되도록 조력하신다. 이런 맥락에서, 종의 선포는 영의 임재가운데 시온 공동체를 새롭게 변화시키는 새 창조의 도구가 된다(61:3, 10-11).

셋째, 이사야 61-62장의 새 이름 모티프 또한 종의 선포가 새 창조를 향한 신적 활동임을 의미한다. 종이 행한 선포의 결과로서, 시온 백성들은 새 이름을 갖게 된다. 의의 나무(61:3), 여호와의 제사장(61:6), 남편의 기쁨이 있는 여인(62:4), 결혼한 여인(62:4). 이 이름들은 과거 어둡고 슬펐던 시온의 운명이 새로운 운명으로 변화된 것을 짐작케 한다. 중요한 점은, 이사야 61-62장에 나타난 '선포'와 '새 이름' 모티프의 병치가 창세기 1장에 묘사된 태초의 창조 기사에서도 동일한 패턴으로 등장한다는 것이다. 좀 더 구체적으로, 창세기 1:3, 6, 9절에 나타난 여호와의 신적 선포는 곧이어 창세기 1:5, 8, 10의 여호와의 이름수여 장면과 연결된다. 여호와의 창조 선포가 이름 수여를 가져 온 것이다. 창세기 1장의 이와 같은 구문론적·문학적 구조속에서, 새 이름 모티프는 태초의 창조가 완성되었을 뿐 아니라, 창조의 과정에서 선포가 결정적인 역할을 수행하였음을 내포한다. 이 논의가 적실하다면, 이사야 61장에서 선포와 함께 등장하는 새 이름 모티프는 창세기 1장에 묘사된 창조의 선포와 새 이름 모티프를 언어적·주제적인 면에서 반영하고 있다. 특히 창세기 1장에서 첫 창조가 성취되었다는 증표로서 각각의 사물들에게 이름을 부여하신 여호와는 이제 이사야 61-62장에서 선포를 통한 새 창조가 시온에 성취되었다는 빙거로서 새 이름들을 수여하고 계신 것이다. 이런 주제의 패턴속에서, 이사야 61장의 새 이름 모티프는 종의 선포가 시온 백성들의 새 창조에 직접 개입한 신적 매개체임을 암시한다.

이상의 논의를 받아들인다면, 결론적으로, 우리는 이사야 61장에서 여호와의 영의 기름부음 받은 종의 선포가 창세기 1장에서 태초의 창조를 가능하게 하였던 여호와의 선포를 언어적·주제적인 면에서 반영하고 있음을 알 수 있다. 즉 선지자는 이사야 61장의 종의 선포에 창세기 1장의 창조 선포를 반영함으로써, 선포가 (새)창조를 성취하는 신적 도구임을 암시하고 있다. 존 골딩게이가 잘 설명하였듯이, "선포는 발화행위를 만들고, 이것은 또한 선포된 것이 실재하도록 역사한다. 즉, 선포는 새 창조의 사건을 성취하는 특징을 가진다."[25] 구속사의 흐름에서, 신적 선포를 통해 태초의 창조를 성취하셨던 여호와는 이제 영의 기름부음을 받은 종의 선포를 통해 시온 공동체를 새롭게 창조하고 계신 것이다. 창세기 1장과 이사야 61장에 나타난 선포 주제의 유사성을 도표로 나타내면 다음과 같다.

---

25. John Goldingay, *Isaiah 56-66*, 298. 원 문장은 아래와 같다. "proclamation constitutes an 'announcement ... which also gives rise to that which is proclaimed; it has an [new creation] event-character." 특히, 필자는 앞의 문장은 그대로 번역하여 본 논고에 인용하였고, 마지막 한 문장은 변형하여, 이곳에 인용하였다.

	창세기 1장	이사야 61장
선포의 용어	선포하다(카라), 말하다(아마르)	선포하다(카라), 말하다(아마르)
여호와의 영	수면 위에 운행하심	종에게 기름부으심
이름 수여	하늘, 땅, 낮, 밤	의의 나무, 헵시바, 뿔라
결과	처음 창조	운명의 전환, 영광, 새 언약체결 - 새 창조

표2) 창세기 1장과 이사야 61장의 선포

(b) 이사야 61장의 선포와 레위기 25장의 희년 선포

이사야 61장에 나타난 종의 선포는 레위기 25장의 희년 선포를 언어적·주제적 면에서 회상함으로써, 선포가 언약 공동체의 새 창조를 성취하는 신적 도구임을 지지한다. 논자는 두 선포 사이에 존재하는 유사성을 두 가지 관점에서 다루겠다. 첫째, 이사야 61:1의 종의 선포는 레위기 25:10에 언급된 '자유의 선포'($q^e r\bar{o}$' $d^e r\hat{o}r$)를 반영함으로써, 그의 선포가 시온 공동체를 새롭게 창조하는 신적 매개체임을 암시한다. 희년은 구약에서 레위기 25장, 27:16-25, 민수기 36:1-4, 예레미야 32:6-15에 등장한다. 구약에서 희년이라는 명칭은 크게 네 개의 다른 표현으로 나타난다. 먼저 레위기 25:12, 27:24, 에스겔 46:17에 나오는 '희년'이 있고, 레위기 25:10에 나오는 '오십년이 되는 해,' 이사야서 61:2의 '은혜의 해,' 마지막으로 신명기 15:9와 31:10에 나오는 '면제의 해'가 있다.[26] 희년의 대속죄일에 대제사장은 나팔을 불어 그 땅에 있는 모든 주민을 위하여 자유를 공포하였다(레 25:10). 여기서 자유를 일컫는 히브리어 데로르($d^e r\hat{o}r$)는 '자유, 해방, 석방'의 의미를 가지고 있다(레 25:10, 사 61:1, 렘

---

26. 박승탁, "희년에 나타난 기독교 사회복지사상의 현대적 의미" 「신학과 목회」 39 (2013), 307; 김종택, "희년의 성경신학적 이해와 현대적 적용에 관한 연구" (석사논문. 대한신학대학교, 2009), 7.

34:8, 15, 17). *데로르*는 "풍성하게 흐르다"라는 뜻에서 유래되었는데, 이 단어의 아카드 동족어(anduraru와 duraru)는 "빚의 청산과 노예 해방칙령"을 뜻하는 전문용어로 사용되었다.[27] 이 용어는 문맥에서 빚으로 팔렸으나 아직 속량되지 못한 종들이 자신들의 상속받은 땅으로 복귀하면서 자유인이 되는 해방을 의미한다(참고. 렘 34:8, 14; 겔 46:17; 사 61:1).[28] 그러므로 "이스라엘 백성들은 ... 매년의 대속죄일에 속죄를 영적으로 경험한다면, 50년마다 있는 희년을 통하여 사회 경제적인 자유와 해방을 누렸다."[29]

레위기 25장에서 희년의 근본정신은 아래 구절들에서 잘 드러난다.

너희는 오십 년째 해를 거룩하게 하여 그 땅에 있는 모든 주민을 위하여 자유를 공포하라 이 해는 너희에게 희년이니 너희는 각각 자기의 소유지로 돌아가며 각각 자기의 가족에게로 돌아갈 지며(레 25:10b)

그 때에는 그와 그의 자녀가 함께 네게서 떠나 그의 가족과 그의 조상의 기업으로 돌아가게 하라(레 25:41b)

희년에 이르러는 그와 그의 자녀가 자유하리니(레 25:54)

희년이 되면 땅과 백성들은 안식하였다. 수고하지 않은 땅에서 난 소출을 먹을 때, 그들은 여호와의 주권과 창조 행위를 묵상하였다. 하지만 희년의 가

---

27. H.F. W. Gesenius, 『히브리어사전』, *Hebrew and English Lexicon of the Old Testament(with an Appendix Containing the Biblical Aramaic*, 이정의 역 (서울: 생명의 말씀사, 2012), 165-66.

28. 김의원, 『레위기 주석』(서울: 기독교문서선교회, 2013), 776.

29. 최일웅, 『레위기 25장의 희년법 연구』(목회학석사논문, 고신대 신대원, 2019), 45.

장 중요한 규례는 다름이 아니라 자연재해나 경제적 빈곤으로 어쩔 수 없이 종으로 팔렸던 자들이 자유의 선포를 기점으로 원래 가족에게 돌아가는 것이다. 백성들이 가난과 빈곤으로 잃어버린 소유지를 되돌려 받고, 새로운 삶의 기회를 얻게 된다는 점에서 희년의 정신은 그 절정에 도달한다. 따라서 신득일 교수가 지적한 것처럼, "희년의 특징은 해방과 본래대로 상환(restitutio ad integrum)"에 있다.[30] 희년을 통해 백성들은 노예 신분에서 풀려나 자유를 경험할 뿐 아니라, 되돌려 받은 토지와 기업을 통해 새로운 삶의 기반을 마련하였다. 그런데, 의미심장하게, 이와 같이 "토지를 무르거나 희년에 돌려주는 것, 종의 신분에서 속량되고 희년에 해방되는 것은" 에덴에서 태초의 인간이 경험하였던 하나님 나라와 통치가 원형적으로 다시 회복되는 것을 암시한다.[31] 즉, 김선종 교수가 주장한 것처럼, "레위기 25장의 안식년과 희년은 비단 땅의 휴경, 노예 해방, 토지환원 등과 관련된 법률적 의미만을 가지고 있지 않다. 이는 제사장 전통의 창조 신학(창 1-2:4상)을 역사화"하는 것이다.[32]

중요하게도, 이사야 61:1은 레위기 25:10의 자유의 선포를 언어적·주제적인 측면에서 정확하게 반영한다.

"너희는 오십 년째 해를 거룩하게 하여 그 땅에 있는 모든 주민을 위하여 자유를 공포하라(q⁽ᵉ⁾rā'tem d⁽ᵉ⁾rôr)(레 25:10)."

"나를 보내사... 포로된 자에게 자유를 선포하기 위하여(q⁽ᵉ⁾rō' d⁽ᵉ⁾rôr), 갇힌 자에게 놓임을 선포하기 위하여(사 61:1)."

---

30. 신득일, "희년 윤리," 『구약과 현실문제』 (서울: CLC, 2021), 148.
31. 최일웅, 『레위기 25장의 희년법 연구』, 39.
32. 김선종, "레위기 25장의 형성: 안식년과 희년의 연속성과 불연속성," 「장신논단」 40 (2011): 111.

레위기 25장에서 노예로 팔렸던 이스라엘 백성들은 희년의 선포를 통해 그간의 속박과 혼돈을 끝내고 자유를 누릴 뿐 아니라, 돌려받은 토지를 근간으로 새로운 삶을 시작할 수 있었다. 마찬가지로, 이사야 61장의 종의 선포를 통해 포로 된 자는 자유를, 갇힌 자는 놓임을, 마음이 상한 자는 치유를, 가난한 자는 새로운 삶의 터전을 갖게 되었다. 즉 종의 선포는 시온 공동체의 해방, 치유, 회복을 알리는 공적인 신호탄이다(사 61:1). 이사야 58:6에 의하면, 포로 후기 이스라엘 백성들은 상당한 사회·경제적 억압과 착취 속에 고통받았다. "흉악의 결박을 풀어 주며 멍에의 줄을 끌러주며 압제 당하는 자를 자유하게 하며 모든 멍에를 꺾는 것이 아니겠느냐." 이런 사회·경제적 정황 속에서, 여호와의 종의 선포는 그 백성들을 결박, 멍에의 줄, 포로 됨의 고통에서 자유케 하는 새 창조의 선포였다. 다시 말해, 희년의 선포가 근본적으로 혼돈과 억압을 넘어 에덴의 질서와 샬롬을 지향하는 것처럼, 이사야 61장의 종의 선포는 효과적인 신적 도구로서 시온 공동체의 간힘, 상처, 애통을 넘어 종말론적 새 에덴과 새 창조를 예견한다.

둘째로, 이사야 61(62)장에 묘사된 땅의 풍성한 소출과 포도주는 희년에 배출된 풍족한 농작물과 과일을 반영함으로써, 선포가 새 창조의 활동임을 지지한다. 레위기 25:4-5와 11절에 의하면, 희년을 맞은 이스라엘 공동체는 땅을 쉬게 하고, 여호와께서 직접 허락하시는 농작물과 포도를 먹어야 했다. 희년 제도는 토지가 반환되고, 노예가 행방됨으로써, 사회가 근본부터 갱신된다는 고무적인 요소를 안고 있지만, 반면 이 때를 기점으로 파종이 상당 기간 중단되어 그들의 생존이 위협받는 시험적인 요소도 포함하고 있다. 그렇기 때문에, 희년 규례의 순종을 언급하면서, 여호와는 그들에게 풍성한 소출과 과일을 약속하셨다: "너희는 내 규례를 행하며 내 법도를 지켜 행하라 그리하면 너희가 그 땅에 안전하게 거주할 것이라 땅은 그것의 열매를 내리니 너희가 배불리

먹고 거기 안전하게 거주하리라(19절)." 나아가, 풍성한 소출은 "노동의 결과로 얻은 소출이 아니라, 하나님의 약속을 신뢰하고 순종했을 때 얻는 복으로서, 타락 이전 에덴동산의 모습"과 풍요로운 낙원을 연상시킨다.[33]

중요하게도, 이사야 선지자는 시온 공동체의 종말론적인 구원과 회복을 다루면서, 희년의 주제를 뚜렷이 반영한다. 이사야 61:6("그들의 땅에서 갑절이나 얻고")에서 시온 백성들이 갑절의 농작물과 소출을 얻게 되는 것은 여호와의 개입으로 인한 희년의 풍성한 소출을 암시한다. 나아가, 선포를 통한 시온의 회복을 더욱 구체적으로 전개하는 이사야 62장에서, 특히 8절은 포도주 모티프를 사용하여 희년에 경험되는 백성의 풍요로운 삶을 반영한다. "네가 수고하여 얻은 포도주를 이방인이 마시지 못하게 할 것인즉."[34] 비슷한 연대에 기록된 미가서도 구원의 때를 다루면서 희년의 주제를 다음과 같이 내비친다. "각 사람이 자기 포도나무 아래와 자기 무화과나무 아래에 앉을 것이라(믹 4:4; 참조. 슥 3:10)."[35] 즉 선지서에서 포도나무와 포도주 모티프는 희년의 풍성한 소출과 풍요로움을 암시하는 대표적인 문학 장치이다(레25: 4-5; 11; 사 62:8; 믹 4:4; 슥 3:10). 따라서 이사야 61-62장에서 종의 선포와 함께 시온 백성들이 풍성한 소출을 수확하고, 특히 포도주를 마시는 장면은 희년을 맞아 이스라엘이 경험하는 사회의 갱신과 새 창조를 뚜렷이 반영하고 있

---

33. 최일웅, 『레위기 25장의 희년법 연구』, 38.
34. 논자는 사 62:8에 "네가 수고하여 얻은 포도주"라는 문구를 히브리어 동사 *yāgaʿattⁱ*의 의미에 근거하여 "네가 수고하여 빚은 포도주"로 해석한다. 이 동사는 크게 세 가지 의미가 있다. (1) 약하게 하다, 피곤하게 하다. (2) 수고하다, 노동일을 하다, (3) 얻으려고 노력하다. 개역개정 한글 성경에 서 "수고하여 얻은"이라고 번역된 이 문구는 포도원이나 밭에서 수고하여 일하였다는 뉘앙스를 전달하는 듯 하다. 하지만, 히브리어의 의미상, 이 단어는 "수고하여 포도주를 얻었다, 또는 빚었다"라는 의미가 더욱 타당하다. 이런 맥락에서, 공동번역성경은 이 부분을 "네가 땀 흘려 얻은 포도주를 결코 내주지 아니하리라"라고 번역한다.
35. 신득일, "희년 윤리," 153.

다. 이런 맥락에서, 이사야 61장은 희년 전통에 빗대어 시온 공동체의 새 창조를 기술하고 있고, 종의 선포는 그 창조를 촉발하고, 가능케 하는 신적 매개체로 나타난다.

이상의 논의에서, 논자는 이사야 61장의 종의 선포가 창세기 1장의 창조 선포와 레위기 25장의 희년 선포를 언어적·주제적인 면에서 반영하고 있음을 논하였다. 창조 선포 뿐 아니라, 희년 선포는 공통적으로 창조의 주제를 다루고 있다. 전자의 선포가 창조의 직접적인 양상과 모습을 묘사하고 있다면, 후자의 선포는 이스라엘 공동체의 사회·경제적 새 창조를 기술하고 있다. 이사야 61장은 이상의 두 선포를 반영함으로써, 종의 선포가 그 자체로 창조의 영향력을 가진 신적 행위임을 암시할 뿐 아니라, 더욱 포괄적으로 언약 공동체의 사회·경제적 새 창조까지 성취하는 신적 매개체임을 시사하고 있다. 이런 맥락에서, 이사야 61장에서 영의 임재가운데 수행된 종의 선포는 시온 공동체를 새롭게 창조하는 새 창조의 도구이다.

3. 나가는 글

본 연구에서 논자는 이사야 61장에 나타난 종의 선포를 통해 설교의 신학적·주제적 함의를 살폈다. 저명한 설교학 교수인 해돈 로빈슨 교수는 교회의 모든 사역과 모임에서 '설교 사역은 그 어떤 것으로도 대체할 수 없는 본질'이라고 강조했다.[36] 설교의 신학적·목회(실천)적 중요성은 아무리 강조해도 지나치지 않다.

---

36. Haddon W. Robinson, *Expository Preaching: Principles & Practice* (Leicester: Inter-Varsity Press, 1980), iii.

그런데 코로나19 전염병의 확산을 기점으로 교회들이 비대면 영상 예배를 진행하게 됨에 따라 설교는 한층 더 시급하고, 중요한 사역으로 부각되고 있다. 대면 예배에서 청중과 함께 호흡하며 설교하던 설교자는 이제 스크린을 보며 저 너머에 있는 청중을 향해 설교해야 한다. 청중의 입장에서도, 대면 예배 때와는 달리, 한층 더 전문화된 발성법, 설교 내용, 매너와 제스처를 갖추지 않으면, 영상 설교에 끝까지 집중하기가 쉽지 않다. 코로나19 사태로 인한 "뉴 노멀"은 사회 전반적인 영역 뿐 아니라, 교회의 예배에서도 긴급한 도전에 대한 새로운 응전을 요구하고 있다.

이러한 상황에서, 논자는 본 연구를 통해 설교의 본질적인 기능과 중요성을 성경신학적인 관점에서 논하였다. 이사야 61장의 종의 선포가 창세기 1장의 창조 선포와 레위기 25장의 희년 선포를 언어적·주제적인 면에서 반영하고 있다는 사실에 근거하여, 논자는 선포가 언약 공동체를 새롭게 창조하는 신적 매개체임을 논증하였다. 그러므로 설교는 여호와께서 선포를 통해 성취하신 첫 창조를 구속사를 통해 오늘날에도 지속하는 항구적인 사역일 뿐 아니라, 말씀 선포 가운데 예배 공동체가 희년의 해방과 삶의 새로운 질서를 경험케 하는 새 창조의 사역이다. 이것은 코로나19 재난을 맞이한 설교자와 교회에 중요하고 시급한 신학적 함의를 전달한다. 즉 여호와의 말씀을 따라 신앙 공동체를 새롭게 창조한 구약의 선포행위는 이 시대의 설교가 동일하게 말씀 가운데 예배 공동체를 새롭게 창조할 수 있는 신적 매개체임을 주지한다. 선포에 관한 이와 같은 성경 신학적 해석은 구약적 관점에서 설교의 역할과 중요성을 강조함으로써, 오늘날, 특히 코로나19 재난이 확산되는 이 때, 설교자가 어떠한 진지함과 성실함으로 설교 사역을 수행할지 그 지침을 제공한다.

참고문헌

김선종. "레위기 25장의 형성: 안식년과 희년의 연속성과 불연속성." 「장신논단」 40 (2011): 95-117.

김의원. 『레위기 주석』. 서울: 기독교문서선교회, 2013.

김종택. "희년의 성경신학적 이해와 현대적 적용에 관한 연구." 석사논문. 대한신학대학교, 2009.

류병수. "코로나 시대의 온라인 목회를 위한 설교." 「신학과 실천」 74 (2021): 171-95.

박승탁. "희년에 나타난 기독교 사회복지사상의 현대적 의미." 「신학과 목회」 39 (2013): 303-330.

박현철. "코로나19 이후 온라인 예배." 「청어람ARMC」, (2020. 9.), 접속 2021. 2.12., http://www.newsnjoy.or.kr/news/articleView.html?idxno=301312.

신득일. "희년 윤리." 『구약과 현실문제』, 서울: CLC, 2021.

이일영. "뉴 노멀 경제와 한국형 뉴딜." 「동향과 전망」 100 (2017): 78-117.

이학재. "구약 선지서를 통해서 본 설교의 전형(Model)." 「개신논집」 9 (2009): 41-68.

최동규. "코로나19 사태로 인한 뉴 노멀 시대의 목회." 「선교와 신학」 52 (2020): 171-200.

최일웅. "레위기 25장의 희년법 연구." 목회학석사논문. 고신대 신대원, 2019.

Gesenius, H. F. W. 『히브리어사전』. *Hebrew and English Lexicon of the Old Testament(with an Appendix Containing the Biblical Aramaic)*. 이정의 역. 서울: 생명의 말씀사, 2012:165-66.

Andersen, T. David. "Renaming and Wedding Imagery in Isaiah 62." *Biblica* 67 (1986): 75-80.

Beuken, W. A. M. "Servant and Herald of Good Tidings: Isaiah 61 as An Interpretation of Isaiah 40-55," in *Book Isaiah-Livre Isaie*. Edited by Jacques Vermeylen. Louvain: Leuven University Press, 1989: 411-42.

Blenkinsopp, Joshph. *Isaiah 56-66*. New Haven: The Anchor Yale Bible, 2003.

Cannon, W. W. "Isaiah 61,1-3 an Ebed-Jahweh Poem," *ZAW* 47 (1929): 284-88.

Childs, B. S. *Isaiah*. OTL. Louisville: Westminster John Knox Press, 2001.

Chisholm, Robert B. "The Christological Fulfillment of Isaiah's Servant Songs." *Biblical Sacra* 163 (2006): 387-404.

Collins, John Joseph. "A Herald of Good Tidings : Isaiah 61:1-3 and Its Actualization in the Dead Sea Scrolls." In *Quest Context Mean*. Leiden: Brill, 1997: 225-40.

Goldingay, John. *Isaiah 56-66: A Critical and Exegetical Commentary*. London: Bloomsbury T&T Clark, 2014.

Hildebrandt, Wilf. *An Old Testament Theology of the Spirit of God*. Grand Rapids: Baker Academic, 1993.

Hossfeld, Kindle. "$q\bar{r}$." *TDOT* 8: 109-35.

Jonker, Louis. "$q\bar{r}$." *NIDOTTE* 4: 971-74.

Koole, J. L. *Isaiah III. Volume III/Isaiah*. Leuven: Peeters, 2001.

Lu, Jeffrey Shaochang. "Called to proclaim Covenantal Transformation: A Text-Linguistic Analysis of Isaiah 59:21-63:6." Ph.D. Thesis. Trinity International University, 1999.

Maier, Christle M. *Daughter Zion, Mother Zion: Gender, Space, and the Sacred in Ancient Israel*. Minneapolis: Fortress Press, 2008.

Odeberg, Hugo. *Trito-Isaiah (Isaiah 56-66): A Literary and Linguistic Analysis*. Uppsala: Lindequistska Bokhandeln, 1931.

Oswalt, John N. *The Book of Isaiah 40-66*. Grand Rapids: Eerdmans, 1998.

Robinson, Haddon W. *Expository Preaching: Principles & Practice*. Leicester: Inter-Varsity Press, 1980.

Smith, Gary V. *Isaiah 40-66: An Exegetical and Theological Exposition of Holy Scripture*, vol. 15B, *The American Commentary*. Nashville: B&H Academic, 2009.

Stromberg, Jacob. "An Inner-Isaianic Reading of Isaiah 61:1-3." In *Interpreting*

Isaiah: Issues and Approach. Edited by David G. Firth, and H. G. M.
   Williamson. Downers Grove: IVP Academic, 2009: 261- 72.

Westermann, Claus. *Isaiah 40-66: A Commentary*. Philadelphia: Westminster/
   John Knox, 1969.

Westermann, Claus. *Basic Forms of Prophetic Speech*, Tr. by Hugh Clayton White.
   Louisville: Westminster/John Know Press, 1991.

Westermann, Claus. *Prophetic Oracles of Salvation in the Old Testament*, Tr by
   Keith Crim. Edinburgh: T&T Clark, 1987.

Wiliamson, H. G. M. *Variations on a Theme: King, Messiah and Servant in the
   Book of Isaiah*. Paternoster, 2000.

Whybray, R. N. *Isaiah 40-66, The New Century Bible Commentary*. Grand Rapids:
   Eerdmans Pub Company, 1981.

Abstract

An Investigation on the Theological Function of a Preaching in Time of Covid19-Pandemic

Prof. Dr. YunGab Choi

(Faculty of Theology)

The primary purpose of this article is to delineate the theological function of preaching by closely examining the proclamation of the servant in Isa 61. Due to the Covid19-pandemic, which has interrupted the public gathering, most churches have had to change the manner of worship from public and offline service to online service via SNS. Significantly, such a transition in worship makes the preaching an irreplaceable essential task in all ministries and gatherings of the church because of its theological and pastoral influence in the online space. In this context, this study attempts to illuminate the significance and role of preaching by examining the proclamation of the servant in Isaiah 61 biblically and thematically. This article consists of three main parts. The first part deals with the literature on Isaiah 61 and summarizes the major topics and debates on it. The second part will explicate the overall structure and main theme of Isaiah 61, while the third part will demonstrate that the servant's proclamation in Isaiah 61 reflects the creation proclamation in Genesis 1 and Jubilee proclamation in Leviticus 25 linguistically and thematically. Based on the aforementioned discussion, in conclusion, this study will establish that preaching(proclamation)is the divine medium(tool) which forms the community of faith into the new creation.

Key words: Preaching, Proclamation, Isaiah 61, Creation, Jubilee

신약학

야고보서가 코로나19(Covid-19) 대유행병 시대의 교회에게 주는 교훈: 심어진 말씀을 온유함으로 받으라(약 1:21)

주기철(고신대학교 신학과 교수)

[초록]

지금 세계는 코로나19(Covid-19)로 인해 사회, 경제, 문화 할 것 없이 모든 분야에서 많은 어려움에 직면해 있다. 교회 또한 이전에 겪어보지 못한 상황을 맞아 매우 혼란스러운 시기를 보내고 있다. 무엇보다도 힘든 것은 백신이 보급되어 접종자의 숫자가 늘어나고 있음에도 불구하고 여전히 코로나19 대유행병이 언제 끝날지 알 수 없다는 데 있다. 이로 인해서 많은 성도가 참 진리의 말씀을 완전히 떠나거나 아니면 신앙의 본질을 잃은 채 종교생활을 하며 살아갈 수 있기 때문이다. 한마디로 영적으로 병들고도 병들었는지 알지 못한 채 살아갈 수 있다는 말이다. 이와 같은 상황은 흩어져 살면서 언제 끝날지 모르는 여러 가지 시련을 겪어야만 했던 야고보서의 수신자들이 당면한 상황과 유사한 듯하다. 본 글은 야고보서의 수신자들이 당면한 상황을 야고보서 본문을 중심으로 재구성해 보면서, 그들이 가진 근본적인 문제가 무엇인지, 그리고 저자가 수신자들에게 제시하는 문제의 해결책이 무엇인지 살펴보려고 한다. 이를 통해 말씀으로 낳음을 입은 성도는 시련 중에 미혹되어 진리의 말씀을 떠나서는 안 되고, 혹 그러한 일이 있다면 그들이 낳음을 입을 때 심어진 말씀을 겸손히 믿고 실천해야 한다는 사실에 대해서 말하고자 한다.

주제어: 코로나19, 말씀으로 낳음을 입음, 미혹되어 진리를 떠남, 심어진 말씀, 겸손히 말씀을 받음

1. 들어가며

지금 세계는 코로나19(Covid-19)로 고통을 당하고 있다. 현재 전 세계적으로 1억 8천만 명에 달하는 사람이 코로나 확진자로 판명되고, 400만 명 가까운 사람이 코로나로 인해 사망했다.[1] 코로나로 인해서 많은 기업이 문을 닫고 사람들은 직장을 잃었다. 이제 백신이 보급되어 접종자의 숫자가 늘어나고 있지만, 여전히 이 코로나19 대유행병이 언제 끝날지 알 수 없다. 전 세계가 혼란스러운 이때, 교회는 더더욱 혼란스러운 시기를 보내고 있다. 송남순은 "한국교회는 한국 교회사에서 교회에서 주일 예배를 안 드리거나 교회학교를 열지 않은 예가 없기에 너무도 당황스러워"한다고 바르게 지적한다.[2] 특별히 비대면 예배의 시행으로 인해서 한국교회는 주일성수 문제, 성도들의 헌금에 대한 인식 변화, 건물로서의 교회에 대한 인식 변화, 교회학교나 성경공부의 형

---

1. 2021년 7월 1일 기준. 참고. https://coronaboard.kr/
2. 송남순, "코로나19 이후의 기독교교육: 무엇을 교육할 것인가?," 『교회교육』 494(2020), 23-28. 참고. 김은희, "코로나19(Covid 19) 상황에서 한국교회의 대처에 관한 연구 예," 『개혁논총』 53(2020), 101-102; 윤영훈, "포스트 코로나 시대 온라인 교회의 가능성에 대한 연구," 『대학과선교』 46(2020), 205-237.

태 변화 등의 문제로 도전받고 있다.[3] 어떤 이는 비대면 예배가 지속되면서 성도 중에 영성이 약화되거나 주인 의식을 상실한 채 신앙생활 하는 자들이 나타날 것이라고 우려 섞인 목소리로 말한다.[4] 또 다른 이는 성도들뿐 아니라 교회도 교회의 본질을 잃을 수 있다고 경고한다. 왜냐하면, 교회가 비대면 예배로 인해서 성도의 수가 줄고 헌금이 줄어 재정적인 어려움에 봉착하면서 재정에 도움이 되지 않는 새 신자보다는 재정에 도움이 되는 수평 이동 성도에 더 관심을 두게 되기 때문이다. 이와 같은 교회의 모습을 두고 서동일은 "이것이 진짜 우리의 현실이고 뉴 노멀이 되었다. 병들어 있으면서 병든 줄 모르고, 죽어가면서 죽어가는 줄 모르고 있으니 누구를 살리고 누구를 구할 수 있겠는가?"라고 지적한 것은 주목할 만하다.[5] 어쩌면 코로나19 대유행병 시대는 성도들뿐 아니라 교회를 영적으로 병들게 하고 있는지 모른다.

언제 끝날지 알 수 없는 코로나19 대유행병 시대로 인해서 교회나 성도가 영적으로 병들어가는 이 상황은 어쩌면 흩어져 살면서 언제 끝날지 모르는 여러 가지 시련을 겪어야만 했던 야고보서의 수신자들이 당면한 상황과 유사한 듯하다.[6] 본 글은 야고보서의 수신자들이 당면한 상황을 야고보서 본문을 중

---

3. 최진봉, "코로나19 이후의 교회," 『좋은나무』 2020년 5월 20일. https://cemk.org/16877/ 2021년 6월 22일 접속. 한국교회는 온라인 예배로 인한 주일성수, 성도들의 헌금에 대한 인식 변화, 건물로서의 교회에 대한 인식 변화, 교회학교나 성경공부의 형태 변화 등의 문제에 직면했다. 참고. 김정형, "코로나 19 이후 새로운 교회, 새로운 교육목회를 내다보며," 『교육교회』 493(2020), 16-20.
4. 박규남은 "온라인 예배가 습관이 되면 기독교 영성은 약화하고 영성의 약화는 가나안 성도와 주인의식을 상실한 성도들을 양산하게 될 것이다. 사람은 습관의 동물이다. 공동체 예배의 축소와 약화는 직분에 대한 거절과 공동체 행사 참여에 대한 외면으로 표현될 것이다"라고 말한다. 박규남, "코로나19시대, 교회가 직면한 문제와 기회," 『활천』 800-7호(2020), 83.
5. 서동일은 "왜 다들 묵은 신자들만 바라보나 했더니 신앙생활을 처음 하는 성도들은 아무리 많이 와도 헌금이 없고, 오래 신앙생활을 한 권사님 집사님들은 헌금을 착착하니 너무나도 귀하다"라는 한 개척 교회 목사의 고백을 소개한다. 서동일, "코로나 시대 신앙적 위기 극복을 위한 교회의 노력," 『활천』 803-10호(2020), 54-58,
6. 약 5:13-18에서는 영적으로 병든 자에 대해서 다루고 있다.

심으로 재구성해 보면서, 그들이 가진 근본적인 문제가 무엇인지, 그리고 저자가 수신자들에게 제시하는 문제의 해결책이 무엇인지 살펴보려고 한다. 코로나 시대에 성경적 교회와 목회가 무엇인지를 제시한 이승구는 다음과 같이 바르게 지적한다. "환경과 상황은 다르지만, 성경이 말하는 교회를 이해하고, 성경이 말하는 그 교회를 가시적으로 드러내기 위해 목회를 하는 일 자체는 본질적으로 동일하다는 것이 성경적 교회와 성경적 목회를 말하는 성경적 교회의 원리에 충실한 것이라고 우리는 믿는다."[7] 이승구가 지적한 바와 같이 환경과 상황은 다르지만, 시련 중에 영적으로 병든 야고보서의 수신자들에게 제시된 성경적 해결책은 현대 교회의 성도에게도 올바른 지침을 제공할 것으로 기대한다. 본 글에서는 야고보서의 여는 단락(1:1), 본문의 초반부(1:2-25), 그리고 마지막 닫는 단락(5:19-20)을 중심으로 당시 수신자들의 상황과 당면한 문제, 그리고 저자가 제시하는 문제의 해결책을 살펴보면서 코로나19 대유행병 시대를 살아가는 교회와 성도가 살펴야 할 근본적인 문제가 무엇인지 살펴보려고 한다.

2. 여러 가지 시련을 겪는 야고보서 수신자들의 상황

2.1. 시련의 상황

야고보서의 본문 구조는 수신자들이 시련의 때를 살고 있음을 보여준다. 야고보서의 서신적 구조와 관련하여, 여는 단락(Opening section)과 본문(Body)의 시작이 어디인지에 대한 이견은 없지만, 본문의 마지막과 닫는 단

---

7. 이승구, "코로나19 이후 상황에서의 성경적 교회의 모습과 성경적 목회," 『장로교회와 신학』 16 (2020), 107-26.

락(Closing section)에 대해서는 논의가 많고 합의된 견해가 존재하지 않는다.[8] 그러나 여러 가지 상황을 고려해 볼 때, 여는 단락은 1:1, 본문은 1:2-5:18, 그리고 닫는 단락은 5:19-20으로 볼 수 있을 듯하다.[9] 만약 그렇다면, 1:2에서 "내 형제들아 너희가 여러 가지 시련을 당하거든 온전히 기쁘게 여기라," 그리고 5:13에서 "너희 중에 고난 당하는 자가 있느냐 그는 기도할 것이요 즐거워하는 자가 있느냐 그는 찬송할지니라"라고 하면서 본문의 시작과 끝에 고난의 주제를 다룬 것은 주목할 만하다. 여기서 저자가 시련과 함께 인내, 그리고 기도와 관련된 주제를 다루는 것을 보면, 야고보서의 수신자들이 당면한 가장 큰 이슈는 그들이 겪고 있는 시련과 관련 있다고 짐작해볼 수 있다.

야고보서의 수신자들은 아마도 디아스포라에 살면서 겪는 여러 가지 시련으로 인해 힘겹게 산 듯하다. 이와 같은 사실은 서신의 초반부와 마지막 부분을 통해서 알 수 있다. 서신의 여는 단락(1:1)에서 저자는 수신자를 '흩어져 있는 열두 지파'(ταῖς δώδεκα φυλαῖς ταῖς ἐν τῇ διασπορᾷ)라고 호칭한다. 신약성경에 기록된 각 서신의 저자가 수신자들을 향해 단순히 '너희에게'(ὑμῖν)라고 호칭한 경우가 없고, 거의 모든 서신에서 각기 다른 표현이 사용되었다. 이는 수신자들뿐 아니라 발신자를 묘사할 때도 마찬가지이다. 이처럼 각 수신자에 대한 호칭이 다른 이유는 아마도 서신의 상황(context)이 저마다 다르

---

8. 참고. R. P. Martin, *James* (Waco: Word Books, 1988), xcviii-civ.

9. 지면 관계상 야고보서의 구조, 특히 닫는 단락(closing section)의 시작이 어디인지와 관련된 논의는 할 수 없다. 그러나 간략히 말해서 약 5:19-20은 바울 서신의 닫는 단락의 서신적 요소(epistolary element) 중 하나인 '결론적 권면'(concluding exhortation)과 유사하다. 자세한 내용은 주기철, "야고보서 5:14의 ἀσθενεῖ τις ἐν ὑμῖν("너희 중에 병든 자가 있느냐") 해석문제," 고신대 개혁주의학술원 제11회 신진학자 포럼 자료집을 참조하라. 참고. I. H. Marshall, S. Travis, and I. Paul, *Exploring the New Testament, vol. 2: A Guide to the Epistles and Revelation* (2nd ed., London: SPCK, 2011), 264; K. A. Richardson, *James* (Nashville: B&H Publishing Group, 1997), 49; D. J. Moo, *James* (Nottingham: Inter-Varsity Press, 2015), 219-38; C. L. Blomberg and M. J. Kamell, *James* (Grand Rapids: Zondervan, 2008), 26-27; Martin, *James*, 217-21.

기 때문이고, 저자는 이러한 상황을 그가 사용하는 표현에 반영하려 했기 때문일 것이다. 만약 이것이 사실이라면 야고보서 1:2의 '흩어져 있는 열두 지파'라는 표현과 함께 전후 문맥 관찰을 통해서 수신자들의 상황이 어떤지 가늠해볼 수 있을 것이다.

학자들 간에는 '흩어져 있는 열두 지파'라는 표현이 인종적이고 지역적 의미로서 팔레스타인 이외의 지역에 정착하여 살아가는 유대인들을 가리키는지, 아니면 더 넓은 의미로서 땅 위에 흩어져 살아가는 하나님의 백성들, 곧 유대인과 이방인 기독교인들을 가리키는지에 대한 많은 논의가 있다.[10] 그러나 무엇보다도 중요한 것은 앞서 제시된 표현, 특히 '흩어져 있는'(ἐν τῇ διασπορᾷ)이 어떤 의미로 사용되었든지 간에 이는 수신자들이 쉽지 않은 삶을 살았음을 암시한다는 것이다. 왜냐하면, '디아스포라'라는 표현은 과거 이스라엘 백성의 포로 생활을 상기시킬 것이고,[11] 만약 이것이 수신자들의 현재를 반영하는 것이라면 더더욱 그들의 삶이 쉽지 않음을 나타내기 때문이다. 확실히 마틴(R. P. Martin)은 칠십인역(LXX)에서 디아스포라(διασπορά)로 번역된 열두 번의 경우 대부분 '버림받은 자'(outcast), '두려움'(terror), '파괴'(destruction) 등의 의미가 있는 히브리어가 번역된 것임을 지적하면서, 디아스포라의 사용은 고통과 관련된 상황을 나타낸다고 바르게 지적한다.[12] 앞서 언급한 바와 같이 야고보서의 저자 역시 서신의 본문을 시작하자마자 시련의 주제를 다루면서, 수신자들이 맞닥뜨릴 법한 '여러 가지'(ποικίλοις; 'of

10. 참고. M. Dibelius, *James* (Philadelphia: Fortress, 1975), 66-68; Martin, *James*, 7-11; S. McKnight, *The Letter of James* (Grand Rapids: Eerdmans, 2011), 65-68; Richardson, *James*, 52-56.

11. Richardson, *James*, 54.

12. Martin, *James*, 10. 참고. G. M. Stulac, *James* (Leicester: Inter-Varsity Press, 1993), 30-31; J. Adamson, *The Epistle of James* (Grand Rapids: Eerdmans, 1976), 49-52; R. Johnstone, *James* (Pennsylvania: The Banner of Truth Trust, 1871, repr. 1983), 25-28.

various kind', 'manifold') 시련에 대해서 언급한다. 이는 아마도 흩어져서 살아가는 수신자들이 겪어야만 했던 모든 종류의 시련을 의미할 것이다.[13]

여러 가지 시련을 겪으며 살아야 했던 수신자들은 아마도 평생 그와 같은 삶을 살아야 했을 것이다. 왜냐하면, 그들은 영적으로든 지역적으로든 '흩어져서' 살아가는 자들이었기 때문이다. 그들은 영적 혹은 인종적 이방인으로 살아가는 자들이었기에, 그들이 고향으로 돌아가지 않는 한, 평생 이방인으로 살면서 종교적, 문화적, 사회적, 인종적 차별을 당하며 살아야 했을 것이다. 확실히 야고보서의 저자는 수신자들 대부분이 가난하게 살면서 힘겨운 삶을 영위해 나갔음을 서신의 곳곳에서 암시한다.[14] 수신자들이 평생 시련을 겪어야만 했다는 사실은 1:2-4의 가르침을 통해서도 알 수 있다. 여기서 저자는 수신자들에게 여러 가지 시련을 만날 때 기쁨으로 여기라고 명령한다(1:2). 그리고 이어서 "너희 믿음의 시험"(the testing of your faith)이 '인내'를 만들어 낸다는 사실을 상기시키고(1:3), 그 인내를 온전히 이룰 때 신앙의 성숙에 이를 수 있다고 한다(1:4). 저자가 인내의 필요성을 강조하면서 그 인내를 끝까지 이루라고 한 것을 보면, 수신자들의 시련이 단시간에 끝날 문제는 아니었던 듯하다.

2.2. 시련과 시험

야고보서의 수신자들은 지속적인 시련의 상황을 기쁨으로 여기지 못하고 하나님이 그들을 시험(tempt)하는 것으로 여기며 자신을 속인 듯하다(1:12-

---

13. 참고. McKnight, *The Letter of James*, 70-77.
14. 야고보서 곳곳에서 '가난'의 주제를 다루고(1:9-11; 2:1-7, 14-17; 5:1-12), 수신자들은 가난한 자들로서 부한 자들에 의해서 여러 가지 시련을 당하는 것처럼 기록한다(2:6; 5:6, 8). 참고. Dibelius, *James*, 39-45; P. H. Davids, *The Epistle of James* (Grand Rapids: The Paternoster Press, 1982), 16-18, 35-38; Blomberg and Kamell, *James*, 28-32.

18). 앞서 언급했듯이 수신자들은 끊임없이 시련을 겪으며 사는 중에 그것을 기쁨으로 여기며 인내하기 위해 노력했을 것이다(1:2-4). 그리고 하나님께 지혜를 구하는 기도도 했을 것이다(1:5-8). 그들이 당하는 시련이 짧은 기간이거나 정해진 기간이라면 문제가 없지만, 그들의 노력에도 불구하고 시련이 끝나지 않거나 평생 지속한다면 이야기는 달라진다. 야고보서의 수신자 중 어떤 이들은 이와 같은 상황에 대한 모든 원인을 하나님께 돌린 듯하다. 야고보서 1:13에서 저자는 "누구든지 시련을 받을 때 '내가 하나님으로부터 시험을 받는다'라고 말하지 말라. 왜냐하면, 하나님은 악에게 시험을 받지 않으시고 누구도 시험하지 않기 때문이다"라고 말한다.[15] 어떤 이는 하나님이 시험한다고 생각했겠지만, 저자는 그들이 시험받는 이유가 하나님께 있는 것이 아니라 오히려 그들 속에 있는 '자기 욕심'에 의해(ὑπὸ τῆς ἰδίας ἐπιθυμίας) 끌리고 미혹되기 때문이라고 한다(1:14). '욕심'(ἐπιθυμία)으로 번역된 표현은 긍정적, 혹은 부정적인 의미로 사용될 수 있지만, 본 구절에서는 부정적인 의미로서 '악한 갈망'(evil desire)을 의미한다. 블롬버그와 카멜(C. L. Blomberg and M. J. Kamell)은 이를 "부적절한 목적(대상)에 대한 갈망으로, 하나님을 추구하는 것을 방해하는 모든 것"이라고 설명한다.[16] 이와 유사하게 무(D. J. Moo)는 자기 욕심을 "하나님이 금하신 것에 대한 인간의 어떠한 갈망"으로 묘사한다.[17] 저자가 명확히 하지 않았기 때문에 '자기 욕심'이 무엇을 가리키는지 정확히 알 수 없지만, 전후 문맥을 고려해 볼 때 분명 시련과 인내, 그리고 기도

---

15. 이는 필자의 사역(私譯)이다. 개역개정 성경은 "사람이 시험을 받을 때에"라고 번역하지만, 필자는 이를 "사람이 시련을 받을 때에"라고 번역하는 것이 더 적절하다고 본다. 더 자세한 논의는 주기철, "야고보서 1장에 나타난 '시험'(πειρασμός)과 '시련'(δοκίμιον)으로 번역된 단어 재고," 『고신신학』 20(2018), 103-130을 보라.

16. Blomberg and Kmell, *James*, 71.

17. Moo, *James*, 74.

와 의심하는 것과 관련이 있을 것이다. 즉, 시련 중에 인내하면서 하늘의 지혜를 구하는 기도를 했다면, 믿음으로 하나님의 응답을 기다려야 한다. 왜냐하면, 하나님은 모든 것을 후히 주시고 꾸짖지 않으시는 분이기 때문이다. 그러나 누구든지 기도한 후에 그 하나님에 대해 의심한다면, 그에게는 아무것도 주어지지 않을 것이다(1:6-7). 아마도 수신자 중에는 자기 생각대로, 자기가 원하는 때에 응답하지 않는 하나님을 경험하면서 하나님을 의심하기 시작하고 심지어 하나님이 자신을 시험(tempt)한다고까지 생각했을 수 있다.[18] 만약 이것이 사실이라면, 야고보서의 수신자들은 시련 중에 인내하면서 그 인내가 시작한 일을 끝내도록 하지 못하고 오히려 자기 욕심에 끌려 미혹됨으로 하나님을 의심하게 되었을 수 있다.[19]

저자는 자기 욕심에 끌려 미혹된 자가 자신을 그 상태 그대로 내버려 둘 때는 사망에 이를 수 있다고 지적한다(1:15). 먼저 저자는 욕심이 잉태하여 죄를 낳는다고 한다(1:15a). '잉태하다'($\sigma\upsilon\lambda\lambda\alpha\beta\circ\hat{\upsilon}\sigma\alpha$)로 번역된 단순과거 분사는 영어 번역본에서 "잉태할 때…"(when…), 혹은 "욕심이 잉태한 후"(after desire has conceived)로 번역된다. 두 번역이 의미상의 차이는 없는 듯하다. 그러나 만약 1:15가 자기 욕심에 끌리고 미혹되어 자신을 스스로 시험받게 한 이후의 순차적 상황을 설명하는 것이라면, "욕심이 잉태한 후에 죄를 낳고"라는 의미로 보는 것이 좋을 듯하다.[20] 어떤 이는 '잉태하다'('낳다', '장성하다')와 같은

---

18. 데이비스는 '끌려 미혹됨이니'라는 표현은 사냥과 낚시의 영역으로부터 빌린 표현으로 본다. 즉, 전자는 낚싯줄에 달린 먹이를 보고 물고기가 끌려오는 것이고, 후자는 육지의 동물이 덫에 놓인 미끼에 미혹되어 끌려오는 모습을 그린 것으로 본다. 따라서 저자는 자기 욕심에 끌리고 미혹되어 스스로 시험을 받으면서 하나님께 그 모든 원인이 있다고 말하는 것을 지적한 것이다. Davids, *James*, 84,

19. 야고보서의 저자는 이와 같이 하나님께 기도하면서 의심하는 자들을 '두 마음을 품은 것'(1:8)으로 묘사한다(참고. 4:8). 그리고 서신 전반에서 두 마음을 품고 행하는 자들의 모습에 대해 지적하며 권하는 것으로 볼 수 있다.

20. 약 1:15는 '그러면'(then) 혹은 '다음'(next)을 의미하는 '에이타'($\epsilon\hat{\iota}\tau\alpha$)로 시작되는데, 이는 상황이 어

생물학적 이미지는 개인의 마음속에 욕심이 생기기 시작하면 멈출 수 없는 생산과정을 반복하는 것을 묘사한다고 본다.[21] 분명히 연속적이면서도 반복적인 생산을 나타내려는 의도도 있었겠지만, 자기 욕심을 오랫동안 품고 있을 때 그것이 죄가 된다는 사실을 지적하려는 듯하다. 왜냐하면, 한 여인이 아이를 잉태하여 출산할 때까지는 뱃속에서 9-10개월 동안 품고 있어야 하기 때문이다. 이와 마찬가지로 자기 욕심을 오랫동안 품고 있을 때 마침내 죄를 출산하게 되는 것이다. 이어지는 문장 "죄가 장성한즉 사망을 낳느니라"의 '장성하다'(ἀποτελεσθεῖσα)라는 동사 역시 단순과거 분사이므로 "죄가 장성한 후에/죄가 장성하면"이라고 번역할 수 있다. '장성하다'라는 말은 '완성하다'(bring to completion), '성숙되다'(be fully formed/matured)라는 의미이므로 앞서 사용된 '잉태하다'라는 표현처럼 죄가 한 사람 속에서 오랜 시간에 걸쳐 충분히 성숙하게 되는 것을 묘사하는 듯하다.[22] 결국, 저자는 이와 같은 사실을 통해 자기 욕심에 의해서 스스로 시험받는 자들이 그러한 상황을 내버려 둘 때 사망에 이를 수 있다는 사실을 지적하려는 듯하다.

저자는 앞서 제시한 바와 같이 행하는 수신자들에게 "속지 말라, 나의 사랑하는 형제들아!"라고 말한다(1:16). 어떤 이는 이 구절이 앞선 구절들에 대한 마지막 경고로 보지만,[23] 또 다른 이들은 1:17-18의 서론이면서 1:16-18을 앞선

떻게 순차적으로 진행되는지를 나타낼 때 사용된다. 즉, 1:15는 사람이 자기 욕심에 의해서 끌리고 미혹되어 시험을 받은 이후의 상황이 어떻게 진행되는지 설명하는 것이다. 저자는 1:14에서 사용된 '욕심'(ἡ ἐπιθυμία)이라는 단어를 연결어로 사용하여 계속해서 설명한다.

21. Blomberg and Kamell, *James*, 72.

22. 약 1:13-18은 1:2-4와 병행을 이루고, 1:4의 '온전하고 구비하여'(τέλειοι καὶ ὁλόκληροι)와 1:15의 '장성한즉'(ἀποτελεσθεῖσα)이 유사한 의미가 있는 듯하다. 즉, 전자는 시련-기쁨-인내가 온전해질 때의 모습이고 후자는 시련-자기 욕심-죄가 온전해질 때의 모습인 것이다. 확실히 Martin, *James*, 37,은 야고보서의 저자가 "두 개의 '온전함'(perfection)을 역설적으로 잇기를 원했다"라고 바르게 말한다. 참고. Davids, *James*, 85.

23. Martin, *James*, 37.

논의의 확장으로 본다.[24] 어떤 주장이 옳든지 분명한 것은 1:16은 전후 문맥의 내용과 관계가 있다는 것이다. 1:13-15에서는 성도가 시련을 겪을 때 시험을 받게 되는 것은 하나님 때문이 아니라 자기 욕심 때문이고, 욕심이 죄가 되고 죄가 사망을 불러온다고 했다. 그리고 1:17-18에서 하나님은 온갖 좋은 것을 주시는 분이며 성도를 피조물 중의 첫 열매가 되게 하시려는 분으로 묘사한다. 이와 같은 문맥에서 형제들에게 속지 말라고 하는 것은 하나님은 절대로 성도를 시험하지 않으시는 분이므로 시련 중에 하나님이 성도를 시험한다고 생각하지 말라는 말일 것이다. '속지 말라'($\pi\lambda\alpha\nu\tilde{\alpha}\sigma\theta\epsilon$)로 번역된 동사는 '미혹시키다'(lead astray) 혹은 '방황하게 하다'(cause to wander)라는 의미의 동사 현재 수동태, 혹은 중간태이다. 어떤 이는 이 동사를 수동태로 보면서 속이는 주체가 악한 영이나 타락한 천사라고 하기도 한다. 또 다른 이는 중간태로 보면서 속이는 주체를 수신자들 자신으로 본다.[25] 앞선 단락에서 시련을 만났을 때 각 사람이 자기 욕심에 끌려 미혹되는 것을 시험(temptation)이라고 했기 때문에 전자보다는 후자의 의미, 곧 "너희들은 스스로 너희 자신을 속이지 말라"로 보는 것이 더 나을 듯하다.

이상의 논의를 요약하면, 야고보서의 수신자들은 흩어져 살면서 여러 가지 시련을 겪는 자들이었다(1:2). 시련을 대할 때 기쁘게 여기고, 이를 통해 만들어진 인내가 끝까지 그 일을 감당할 수 있도록 할 때 온전한 모습을 가지게 된다(1:3-4). 그들은 이와 같은 노력과 함께 하나님께 지혜를 구하는 기도도 했지만, 지속하는 시련 앞에서 기도하면서도 하나님을 의심한 듯하다(1:6-8). 야고보서의 수신자들은 시련을 겪으면서 하나님이 그들을 시험(tempt)한다고 말한 듯하지만(1:13a), 저자는 하나님이 그와 같은 일을 행하실 분이 아니라고

24. Blomberg and Kamell, *James*, 72-73.
25. Blomberg and Kamell, *James*, 73.

정확히 말한다. 왜냐하면, 하나님은 악에게 시험을 받지도 않을 뿐 아니라 아무도 시험하지 않고(1:13b), 또 모든 좋은 것을 주시는 분이며 성도를 피조물 중에 첫 열매가 되게 하려는 분이기 때문이다(1:17-18). 그들이 시험을 받는 것은 오히려 그들 속의 자기 욕심에 끌려 미혹되기 때문이다(1:14). 수신자 중에는 그들 속에 있는 욕심을 오래 품고 있으면서 죄를 짓고, 이를 반복함으로 인해 사망에 이르게 된 자들이 있었던 듯하다(1:15). 따라서 저자는 수신자들에게 "속지 말라, 내 사랑하는 형제들아"라고 권면한다(1:16).

3. 미혹되어 진리를 떠난 자를 돌아서게 하라

앞서 지적한 바와 같이 야고보서의 저자는 서신을 끝맺는 마지막 단락(5:19-20)에서 자신이 왜 서신을 기록하는지에 대한 이유를 밝힌다. 즉, 수신자 중에 있을법한 '미혹되어 진리를 떠난 자'를 돌아서게 하는 것이 야고보서의 기록 목적이라는 말이다. 흥미로운 사실은 5:19에서 사용된 '미혹되다'(πλανηθῇ)라는 동사가 앞서 살펴본 1:16에서도 사용되어 '속지 말라'로 번역된 것이다. 앞서 '속지 말라'라고 한 것은 성도가 시련 중에 하나님이 자신을 시험하는 분으로 여기지 말라는 의미라고 했다. 다시 말해서, 하나님은 악에게 시험을 받지도 않고 성도를 시험하지도 않을 뿐 아니라 모든 좋은 것을 주시는 분이기에 성도를 시험하는 분이 아님에도 불구하고 성도 스스로 시련을 겪는 중에 하나님이 자신을 시험하는 것으로 여기게 된다는 것이다. 이처럼 생각하는 것은 자기 자신을 속이는 것이다. 본 구절의 '미혹되다'라는 동사는 가정법 수동태이지만, 1:16에서와 같이 수동태적인 의미보다는 중간태적인 의미로 볼 수 있을 듯하다. 즉, 어떤 외부적 요인에 의해서 미혹되는 것이 아니라 자기 욕심에 의해서 스스로 미혹된 것이다.[26] 저자는 수신자 중에 스스로 미혹되어 진리, 곧 하나님의 말씀을 떠난 자들이 있기에 그들을 다시 돌아서게 하려고 야고보서를 기록한 것이다.[27]

마지막으로 저자는 "너희가 알 것은 죄인을 미혹된 길에서 돌아서게 하는 자가 그의 영혼을 사망에서 구원할 것이며 허다한 죄를 덮을 것임이라"(5:20)라고 말하며 미혹되어 진리를 떠난 자를 돌아서게 하는 자가 알아야 할 것이 무엇인지 마지막으로 상기시킨다.[28] 여기서 "그의 영혼을 사망에서 구원할 것이며"라고 했는데, 주어가 명시되지 않았기 때문에 학자들 간에 '그의 영혼'이 누구를 가리키는지에 대한 논의가 많다.[29] 그러나 5:19에서 밝히듯이 저자는 '미혹되어 진리를 떠난 자'와 '누구든지 돌아서게 하는 자' 두 부류를 말한다. 그리고 5:20에서 다시 이 두 부류를 '죄인들'과 '미혹된 길에서 돌아서게 하는 자'로 묘사한다. 분명한 것은 이 두 부류 중에서 구원이 필요한 자들은 '돌아서게 하는 자'가 아니라 '미혹되어 진리를 떠난 자'이며 '죄인들'이기 때문에 '그의 영혼'의 주체는 '미혹되어 진리를 떠난 자'와 '죄인들'로 지칭된 자들로 보는 것이 바람직하다. "허다한 죄를 덮을 것임이라"는 문장과 관련해서도 이것이 누구의 죄를 가리키는지에 대한 논의가 있다. 이 문제 역시 일차적으로

---

26. 마틴은 '떠나다'라는 단어 배후에는 우상숭배 사상과 도덕적 이원론이 내포되어 있다고 보면서, 이러한 변절에는 사탄의 영향력이 있다고 본다. 왜냐하면 저자가 앞서 3:15와 4:7에서 올바르지 않은 행동 뒤에 악한 영이 역사하고 있다고 언급했기 때문이다. Martin, *James*, 218-19.

27. 무는 '진리'가 기독교 교리를 넘어 복음과 관련된 모든 것을 지칭하는 것으로 본다. Moo, *James*, 236-37.

28. "너희가 알 것은"(γινωσκέτω ὅτι)으로 번역된 동사는 3인칭 단수 명령형이고, 이 동작의 주체는 '죄인을 미혹된 길에서 돌아서게 하는 자'(5:19)이므로 "그로 하여금 알게 하라!" 또는 "그는 알아야 한다!"로 번역할 수 있다.

29. '그의 영혼'과 관련하여 어떤 이는 '돌아서게 하는 자'가 미혹되어 진리를 떠난 자를 돌보는 행위를 통해 자신의 영혼을 구원한다고 보지만, 일반적으로 '돌아서게 하는 자'가 미혹되어 진리를 떠난 자의 영혼을 구원하는 것으로 본다. 참고. McKnight, *James*, 458-60.

는 '미혹되어 진리를 떠난 자'가 돌아왔을 때 그의 죄가 덮어질 것이라는 의미로 볼 수 있다. 그러나 유대 문헌에 죄인을 돌아오게 한 자가 죄 용서함을 받을 자격이 있다는 기록이 있다는 것을 근거로 죄에서 돌아오게 하는 자의 허다한 죄가 덮어질 것이라고 주장하는 이들도 있다.[30]

서신의 기록 목적을 밝히는 5:19-20은 앞서 1:12-18에서 제시한 수신자들의 상황, 곧 흩어져 살면서 시련을 겪는 중에 하나님이 그들을 시험한다고 생각하는 상황을 묘사한 기록과 밀접한 관련이 있는 듯하다. 그 이유는 첫째, 1:16의 '속지 말라'(Μὴ πλανᾶσθε)로 번역된 동사와 5:19의 '미혹되다'(πλανηθῇ)로 번역된 동사가 동일한 동사(πλανάω)가 사용되었기 때문이다. 둘째, 1:14-15에서 자기 욕심과 죄, 그리고 사망에 대해서 언급했는데, 5:20에서 다시 죄인과 영혼을 사망에서 구원할 것에 대해서 말하기 때문이다. 셋째, 무엇보다도 1:18에서 "그가 그 피조물 중에 우리로 한 첫 열매가 되게 하시려고 자기의 뜻을 따라 진리의 말씀으로 우리를 낳으셨느니라"라고 말하는데, 5:19에서 미혹되어 진리, 곧 하나님의 말씀을 떠난 자에 대해서 말하기 때문이다. 저자는 의도적으로 동일한 단어와 주제를 반복해서 사용한 듯하다. 저자는 수신자들이 하나님의 말씀으로 창조되고 새롭게 태어났지만, 지금은 미혹되어 그들을 창조하고 새롭게 태어나게 한 그 말씀을 떠났음을 지적하는 것이다. 즉, 수신자들이 가진 근본적인 문제는 그들을 존재하게 한 말씀을 떠난 것이다. 그리고 저자는 수신자들의 이와 같은 상태를 영적으로 병이 든 것이라고 말하며 온 교회가 이들을 위해 기도하여 이들을 회복시켜야 한다고 가르친다

---

30. 맥나이트는 구원받을 자는 '미혹되어 진리를 떠난 자'이고 죄 사함을 받는 자는 진리를 떠난 자를 '돌아서게 하는 자'라고 주장한다. McKnight, *James*, 458-61. S. Laws, *The Epistle of James* (Massachusetts: Hendrickson Publishers, 1980), 241,

(5:13-18).[31] 만약 이것이 사실이라면, 그들이 가진 문제를 해결할 수 있는 근본적인 방법은 아마도 다시 진리의 말씀으로 돌아가는 것이라고 할 수 있다. 이에 대해서 다음 단락에서 다루고자 한다.

4. 심어진 말씀을 온유함으로 받으라

영혼을 사망에서 구하고 죄 사함을 받을 수 있도록 하는 길은 심어진 하나님의 말씀을 겸손히 믿고 행하는 것이다. 앞서 지적한 바와 같이 하나님은 자기 뜻을 따라 수신자들을 진리의 말씀으로 낳아서 피조물 중 한 첫 열매와 같이 되게 하셨다(1:18). 저자는 이와 같은 사실을 수신자들에게 알린 후, "내 사랑하는 형제들아 너희가 알지니 사람마다 듣기는 속히 하고 말하기는 더디 하며 성내기도 더디 하라"(1:19)라고 말한다. 여기서 '듣기는 속히 하라'고 한 것에 대한 목적어가 명시되지 않았기 때문에 무엇을 들으라는 것인지에 대한 의견이 분분하다.[32] 듣는 것과 말하는 것이 연속해서 나오기 때문에 듣는 것은 타인의 말을 듣는 것으로 생각할 수 있겠지만 전후 문맥을 고려해 볼 때, 하나님의 말씀을 속히 들으라는 의미인 듯하다. 왜냐하면, 첫째, 앞서 하나님이 수신자들을 진리의 말씀으로 낳았다고 했기 때문이다. 진리의 말씀으로 낳음을 입은 자들은 먼저 진리의 말씀을 들어야 한다. 그리고 1:19-20에서 하나님의 의를 이루는 것에 대해서 말하는데, 하나님의 의를 이루기 위해서 사람의 말을 속히 들어야 한다고 말하는 것도 어색하기 때문이다. 둘째, 1:21은 추론 접

---

31. 주기철, "야고보서 5:14의 ἀσθενεῖ τις ἐν ὑμῖν("너희 중에 병든 자가 있느냐") 해석문제"를 참조하라.
32. '듣기는 속히 하라'는 것에 대한 목적어로 학자들은 공동체 내의 타인의 말, 야고보 자신의 조언, 복음, 토라, 지혜, 또는 1:21의 심어진 말씀 등을 제시한다. 참고. McKnight, *James*, 137을 보라.

속사(inferential conjunction) '그러므로'(διό)로 시작하는 데, 이는 1:19-20에서 제시된 문제의 해결책을 1:21에서 제시한다는 말이다. 그리고 1:21에서 "너희 영혼을 능히 구원할 바 마음에 심어진 말씀을 온유함으로 받으라"라고 말하기 때문이다. 셋째, 1:22-25에서 말씀을 듣기만 하여 자신을 속이는 자가 아니라 말씀을 실천하고 자유롭게 하는 온전한 율법을 듣고 잊어버리는 자가 아니라 실천하는 자가 되라고 말하기 때문이다.[33]

야고보서 1:19-20에서 말씀을 속히 듣는 것, 그리고 말하기와 성내기를 더디 하는 것과 함께 하나님의 의를 이루지 못하는 것에 대해 지적했다. 그리고 이어서 저자는 "그러므로 모든 더러운 것과 넘치는 악을 내버리고 너희 영혼을 능히 구원할 바"(1:21a)라고 말한다. 이와 같은 사실은 1:19-20에서 언급했던 것과 대조적인 상황, 곧 말씀을 더디 듣고 말하기와 성내기를 속히 하는 것은 모든 더러운 것과 넘치는 악을 버리지 못하고 영혼이 구원받지 못할 상태임을 암시한다. 이러한 상태는 1:14-15에서 설명한 바와 같이 자기 욕심에 끌려 미혹되어 죄를 짓고, 죄짓기를 지속함으로 사망에 이르게 되는 원리와도 같다. 그리고 5:19-20에서 미혹되어 진리를 떠난 자를 돌아서게 하면 그의 영혼을 사망에서 구원하고 허다한 죄를 덮을 것이라고 한 것과도 관련이 있다. 이와 같은 연관성은 1:21b에서 주어진 "마음에 심어진 말씀을 온유함으로 받으라"라는 말씀이 서신 전체에서 지적하는 수신자들이 가진 문제의 근본적인 해결책임을 암시한다. 그러면 마음에 심어진 말씀을 온유함으로 받는 것은 무엇을 의미할까?

---

33. '자유롭게 하는 온전한 율법'은 유대인들이 지켰던 구약의 모세 율법보다는 이를 성취한 예수 그리스도의 복음의 메시지일 가능성이 더 크다. 왜냐하면, 구약의 율법을 성취한 예수님이 그를 믿는 자들에게 죄에서 벗어나는 자유를 주셨기 때문이다. 참고. D. G. McCartney, *James* (Grand Rapids: Baker Publishing Group, 2009), 122.

개역 개정 성경에서 "마음에 심어진 말씀"으로 번역된 것 중 '마음'에 해당하는 표현은 헬라어 원문에 나타나지 않고 단순히 '심어진 말씀'(τὸν ἔμφυτον λόγον; the implanted word)으로 묘사되었다. 형용사 '심어진'(implanted)과 함께 이어지는 문장에서 '영혼'(ψυχή)이라는 명사가 사용되어서 '마음에 심어진'으로 의역을 한 듯하다. 헬라적 사고에서 '심어진'(ἔμφυτος)이라는 표현은 타고나거나 태어날 때부터 가진 것을 의미했다.[34] 본문에서는 인간의 육체적 출생에 관해 말하지는 않지만, 앞서 하나님에 의해 진리의 말씀으로 낳음을 입은 것에 관해서 말했다(1:18). 어쩌면, 저자는 수신자들이 복음의 말씀을 듣고 예수님을 영접했을 때 하나님에 의해서 영적으로 다시 태어난 사실, 곧 말씀으로 낳음을 입은 사실을 상기시키기 위해서 '심어진 말씀'이라는 표현을 사용한 듯하다.[35] 심어진 말씀을 받으라(δέξασθε)고 했는데, '받아들이다'(δέχομαι)로 번역된 동사가 어떤 본문에서는 '믿는다'라는 의미로 사용된 것을 고려해 볼 때(행 8:14; 17:11; 살전 1:6 등), 심어진 말씀을 받아들이는 것은 곧 그 말씀을 믿는 것이다. 그러나 이후 문맥(1:22-25)을 볼 때, 말씀을 받아들이는 것은 단순히 믿는 것을 넘어 말씀을 행하는 것도 포함하는 듯하다.[36]

저자는 수신자들에게 심어진 말씀을 '온유함으로'(ἐν πραΰτητι) 받으라고 한다. 이 전치사구는 1:21의 문장 중앙에 위치하는데, 어떤 사본에서는 쉼표가 전치사구 뒤에 위치하고 또 다른 사본에서는 앞에 위치하기 때문에 이를 번역하는 문제와 관련해서 학자들 간에 논의가 많다.[37] 그러나 학자 대부분은 쉼

---

34. Blomberg and Kamell, *James*, 88.

35. J. MacArthur, *The MacArthur New Testament Commentary, James* (Chicago: Moody Publisher, 1998), 75.

36. McCartney, *James*, 117-18.

37. 만약 쉼표가 '온유함으로' 뒤에 위치하면 "그러므로 모든 더러운 것과 넘치는 악을 온유함으로 내 버리고"가 되고 쉼표가 앞에 위치하면 개역개정 성경처럼 "심어진 말씀을 온유함으로 받으라."가 된다.

표가 '온유함으로'의 앞에 위치하는 것으로 보고 "마음에 심어진 말씀을 온유함으로 받으라"라고 번역한다. '온유함'은 여러 가지 의미가 있겠지만 본 구절에서는 '겸손함'(humility)으로 사용되어 말씀을 겸손함으로 받으라는 의미이다. 학자들이 지적하는 바와 같이 이러한 겸손의 모습은 고대 사회에서는 미덕으로 여겨지지 않고 오히려 연약한 모습이나 부덕으로 여겨졌다. 그러나 기독교에서 겸손은 부덕한 것이 아니라 오히려 누구든지 따라야 할 것으로 여겨진다. 왜냐하면, 예수께서 겸손의 모습을 보이셨기 때문이다(참고. 마 11:29). 야고보서의 저자 역시 부한 자에게 자신의 낮아짐을 자랑하라고 하거나(1:10), 지혜와 총명이 있는 자는 지혜의 온유함으로 그 행함을 보이라고 한다(3:13). 본 구절의 전후 문맥을 고려해 볼 때, 심어진 말씀을 겸손히 받는 것은 자기 욕심, 성내는 것, 모든 더러운 것과 넘치는 악을 내어버리는 것과도 관련이 있을 듯하다(1:14-15, 19, 21a). 사람 속에서 나오는 모든 악한 것을 버리고 오직 하나님의 말씀을 주어진 그대로 받아들이는 것이다.[38]

수신자들이 심어진 말씀을 겸손히 받아야 할 이유는, 그 말씀이 영혼을 구원할 능력이 있기 때문이다. "너희 영혼을 능히 구원할 바"($\tau\grave{o}\nu$ $\delta\upsilon\nu\acute{a}\mu\epsilon\nu o\nu$ $\sigma\tilde{\omega}\sigma\alpha\iota$ $\tau\grave{a}\varsigma$ $\psi\upsilon\chi\grave{a}\varsigma$ $\acute{\upsilon}\mu\tilde{\omega}\nu$)라고 번역된 문장은 분사구문으로, 앞서 제시된 '그 심어진 말씀'($\tau\grave{o}\nu$ $\check{\epsilon}\mu\phi\upsilon\tau o\nu$ $\lambda\acute{o}\gamma o\nu$)을 꾸미는 역할을 한다. 따라서 "너희 영혼을 구원할 수 있는 심어진 말씀을 온유함으로 받으라."라고 번역할 수 있다. 그런데, 이어지는 1:22를 '그러나'($\delta\acute{\epsilon}$)로 시작하면서 "[그러나] 너희는 말씀을 행

참고. McKnight, *James*, 142; McCartney, *James*, 117.

38. 약 1:21에서 저자는 '모든 더러운 것과 넘치는 악'과 '마음에 심어진 말씀', 그리고 '버린 후'와 '받으라'를 대조하는 듯하다. 수신자들이 버려야 할 것을 버리지 않고 받아야 할 것을 받지 않고 있기에 그들에게 먼저 모든 더러운 것과 넘치는 악을 버린 후에 마음에 심어진 말씀을 겸손히 받으라고 명령하는 것이다.

하는 자가 되고 듣기만 하여 자신을 속이는 자가 되지 말라"라고 말한다.[39] 앞서 1:21에서 심어진 말씀을 받으라고 했기 때문에, 여기서 지적하는 것은 단지 말씀을 듣는 것으로 심어진 말씀을 받았다고 생각하지 말라는 의미일 것이다. 즉, 심어진 말씀을 받는 것이 믿음이 있다는 표라면, 단순히 말씀을 듣는 것으로 믿음이 있다고 생각하며 자신을 속이지 말라는 것이다. 온전한 믿음을 가진 자들은 말씀을 듣고 행하는 자들이다.[40]

5. 요약 및 적용

이상에서 논의한 바와 같이 야고보서의 수신자 중에는 흩어져 살면서 겪는 여러 가지 시련 때문에 미혹되어 진리를 떠난 자들이 있었던 듯하다. 서신 전체에 미혹되어 진리를 떠난 자들의 모습이 여러 가지로 묘사된다. 본 글에서는 그중 한 가지, 곧 시련 중에 자기 욕심 때문에 시험받는 상황에서 하나님이 자신을 시험한다고 생각하는 것을 살펴보았다(1:12-15).[41] 그러나 그들은 하나

---

39. 약 1:22의 사역(私譯)은 "[그러나] 너희는 말씀을 행하는 자들이 되고 자신을 속이면서 단지 듣기만 하는 자들이 되지 말라"이다.

40. 지면 관계상 약 1:22-25 전체를 다 다루지 못하지만, 여기서 저자는 말씀을 듣고 행하는 자는 거울을 보듯이 잠시 말씀을 보고 잊어버리는 자가 아니라 행하는 자라고 말한다. 그리고 그와 같이 행하는 자가 복을 받을 것이다.

41. 야고보서 전체에서 미혹되어 진리를 떠난 자, 곧 영적으로 병든 자를 다양하게 묘사한다. 요약하면 다음과 같다. 첫째, 믿음으로 기도하고 하나님을 의심하며 두 마음을 품은 모습을 보인다(1:1-8). 둘째, 자신을 속이거나 남을 속인다(1:16, 22, 26; 1:19-27). 셋째, 신앙이 있다고 하면서 차별하고, 온 율법을 지킨다 하면서 그중 하나를 범한다(2:1-13). 넷째, 믿음이 있다고 말하면서 행함이 없다(2:14-26). 다섯째, 무분별하게 선생이 되어 입에 재갈 물리지 않고 함부로 말을 하려고 한다(3:1-12). 여섯째, 하늘의 지혜를 가진 것처럼 하면서 실제로는 땅의 지혜로 행한다(3:13-18). 일곱째, 세상과 하나님 사이에서 두 마음을 가지고 행한다(4:1-10). 여덟째, 형제를 비방함으로 율법의 준행자가 아니라 재판관이 되어 판단하는 교만을 행한다(4:11-12). 아홉째, 허탄한 자랑을 하면서 모든 것을 자신의 계획대로 할 수 있다

님이 악에게 시험받지도 않고 아무도 시험하지 않으며(1:13), 온갖 좋은 은사와 선물을 변함없이 내려 주고(1:17), 그 택한 자를 피조물 중에 가장 귀한 것이 되게 하려고 진리의 말씀으로 낳았다는 사실을 알아야만 한다(1:18). 그들은 자기 욕심에 끌려 미혹되기 때문에 시험을 받는다는 사실(1:14), 그리고 자기 욕심을 품고 있으면 그것이 죄가 되고, 죄짓기를 계속하면 그것으로 인해 사망에 이르게 됨을 알아야 한다(1:15). 따라서 그들은 자기 욕심으로 인해 시험받으면서 하나님이 자신을 시험한다고 속이는 것을 멈추어야 한다(1:16). 저자는 미혹되어 진리를 떠난 자들의 영혼이 구원받고 그들이 지은 허다한 죄가 사함을 받도록 하려고 수신자들이 속한 공동체에 그들을 돌아서게 하라고 명령한다. 진리의 말씀으로 낳음을 입은 자들이 미혹되어 그 진리의 말씀을 떠났기에, 그들의 영혼이 구원받기 위해서는 먼저 하나님의 말씀을 속히 듣고 말하기와 성내기를 더디 해야 한다(1:19-20). 또한, 그들 속에 있는 모든 더러운 것과 넘치는 악을 버리고 그들에게 심어진 말씀을 겸손히 받아들여야 한다(1:21). 즉, 그들에게 주어진 말씀을 믿고 실천해야 한다(1:22-25). 그렇게 할 때, 하나님의 온전한 복을 누릴 수 있다(1:25). 그뿐만 아니라 온 교회는 미혹되어 진리를 떠난 자, 곧 영적으로 병든 자가 회복될 수 있도록 함께 기도해야 한다(5:13-18).

흩어져서 하나님의 백성으로 살아가던 야고보서의 수신자들이 겪었던 시련의 상황은 언제 끝날지 모른다는 면에서 오늘날의 교회가 직면한 상황과 유사하다고 할 수 있다. 코로나19 대유행병 시대가 시작된 이후로 2년이 다

고 확신하는 교만을 행한다(4:13-17). 열째, 종말의 때를 깨닫지 못하고 부를 축적하며 가난한 자들을 착취하고, 사치하고 방종하며 살아간다(5:1-6). 열한째, 서로 원망하면서 당면한 시련을 피하고자 맹세를 남용한다(5:7-12). 참고. 주기철, "야고보서 5:7-12가 3.1 운동에 참여한 기독교인들에게 주는 인내의 자세," 『고신신학』 21(2019), 33-68.

되어간다. 백신이 개발되어 보급되고 있지만, 여전히 확진자의 수는 늘고 변이 바이러스 전파로 코로나19 대유행병 시대가 언제 끝날지 알 수 없다. 또한, 지금은 이전에 표준(normal)이었던 것이 비표준(abnormal)이 되고 비표준(abnormal)이 새로운 표준(new normal)이 되는 시대이다. 이와 같은 시대에, 글을 시작하면서 제시했던 바와 같이 성도와 교회 모두가 많은 도전을 받고 있다. 어쩌면 많은 성도, 그리고 교회가 야고보서에서 지적한 것처럼 미혹되어 진리를 떠나 영적으로 병들어 있으면서도 겉으로는 그렇지 않은 것처럼 살아갈 수도 있다. 이러할 때, 무엇보다도 중요한 것은 성도 스스로 하나님의 말씀을 떠나지 않았는지 점검할 필요가 있고, 교회 역시 말씀을 제대로 가르치고 행하고 있는지 살펴볼 필요가 있다.[42] 앞서 비대면 예배를 진행하면서 교인의 수평 이동 문제가 불거졌다고 했는데, 이 문제는 얼핏 보면 좋은 시설과 프로그램의 문제로만 여겨질 수 있지만, 실상은 그렇지 않은 예도 있음이 밝혀졌다. 그 이유에 대해서 최성훈은 한 뉴스 기사를 참고하여 "규모와 관계없이 교회의 본질에 충실한 교회, 즉 하나님의 말씀이 온전히 선포되고, 말씀을 중심으로 시대를 해석하고 분별하는 교회, 말씀에 깨어 있어서 은혜를 나누는 교회가 온라인 입소문을 통해 부상하게 되었기 때문이다"라고 말한다.[43] 성도도 마찬가지일 것이다. 어려운 시기가 아무리 오랫동안 지속한다고 해도 심어

---

42. 김정형은 코로나 시대에 편하게 신앙생활 하거나 전통적인 교회 생활에 회의를 품는 기독교인도 생기겠지만 그보다 더 많은 성도가 대면 예배와 교제를 그리워하고 소중히 여기게 될 것이라고 말한다. 그러면서, 이 시기에 "복음의 가르침으로 돌아가 본질적인 진리를 견고하게 붙들면서 동시에 비본질적인 것들은 과감하게 내려놓을 수 있는 유연함"을 가질 필요가 있다고 바르게 주장한다. 김정형, "코로나19 이후 새로운 교회, 새로운 교육목회를 내다보며," 19-20. 참고. 고원석, "포스트 코로나 시대 신앙교육의 원칙 성경, 교육, 신앙을 다시 생각하기," 『교육교회』 298(2020), 10-15.

43. 최성훈, "포스트 코로나19 시대와 한국교회의 공공성: 예배와 공동체성을 중심으로," 『ACTS 신학저널』 47(2021), 77; 박현철, "비대면 시대의 온라인 예배, 어디까지 다가왔을까?" 『뉴스엔조이』, 2020.9.4, https://www.newsnjoy.or.kr/news/articleView.html?idxno=301312(2021년 6월 30일 접속).

진 말씀을 믿고 실천한다면, 이 시련의 기간에도 자기 욕심에 끌려 미혹되지 않고 그 신앙을 잘 지켜나갈 수 있을 것이다.

참고문헌

고원석. "포스트 코로나 시대 신앙교육의 원칙 성경, 교육, 신앙을 다시 생각하기." 『교육교회』 298(2020): 10-15.

김은희. "코로나19(Covid 19) 상황에서 한국교회의 대처에 관한 연구 예." 『개혁논총』 53(2020): 99-122.

김정형, "코로나19 이후 새로운 교회, 새로운 교육목회를 내다보며." 『교육교회』 493(2020): 16-20.

박규남. "코로나19시대, 교회가 직면한 문제와 기회." 『활천』 800-7호(2020): 80-85.

박현철. "비대면 시대의 온라인 예배, 어디까지 다가왔을까?" 『뉴스엔조이』 2020.9.4. https://www.newsnjoy.or.kr/news/articleView.html?idxno=301312(2021년 6월 30일 접속).

서동일. "코로나 시대 신앙적 위기 극복을 위한 교회의 노력." 『활천』 803-10호(2020): 54-58.

송남순. "코로나19 이후의 기독교교육: 무엇을 교육할 것인가?" 『교회교육』 494(2020): 23-28.

윤영훈. "포스트 코로나 시대 온라인 교회의 가능성에 대한 연구." 『대학과선교』 46(2020): 205-37.

이승구. "코로나19 이후 상황에서의 성경적 교회의 모습과 성경적 목회 1." 『장로교회와 신학』 16(2020): 107-26.

장신근. "코로나19를 통해 보는 교회교육의 공적 사명과 역할." 『교육교회』 494권 (2020): 15-22.

주기철. "야고보서 1장에 나타난 '시험'($\pi\epsilon\iota\rho\alpha\sigma\mu\acute{o}\varsigma$)과 '시련'($\delta o\kappa\acute{\iota}\mu\iota o\nu$)으로 번역된 단어

재고.” 『고신신학』 20(2018), 103-130.

_____. “야고보서 5:14의 ἀσθενεῖ τις ἐν ὑμῖν(“너희 중에 병든 자가 있느냐”) 해석문제.” 고신대 개혁주의학술원 제11회 신진학자 포럼 자료집(2021).

_____. “야고보서 5:7-12가 3.1 운동에 참여한 기독교인들에게 주는 인내의 자세.” 『고신신학』 21(2019): 33-68.

최성훈. “포스트 코로나19 시대와 한국교회의 공공성: 예배와 공동체성을 중심으로.” 『ACTS 신학저널』 47(2021): 69-97.

최진봉. “코로나19 이후의 교회.” 『좋은나무』 2020년 5월 20일. https://cemk. org/16877/ 2020년 7월 14일 접속.

Adamson, J. *The Epistle of James*. Grand Rapids: Eerdmans, 1976.

Blomberg, C. L. and Kamell, M. J. *James*. Grand Rapids: Zondervan, 2008.

Davids, P. H. *The Epistle of James*. Grand Rapids: The Paternoster Press, 1982.

Dibelius, M. *James*. Philadelphia: Fortress, 1975.

Johnstone, R. *James*. Pennsylvania: The Banner of Truth Trust, 1871, repr. 1983.

Laws, S. *The Epistle of James*. Massachusetts: Hendrickson Publishers, 1980.

MacArthur, J, *The MacArthur New Testament Commentary, James*. Chicago: Moody Publisher, 1998.

Marshall, I. H., Travis, S., and Paul, I. *Exploring the New Testament, vol. 2: A Guide to the Epistles and Revelation*. 2nd ed. London: SPCK, 2011.

Martin, R. P. *James*. Waco: Word Books, 1988.

McCartney, D. G. *James*. Grand Rapids: Baker Publishing Group, 2009.

McKnight, S. *The Letter of James*. Grand Rapids: Eerdmans, 2011.

Moo, D. J. *James*. Nottingham: Inter-Varsity Press, 2015.

Richardson, K. A. *James*. Nashville: B&H Publishing Group, 1997.

Stulac, G. M. *James*. Leicester: Inter-Varsity Press, 1993.

Abstract

A Lesson from the Book of James to Churches in Covid-19 Pandemic: Receive with Meekness the Implanted Word(James 1:21)

Prof. Dr. KiCheol Joo

(Faculty of Theology)

Now the world is facing many challenges in all areas of society, economy, and culture due to Covid-19. The church is also in turmoil, facing situations that have never been dealt with before. Above all, despite the increasing number of vaccinations, it is not yet known when the Covid-19 pandemic will end. For this reason, many saints can completely leave the words of truth or live a religious life without the essence of faith. In other words, people may be living with a spiritual illness without knowing whether they are sick or not. Such situation seems similar to the one faced by the recipients of the book of James, who had to live in diaspora and undergo various trials. This article tries to reconstruct the situation faced by the recipients of the book of James to recognize what the fundamental problems are and what solutions the author presents to the recipients. Through this, I would like to talk about the fact that saints born with words should not wander away from the word of truth during trials, and if such thing happens, they should humbly believe and practice the words implanted when they were born.

Key words: Covid-19, Born with word of truth, wander away from the truth, implanted words, humbly accepting the word of truth

코로나19 시대의
창조와 섭리 이해

이신열(고신대학교 신학과 교수)

[초록]

　본 논문은 코로나19 시대를 살아가는 기독교인들이 어떤 방식으로 창조와 섭리라는 교리를 이해하는 것이 바람직한가에 대한 가이드라인을 설정하는 것을 목적으로 작성되었다. 2020년 상반기 이후 기독교적 관점에서 코로나19에 어떻게 대응해야 하는가를 다루는 많은 논문들이 국내에서 출간되었다. 이들의 대부분은 주로 실천적 주제들(예배, 교육, 선교 등)에 집중되어 있으며 기독교 교리를 코로나19의 관점으로 다루는 글들은 상대적으로 찾아보기 어렵다. 이런 공백을 메우기 위해서 본 논문은 창조와 섭리라는 교리에 집중한다. 먼저 우리 시대의 대표적 조직신학자들의 창조에 관한 견해를 섭리와 관련하여 살펴본 후에, 섭리의 경우 기존의 교리적 프레임 대신에 생태와 환경의 관점에서 고찰하며 특히 기후변화라는 주제를 집중적으로 살펴보았다. 이 고찰을 통해서 비록 많은 사람들이 무시하고 부정한다 하더라도 하나님의 섭리는 이런 엄청난 생태학적/환경론적 위기 상황에서도 지속적으로 주어지고 있다는 사실을 확인할 수 있었을 뿐 아니라 이에 근거해서 멸망의 위기에 처한 인류를 보존하시는 하나님의 의도가 더 분명하게 파악될 수 있었다. 코로나19 시대에 세상이 어려움으로 탄식할 때, 교회는 성령 하나님과 더불어 세상의 탄식에 동참하는 태도가 요구된다고 볼 수 있다. 이런 태도는 창조의 원래 목적에 부합되는 삶과 행위를 자아낼 뿐 아니라 종말을 통해서 하나님께서 약속하신 새로운 창조의 도래를 기대하도록 만든다. 과학 기술의 발전으로 피조세계에 대한 친밀한 지식을 상실하고 창조를 부정하고 하나님을 부인하는 현대인들에게 가장 우선적으로 요구되는 교리는 다름 아난 창조와 섭리라는 관점에서 이 교리들의 회복이 어느 때 보다 더욱 절실하게 요구된다고 볼 수 있다.

주제어: 코로나19, 창조, 섭리, 생태학적/환경론적 위기, 기후변화, 새 창조, 종말론

1. 시작하면서

코로나19가 발발하여 우리 사회에 엄청난 영향력을 행사한지 1년이 훌쩍 넘었다. 오랜 기간 동안 지속된 방역에서 비롯되는 피로감과 활동의 제한, 그리고 정신적, 물질적 피해는 우리의 상상을 초월한다. 우리는 신속하게 코로나19에서 벗어나 원래 누리던 정상적인 삶으로 돌아갈 수 있기를 강력히 소망하고 있다. 그러나 이 위기가 언제쯤 종식될 것인가에 대한 확답은 어디에도 주어지지 않는다. 코로나19라는 바이러스가 지속적으로 변이를 생성한다는 끈질긴 특징 때문에 백신 접종의 효과에 대해서 많은 의문이 제기되고 있기 때문이다.

이런 상황에서 교회는 어떻게 코로나19에 대처해왔는가? 우리 사회와 마찬가지로 교회도 코로나19로 인해 많은 어려움에 직면해 있으며 상당한 피해를 입고 많은 변화가 발생하고 있다. 코로나19가 우리 시대에 많은 변화를 초래하고 있다면 교회 또한 많은 변화에 직면해 있다고 볼 수 있다. 온라인 예배를 위시한 다양한 변화가 교회의 예배를 변화시키고 있다. 코로나19시대에 어떤 방식으로 신학이 추구되어야 하는가에 관한 질문은 모든 신학자들이 마음속에 품고 해답을 찾고 있는 질문이 아닐 수 없다.

작년 2020년부터 등장하기 시작한 코로나19와 관련된 학문적 연구는 그 특성상 주로 실천적 주제들을 다루고 있는데 예배(특히 온라인 예배), 교회교육, 선교 등의 주제가 학문적으로 상당히 빈번하게 연구된 주제들이었다.[1] 이와 달리 교리적 주제들에 대한 연구 결과물은 찾아보기 힘든데 강응섭은 어머니 이미지를 중심으로 교회의 본질에 관한 연구를 내놓았다.[2] 또한 손오현과 이정희는 교회의 본질과 변화라는 주제로, 라영환은 교회의 본질과 사명에 대해서 각각 고찰하는 글을 작성했다.[3] 또한 윤형철은 포스트휴머니즘의 인간론을 코로나19의 관점에서 고찰했다.[4]

---

1. 총 234편의 코로나 관련 논문(관련 단행본은 제외함) 가운데 온라인 예배 및 설교에 관한 논문은 35편 (14.95%)에 해당된다. 이 논문들이 다룬 주제들 가운데 가장 높은 비중을 차지하는 것은 교육과 관련된 것으로 234편 중 47편 (20.1%)를 차지한다. 그 외에 교회와 목회 관련 주제가 32편(13.68%), 선교관련 주제가 31편(13.25%)로 주목할 만한 비율을 차지하고 있으며, 나머지 주제들을 대략적으로 살펴보면 다음과 같다. 사회봉사(11편), 교회사(6편), 윤리(5편), 교회재정 및 경제(5편), 생태학(4편), 교회의 미래 (4편), 교회의 공공성(3편), 인간(2편).

2. 강응섭, "'어머니-교회'의 관점에서 고찰하는 코로나-19 시대에 직면한 한국교회", 「조직신학논총」 63 (2021): 7-36.

3. Oh-Hyun Sohn & Jung Hee Lee, "A Theological Study on the Essence and Transformation of Church in the Era of Online Worship: for Coming "The New Church Community"", *Theological Forum* 102 (2020): 125-60; 라영환, "교회의 본질과 사명, 코로나가 묻고 교회가 답하다", 안명준 외 『교회통찰』 (서울: 세움북스, 2020), 105-114.

4. 윤형철, "포스트 코로나 시대의 인간됨과 인간다움의 조건에 관한 단상: 포스트휴머니즘 인간론에 대

본 논문에서는 코로나19 시대를 맞이하는 신학적 패러다임 변화의 필요성에 대해서 창조와 섭리를 중심으로 살펴보고자 한다.[5] 먼저 창조에 대한 우리 시대의 논의를 살펴보되 섭리와의 관련성 속에서 살펴본 후에, 섭리의 현실적 문제를 생태와 환경을 중심으로 고찰하게 될 것이다. 그 후에 코로나19 시대를 맞이하여 창조와 섭리 교리가 어떻게 이해되어야 하는가에 대해서 살펴보고, 마지막으로 창조와 섭리 교리의 회복에 대해서 고찰하고자 한다.

2. 우리 시대의 창조론 논의: 섭리론과의 관계를 중심으로

이 단락에서는 우리 시대(20세기와 21세기)의 대표적 신학자들의 창조론을 살펴보되 섭리와의 관계를 중심으로 고찰하고자 한다. 여러 신학자들이 우리 시대의 창조와 섭리 이해에 많은 기여를 했지만, 여기에서는 우리에게 널리 알려진 다음 5명의 신학자들로 제한하여 살펴보고자 한다: 몰트만, 판넨베르크, 에릭슨, 그루뎀, 그리고 건톤.

2.1. 위르겐 몰트만 (Jürgen Moltmann, 1926-)

몰트만은 1971년에 발간된 『창조 안에 계신 하느님(*God in Creation*)』에서 창조론을 생태학과 접목시키려는 시도를 제공한다.[6] 이 단행본의 서문에서

한 기독교 신학의 답변", 「조직신학연구」 37 (2021): 26-61.

5. 코로나19를 창조론적으로 고찰한 글로는 다음을 들 수 있다. 조덕영, "코로나19의 창조신학", 「창조론 오픈포럼」 14/2 (2020): 9-18. 이 논문은 미생물의 분류, 세균과 바이러스의 구분, 세균과 바이러스의 인체내 감염에 대해서 다루고 있는데 논문의 전체 제목과는 달리 코로나19에 대한 창조론적 논의가 본격적으로 이루어지지 않은 것으로 보인다.

6. Jügen Moltmann, *God in Creation: A New Theology of Creation and the Spirit of God*, trans.

그는 성령을 통해서 이루어진 창조의 목적은 하나님의 거주(the indwelling of God)인 것처럼, 인간은 생태계와의 화해와 공생(symbiosis)을 통해서 지구라는 자연계에 거주할 수 있어야 한다고 주장한다.[7] '생태학적 창조론'의 전개를 위한 예비적 고찰로서 몰트만은 '생태학적 위기(ecological crisis)'라는 제목의 장을 설정했다.[8] 여기에서 이 위기는 지배(dominion)의 위기로 이해되는데 이는 구체적으로 지배 개념이 사실상 자연에 대한 착취와 파괴로 나타나기 시작했다는 사실을 가리킨다.[9] 이런 맥락에서 이 위기는 자연에 대한 지배의 위기일 뿐 아니라 생태학적 위기로 나타나게 되었다. 몰트만은 이 생태학적 위기에 신학은 사실상 자연을 과학자들에게 맡겨버리고 역사의 영역으로 후퇴하는 결과가 초래되었다고 비판한다.[10] 따라서 신학은 창조와 관련하여 역사를 과대평가하는 오류에서 자연을 해방시켜야 하는 임무를 지니게 되었다. 달리 말하면, 신학이 우주론에서 개인적인 창조 신앙으로 후퇴하는 것을 비판하는 가운데 신학적 창조론에 있어서 생태학적 책임을 발견해야 함을 뜻한다.[11]

몰트만은 생태학적 위기의 극복을 위해서라도 하나님의 창조로서의 자연에 대한 인식은 이제 지배의 패러다임에서 참여의 패러다임으로 바뀌어야 한다고 주장한다. 이를 위해서 분석적이며 개체화시키고 귀납적인 근대적 사고

Margaret Kohl (Minneapolis: Fortress, 1993). 그의 생태학적 창조론에 대한 2차 자료로는 다음을 참고할 것. 이신열, "위르겐 몰트만의 창조와 진화를 통해 살펴본 섭리 이해", 「고신신학」 15 (2013): 287-89.

7. Moltmann, *God in Creation*, xv. 참고로 이 단행본의 독일어 부제는 '생태학적 창조론' (ökologische Schöpfungslehre)이다.

8. Moltmann, *God in Creation*, 20-52.

9. Moltmann, *God in Creation*, 28.

10. Moltmann, *God in Creation*, 31.

11. Moltmann, *God in Creation*, 34.

에서 탈피하여 자연과 환경과의 상호관계 속에 참여하는 전체적이며 통합적인 사고가 요구된다고 보았다.[12] 인간이 주체로서 자연을 지배하는 것은 데카르트의 주체 형이상학과 아리스토텔레스적인 실체 형이상학에 근거한 중앙집권적 사고에 지나지 않는다. 몰트만은 이런 사고는 자연을 소외시키는 결과를 초래하는데 이를 극복하기 위해서 인간과 자연의 상호관계를 중요시하는 상대성의 형이상학이 요구된다고 보았으며 이는 '인간의 자연화'라는 개념으로 구체화되어 나타난다.[13] 그러나 몰트만에 의해서 수용된 이 개념은 사실상 과정철학자 화이트헤드(Alfred North Whitehead, 1861-1947)에서 비롯된 자연신학적이며 과정신학적 개념으로서 그가 생태학적 이론을 추구함에 있어서 이를 과정신학적으로 통찰한 견해에 동의한 것으로 보인다.[14] 인간의 자연화는 생태학적 이론이 추구하는 목적 가운데 하나이기도 한데 이 이론에서 인간은 자연을 지배하고 다스리며 이를 소외시키며 파괴할 수 있는 힘을 지닌 존재가 아니라 오히려 자연에 의해서 생성되는 객체에 지나지 않는다.[15]

그렇다면 몰트만은 창조와 섭리를 어떻게 이해하고 있는가? 그는 『창조 안에 계신 하느님』 제 4장 '창조주 하나님'에서 과정신학과 슐라이어마허(Friederich Schleiermacher, 1768-1834)의 섭리론에 나타난 문제점을 다음과 같이 지적한다.[16] 먼저 과정신학의 경우, 하나님의 창조는 부정되지만 그가 세상을 유지하고 보존한다는 개념은 시인된다. 즉 과정신학은 창조가 아니라

---

12. Moltmann, *God in Creation*, 2-4.

13. Moltmann, *God in Creation*, 49-50.

14. John Cobb, *God and the World* (Eugene, OR: Wipf & Stock, 2000); *Is It too late? A Theology of Ecology* (Deton, TX: Environmental Ethics Books, 1995): Charles Birch et al, *Faith, Science and the Future* (Philadelphia: Fortress, 1979).

15. Moltmann, *God in Creation*, 50-51.

16. Moltmann, *God in Creation*, 78-79.

유지 또는 질서에만 관심을 기울이는 편협된 신학을 추구한다는 비판이 주어진다. 슐라이어마허의 경우도 이와 유사한 관심을 표명하는데 그에게 "창조의 개념은 사실상 유지의 개념으로 환원된다."[17] 이들과 달리 몰트만은 창조와 섭리(유지)를 모두 수용하는 입장을 취하지만 만유재신론적 사고의 영향아래 여전히 창조론에 종속되는 섭리론을 전개한 것으로 보인다.[18] 섭리는 계속적 창조(creatio continua)의 개념으로 집약적으로 표현된다. 이는 파괴적 세력에 대항해서 창조를 보존하는 성격을 지닌 것으로 과거에 피조된 창조의 지속적 지탱을 의미한다.[19] 여기에서 몰트만은 섭리를 이렇게 보존과 유지의 관점에서 고찰하되 이를 진화론적으로 조명하는데 머무르지 않고 종말론적 개념을 추가하여 세계의 완성이라는 미래를 위한 준비의 개념으로 발전시켜 나간다. 이제 섭리에는 보존의 차원을 넘어서서 혁신의 개념이 추가되는데 여기에 구원론적 개념에 해당되는 수난과 인내, 그리고 적극적으로 고난의 능력을 포괄된다.[20] 이런 방식으로 몰트만의 신학적 사고는 섭리를 창조론에 종속시키는 방식을 초월하여 구원과 종말을 포함하는 전 포괄적(all-inclusive) 신학 개념으로 전환시키려는 경향이 드러난다고 볼 수 있다.

2.2. 볼프하르트 판넨베르크(Wolfhart Pannenberg, 1928-2014)

판넨베르크는 3권으로 구성된 그의 주저 (opus magnum) 『조직신학』

---

17. Friedrich Beisser, *Schleiermachers Lehre vom Gott, dergestellt nach seinen Reden und seiner Glaubenslehre* (Göttingen: Vandenhoeck & Ruprecht, 1970), 115. Moltmann, *God in Creation*, 333. 각주 12에서 재인용.

18. 이신열, "위르겐 몰트만의 창조와 진화를 통해 살펴본 섭리 이해", 282-85.

19. Moltmann, *God in Creation*, 208-209.

20. Moltmann, *God in Creation*, 209-12.

(*Systematic Theology*) 제2권에서 창조론에 상당한 분량을 할애했다.[21] 이는 그가 자연과학에 대한 깊은 조예를 지닌 신학자였다는 사실로 미루어 볼 때 특히 놀랄만한 일은 아니다.[22] 그는 창조를 하나님의 행위로서 규명하면서 먼저 이를 외부를 향한 하나님의 행위로서 논의한다. 이 논의는 하나님의 속성에서 시작하는데 어떻게 그의 내적 속성이 외부를 향해 전개되는 그의 행위로 나타나게 되는가에 주목한다.[23] 그리고 성경신학적 관점에서 창조의 성격 또는 본질에 대해서 논의하는데 이 단락에는 바르트(Karl Barth, 1886-1968)와 화이트헤드(A. N. Whitehead, 1861-1947)에 대한 간략한 논의도 곁들여지는데 특히 과정신학(process theology)이 악의 존재를 다루는 방식이 무에서의 창조 교리가 지닌 약점을 올바르게 지적했다는 평가가 주어지기도 한다.[24] 계속해서 판넨베르크는 창조에 대한 삼위일체론적 기원에 대해서 고찰한다. 여기에서 그의 강조점은 이 교리에 대한 삼위일체론적 고찰이 단순히 세계의 기원에 대한 차원을 넘어서서 창조론 전체에 대한 조망을 가능하게 한다는 사실에서 발견된다.[25] 이렇게 창조에 대한 일반적 고찰을 제공한 후, 판넨베르크는 창조와 섭리라는 주제로 관심을 기울인다. 그의 『조직신학』에는 섭리론이 따로 다루지 않았기 때문에 "창조와 보존", "피조물의 행위에 나타

---

21. Wolfhart Pannenberg, *Systematic Theology, vol. 2*, trans. Geoffrey W. Bromiley (Grand Rapids: Eerdmans, 1994), 1-174. 주목할 만 한 점은 그가 인간론보다 창조론에 상대적으로 더 많은 지면을 할애한다는 사실이다. "인간의 위엄과 비참함"이라는 제목을 지닌 인간론은 정확하게 100쪽에 걸쳐 논의되었다. 이하 ST로 약칭함.
22. 그의 다음 저작들을 참고할 것. Wolfhart Panneberg, *Natur und Mensch - und die Zukunft der Schöpfung* (Göttingen: Vandenhoeck & Ruprecht, 2000); 볼프하르트 판넨베르크, 『자연신학』, 테드 피터스 편, 박일준 옮김 (천안: 한국신학연구소, 2000).
23. ST 2:1-9.
24. ST 2:16.
25. ST 2:34. 판넨베르크 창조론에 대한 삼위일체론적 고찰로는 다음을 참고할 것. 이용주, "Wolfhart Pannenberg의 삼위일체 신학적 창조론", 「조직신학논총」 31 (2011): 351-93.

난 신적 협력", 그리고 "세계 통치와 하나님의 나라: 창조의 목적"이라는 소단락으로 구성된 이 단락을 사실상 그의 섭리론으로 간주해도 무방할 것이다.[26] 특히 판넨베르크가 섭리론의 역사를 간략하게 기술함에 있어서 주의 깊게 다루었던 부분은 섭리는 창조를 전제로 하는 하나님의 행위에 해당된다는 점이다. 창조와 섭리에 대한 이런 엄격한 구분은 몇몇 고대 교회 교부들 (예, 알렉산드리아의 클레멘트, 가이사랴의 바실, 아우구스티누스 등)이 지녔던 창조를 하나님의 영원한 행위로 이해하는 주장에 의해서 많이 논박되었던 것으로 제시된다.[27] 판넨베르크가 하나님의 창조를 영원한 행위로 이해하는 것은 모든 우주적 과정과 그 역사에서 발생하는 신적 행위의 모든 양상들을 포함하는 개념에 해당된다.[28]

판넨베르크는 계속적 창조(creatio continua)가 아퀴나스(Thomas Aquinas)에 의해서 하나님의 새로운 행위가 아니라 이미 지음 받은 피조물의 지속을 가능하게 하는 행위로 기술되었다는 점을 언급한다.[29] 판넨베르크는 계속적 창조를 하나님의 섭리의 요소로서 보존으로 간주하는데 그 이유는 하나님의 신실하심 (faithfulness)에 놓여 있다.[30] 그렇다면 판넨베르크는 보존을 창조와 관련하여 어떻게 이해했는가? 그에게 보존은 지속적 창조이며 원래 주어진 존재를 넘어서는 새롭고 창조적인 것을 지속적으로 만들어 내는 것을 뜻한다.[31] 이런 맥락에서 보존은 원래 단어의 의미를 넘어서거나 부정하고 새로운 것의 창조를 뜻하는 진화의 개념에 근접하고 있음을 발견할 수 있는데 이 점

---

26. ST 2:35-59.
27. ST 2:37-38.
28. ST 2:41.
29. ST 2:40.
30. ST 2:41-44.
31. ST 2:34.

에 있어서 앞서 언급된 몰트만과 유사점이 드러난다고 볼 수 있다.[32]

2.3. 밀라드 에릭슨 (Millard Erickson, 1932-)

에릭슨은 창조와 섭리의 상관성을 설명함에 있어서 두 가지 방식을 취한다. 첫째는 창조의 교리가 지닌 함축적 의미를 제시하면서 모든 피조물이 나름대로의 가치를 지니고 있다고 밝힌다.[33] 인간은 하나님의 손에 의해 지음 받은 모든 피조물에 대해서 사랑과 관심을 가져야 한다. 인간이 이 피조물들을 지배하고 다스려야한다는 섭리적 차원이 아울러 언급되는데 이는 생태학적 관심사로 표현된다. 모든 기독교인들은 창조의 보존과 행복을 위한 관심의 최전선에 서야 한다는 주장을 통해서 에릭슨은 창조와 섭리의 관계를 규명한다.

에릭슨은 섭리를 "하나님께서 그가 존재하게 한 창조를 존재 속에서 보존하시고, 또한 그것을 의도하신 목적대로 인도하시는 하나님의 계속적인 행동"으로 정의한다.[34] 창조가 우주의 시작에 관한 하나님의 사역이라면, 섭리는 이렇게 시작된 우주에 대한 그의 계속되는 관계성을 지칭한다. 창조와 섭리의 관계를 규명함에 있어서 에릭슨은 많은 학자들에 의해서 제시된 '계속적 창조'(creatio continua)에 반대하는 입장을 취한다.[35] 계속적 창조를 옹호하는 대표적인 인물로는 앞서 언급된 몰트만을 들 수 있는데, 이 개념은 사실상 피조세계의 보존, 특히 진화라는 차원에서 이해되는 개념이다.[36] 그러나 에릭슨

---

32. ST 2:119; 이신열, "칼빈과 판넨베르크의 섭리 이해에 나타난 창조의 역할", 「고신신학」 14 (2012): 441.

33. 밀라드 J. 에릭슨, 『복음주의 조직신학 상: 서론·신론』, 신경수 옮김 (고양: 크리스챤다이제스트, 2000), 436-37.

34. 에릭슨, 『복음주의 조직신학 상』, 439.

35. 에릭슨, 『복음주의 조직신학 상』, 444-46.

36. 이신열, "위르겐 몰트만의 창조와 진화를 통해 살펴본 섭리 이해", 268, 279-80.

은 이와 달리 계속적 창조를 일종의 새로운 창조(creatio nova)로 이해하고 이에 대해서 반대하는 입장을 취한다. 그는 독일의 또 다른 신학자인 칼 하임 (Karl Heim, 1874-1958)의 주장이 이 경우에 해당된다고 보았다. 하임은 하나님께서 창조하신 세계는 지속적으로 무로 전락한다는 가정 하에 그가 매순간 우주를 새롭게 창조하신다는 주장을 내세웠다.[37] 에릭슨은 계속적 창조가 하나님의 사역 전체를 직접적인 사역으로 만들기 때문에 그가 자신의 목적을 성취함에 있어서 수단을 사용하신다는 사실이 부인된다는 문제를 지적한다.[38]

2.4. 웨인 그루뎀 (Wayne A. Grudem, 1948-)

그루뎀은 미국 복음주의의 대표적 조직신학자 가운데 한 명이다. 그는 『고린도전서에 나타난 예언의 선물(*The Gift of Prophecy in 1 Corinthians*)』[39]로 케임브리지대학에서 신약학박사학위를 받았으며 그 이후에 주로 일리노이스주에 위치한 트리니티복음주의신학대학원에서 성경신학 및 조직신학교수로 활동했다. 여기에서는 그의 주저인 『조직신학』(*Systematic Theology*)을 중심으로 그의 창조와 섭리 이해에 대해서 살펴보고자 한다.[40]

먼저 그루뎀은 창조론을 크게 다음의 다섯 단락으로 나누어서 고찰한다. 무에서의 창조, 하나님과 구별될 뿐 아니라 그분에게 항상 의존적인 창조, 그의 영광을 드러내기 위해서 하나님께서 창조하심, 하나님께서 창조하신 우주

---

37. Karl Heim, *Glaube und Denken* (Hamburg: Furche, 1931), 230.

38. 에릭슨, 『복음주의 조직신학 상』, 445.

39. Wayne A. Grudem, *The Gift of Prophecy in 1 Corinthians* (Washington, DC: Univ. of America Press, 1982).

40. Wayne Grudem, *Systematic Theology: An Introduction to Biblical Doctrine* (Nottingham: InterVarsity Press, 1994).

는 아주 좋았음, 그리고 성경과 현대과학의 발견 사이의 관계.[41] 특히 성경과 현대과학의 관계를 다루는 마지막 단락에서는 성경의 가르침과 조화되지 않는 세 가지 창조에 관한 이론을 설명하는데 여기에는 세속적 이론, 유신진화론(theistic evolution), 그리고 창 1:1과 1:2 사이의 연대기적 간격을 주장하는 간격 이론(theory of gap)에 대한 비판이 주어지는데 특히 주목할 만한 사실은 유신진화론과 간격이론에 대한 비판이 이 단락의 대부분을 차지한다는 점이다.[42]

그렇다면 그루뎀은 창조와 섭리의 관계를 어떻게 이해했는가? 그는 고전적 맥락에서 제시된 보존, 협력, 그리고 통치라는 섭리의 세 가지 요소를 활용하는 섭리에 대한 정의를 제공한다.[43] 섭리는 간략하게 피조물에 대한 하나님의 지속적인(ongoing) 관계로 기술되기도 하는데, 여기에서 그루뎀이 주장하는 '관계'라는 단어의 의미를 더 자세하게 해설하는 역할을 담당하는 것이 바로 위에 언급된 세 가지 요소로 볼 수 있다. 그는 창조와 관하여 다음의 4가지 개념을 통해서 섭리의 의미를 일목요연하게 제시한다. 이신론(deism), 범신론(pantheism), 우연(chance), 그리고 결정론(determinism).[44] 이 4가지 개념은 그의 창조론에서 활용된 4가지 개념들(예. 유물론, 범신론, 이원론, 그리고 이신론)[45]과 어느 정도 유사한데 이를 섭리론에도 상당히 일관성있게 (예외는 이원론과 유물론 대신에 우연과 결정론으로 대체되었다는 사실에서 찾을 수 있음) 적용한 것이다. 이는 별도로 언급되지는 않았지만, 그루뎀이 창조

41. Grudem, *Systematic Theology*, 262-310.

42. Grudem, *Systematic Theology*, 275-309. 그루뎀의 유신진화론 비판에 대한 2차 자료로는 다음을 참고할 것. 박찬호, "유신진화론에 대한 웨인 그루뎀의 비판", 「조직신학연구」 34 (2020): 108-37.

43. Grudem, *Systematic Theology*, 315.

44. Grudem, *Systematic Theology*, 315.

45. Grudem, *Systematic Theology*, 267-71.

와 섭리 사이에 존재하는 개념적 동질성에 주목했음에 대한 암묵적 증거에 해당된다고 볼 수 있다. 그럼에도 불구하고 그가 창조와 보존의 교리를 중심으로 한 섭리의 관계에 대한 본격적 서술을 시도하지 않았다는 점에 있어서 약간의 아쉬움이 남는다고 볼 수 있다.

2.5. 콜린 건톤(Colin E. Gunton, 1941-2003)

건톤은 영국 런던의 킹스 칼리지(King's College)에서 기독교교리를 교수한 조직신학자였다. 그의 박사학위논문에서 나타나듯이 그는 과정신학(process theology)과 바르트를 위시한 현대신학에 많은 관심을 표명했다.[46] 그는 특히 삼위일체론과 창조론에 많은 관심을 기울였고 이에 관한 저작들을 남겼다.[47] 여기에서는 『삼위일체적 창조주』(*The Triune Creator*)에 나타난 그의 창조와 섭리의 관계에 대해서 살펴보고자 한다.

"창조와 섭리: 하나님과 세상의 상호작용"이란 제목으로 구성된 제 8 장에서 건톤은 먼저 바르트, 슐라이어마허, 그리고 토마스 아퀴나스가 제시한 창조와 섭리에 대한 견해들을 간략하게 고찰한다.[48] 그 후에 이 주제에 대한 건톤의 논의는 (약간 의외인 듯 보일지 모르지만) "섭리와 다원주의의 문제"로 집중된다.[49] 이 단락의 논의는 다윈의 진화론이 사실상 섭리론을 대체했다는 테제로 나타난다.[50] 이를 입증하기 위해서 진화론이 그 뿌리를 뉴턴의 철학,

46. Colin E. Gunton, *Becoming and Being: The Doctrine of God in Charles Hartshorne and Karl Barth* (Oxford: Oxford Univ. Press, 1978).

47. 그의 다양한 저작 가운데 창조론에 관한 대표적 저술로는 *The One, the Three and the Many: God, Creation and the Culture of Modernity* (Cambridge: Cambridge Univ. Press, 1993); *The Triune Creator: A Historical and Systematic Study* (Grand Rapids: Eerdmans, 1993)를 들 수 있다.

48. Gunton, *The Triune Creator*, 178-82.

49. Gunton, *The Triune Creator*, 184-90.

50. Gunton, *The Triune Creator*, 186.

즉 뉴턴주의에 두고 있다는 사실이 언급된다. 뉴턴주의가 무생명체, 즉 물체의 운동을 다루고 이에 국한된 기계론이었다면, 다윈의 진화론은 뉴턴주의의 수정판으로서 이를 생명체에 적용시킨 경우에 해당된다.[51] 생명체가 무생명체에서 비롯되었다는 다윈의 주장은 뉴턴의 기계론을 전제로 삼았을 때 가능한 것이다. 다윈에 의하면 생명체의 창조는 창조주의 전능에서 비롯된 것이 아니라 자연의 절대적이며 눈먼 능력에 기인했다. 그렇다면 다윈주의의 진화론은 기독교에서 말하는 창조와 섭리의 관계를 송두리째 파괴하고 부정하는 무신론적 사고에 지나지 않는다. 헤르만 바빙크가 주장한 것처럼 이신론자들이 시간이 없어서 무신론자들이 되지 못했다면,[52] 다윈주의자들은 이신론자들이 도착하기를 원했던 무신론의 종착역에 성공적으로 안착했다고 보아야 한다. 이렇게 무신론의 토양에 뿌리를 깊이 내린 진화론은 사실상 창조와 섭리 모두를 부인하는 진정한 무신론으로 자리 잡게 되었던 것이다.

이런 이유에서 건톤은 하나님의 섭리를 대체한 다윈주의의 진화론의 성공에 대해서 중립적 태도를 표방하면서도 이 사고가 기독교 신앙과 무관하다는 입장을 취한다.[53] 진화론에서 주장하는 자동적이며 전방향적(forward) 움직임이 아니라 하나님의 영이 이 세상이 원래 의도된 바를 실현할 수 있도록 만드는 원동력으로 작용하기 때문에 진화론은 기독교의 가르침과 조화될 수 없다는 것이 그의 견해이다.

---

51. 헤르만 바빙크는 다윈주의의 진화를 "순전히 기계적이고 화학적인 법칙의 지배하에 현재의 세계가 존재하된 방식"이라고 설명한다. 헤르만 바빙크, 『개혁교의학 2』, 박태현 역 (서울: 부흥과개혁사, 2011), 640.

52. 바빙크, 『개혁교의학 2』, 750.

53. Gunton, The Triune Creator, 188-89.

3. 생태와 환경의 관점에서 살펴본 섭리론

3.1. 생태와 섭리

린 화이트(Lynn White)는 "우리 이 위기의 역사적 뿌리"(1967)라는 널리 알려진 논문에서 생태학적 위기의 근원을 유대-기독교 전통의 창조론에서 찾았다.[54] 인간이 하나님의 형상으로 지음 받아 만물을 지배하고 다스리게 되었다는 성경적 가르침에 근본적 문제가 놓여 있다고 보았던 것이다. 이 주장에 의하면 성경은 반생태적(anti-ecological)이며 자연을 파괴하고 착취하는 일을 용인한 셈이다.

그러나 창 1:26, 28에 언급된 자연에 대한 인간의 지배권이 곧 절대군주의 권한과 동일시되는 것은 아니다. 오히려 클라우스 베스트만(Claus Westermann)이 주장한 바와 같이 최초의 인간에게 주어진 자연에 대한 권한은 히브리 왕들의 하나님의 명령을 받아서 왕국의 복지를 책임지는 권한을 (시 72:12-14) 위임받았다는 것으로 이해할 필요가 있다.[55] 이런 맥락에서 창 2:15에서 하나님께서 아담을 에덴동산에 두시고 거기에서 경작하고 지키게 하셨다는 표현은 창 1:26, 28의 자연에 대한 지배의 의미를 더욱 자연스럽게 해석한 것이라고 볼 수 있다. 창 2:15에 언급된 두 가지 하나님의 명령, 즉 자

---

54. Lynn White, Jr., "The Historical Roots of Our Ecological Crisis", *Science* 155 (37) (March 10, 1967), 1203-1207. 이 논문은 다음의 글에도 실려 있다. Ian Barbour (ed.), *Western Man and Environmental Ethics: Attitudes Toward Nature and Technology* (Reading, MA; Addison-Wesley, 1973). 이하 이 논문을 인용할 경우 Barbour에서 인용함. 그의 주장에 대한 최근의 반론으로는 다음을 참고할 것. 박찬호, "기독교 창조론과 생태계 위기: 린 화이트의 주장에 대한 세 가지 반론", 「조직신학연구」 37 (2021): 62-92.
55. Claus Westermann, *Creation*, trans. John H. Scullion, S.J. (Philadelphia: Fortresss, 1974), 52; Gordon J. Wenham, *Genesis 1-15, Word Biblical Commentary 1* (Nashville, TN: Thomas Nelson, 1987), 33.

연을 경작하며 지키라는 명령에서 첫 번째 동사 '경작하다'는 '즐거움과 이로움을 위해서 경작하는 행위'로, 두 번째 동사 '지키다'는 '해악으로부터 보호하는 행위'로 해석될 수 있다.[56]

그렇다면 아담에게 주신 하나님의 명령은 인간이 자신의 욕심을 따라 자연을 무제한적으로 훼손하고 파괴할 수 있다는 생각과는 전혀 거리가 멀다. 이는 자연을 보존하고 돌보기 위해서 인간에게 주어진 권한을 상징하는 명령으로서 섭리라는 교리 가운데 '보존'에 상응하는 개념에 해당된다. 그렇다면 섭리가 명령의 형태로 인간에게 주어진 이유는 무엇인가? 그 이유는 인간이 이 명령에 순종함으로서 자신이 하나님의 손에 의해 지음 받은 피조물로서 그에게 더욱 의존하도록 함에 놓여 있다고 볼 수 있다.

자연의 보존에 대한 명령과 더불어 재난으로부터 피조물을 지키고 보호하라는 책임과 명령이 인간에게 주어졌는데[57] 이 명령도 하나님의 섭리에서 비롯된 것이었다. 이에 대한 대표적인 예를 창 6장 이하에 묘사된 노아 시대의 대홍수 사건에서 찾아 볼 수 있다. 노아가 홍수에 대비하기 위해서 방주를 짓고 이 방주에 동물들과 함께 들어가게 된 것은(창 6:19-20; 7:2-3) 하나님의 명령에 대한 순종의 행위였다. 노아가 그의 자력으로 이 명령을 순종하는 것은 불가능한 것이었다. 노아가 자력으로 모든 동물들을 불러 모아서 방주에 들어가도록 한 것은 분명히 그의 능력 밖의 일이었다. 그러나 홍수의 임박함을 본능적으로 알게 된 동물들은 노아에게 자발적으로 나아왔고(창 7:9), 그 결과 그는 대홍수라는 재난에서 온갖 종류의 동물들의 생명을 보호할 수 있었다.[58]

---

56. John Black, *The Dominion of Man: The Search for Ecological Responsibility* (Edinburgh: Edinburgh Univ. Press, 1970), 48.

57. Gunton, *The One, the Three and the Many*, 3. 건톤은 이 명령에 나타난 지배의 개념을 책임으로 이해한다.

58. 웬함은 노아를 '대자연보호주의자'(arch-conservationist)로 명명한다. Wenham, *Genesis 1-15*, 33.

이 대홍수는 노아가 살던 지구상에 전무후무한 엄청난 생태학적 위기를 초래했다. 그러나 하나님은 보존의 섭리를 통해서 동물들과 노아의 식구들의 생명을 지키셨음을 알 수 있다. 여기에서 주목해야할 두 가지 사실이 언급되어야 할 것이다. 첫째, 노아가 하나님의 섭리에 동참했다는 점이다. 섭리는 하나님께서 행하시는 일이지만 하나님께서는 노아를 통해서, 그리고 노아와 함께 행하셨다. 노아는 자신을 신뢰하지 않고 창조주 하나님을 의지하는 자세로 그의 명령에 순종하면서 자신의 임무를 충실히 수행했다(창 6:22).[59] 여기에서 섭리의 요소 가운데 하나인 협력(concurrence)과 상당히 유사한 개념이 발견된다고 볼 수 있다. 둘째, 하나님은 노아의 식구들과 동물들이 방주 안에서 지내는 기간 동안 소비해야 할 식량을 노아에게 준비하도록 하셨다(창 6:21). 인간과 동물은 식량으로 생명을 유지하도록 지음 받았다는 사실이 망각되지 않아야 한다. 하나님의 섭리는 이렇게 인간과 동물이 홍수라는 재난으로부터 생명을 보호할 뿐 아니라 앞으로 방주에서 살아가게 될 생명들의 지속적 유지에 필수적인 식량을 공급하는 차원까지 포괄한다.

3.2. 환경과 섭리: 기후변화를 중심으로

21세기를 살아가는 모든 인류에게 환경오염과 파괴에 기인한 기후 변화는 심각한 문제가 아닐 수 없다.[60] 미국의 칼럼니스트 데이비드 월러스-웰즈(David Wallace-Wells)는 이상 기후는 이미 문제의 차원을 넘어서서 재앙이

---

59. 노아의 이 순종의 행위는 웬함에 의해 영웅적 노력으로 평가된다. Wenham, *Genesis 1-15*, 175.
60. 정일웅, "기후위기와 팬데믹은 하나님의 심판인가?", 「신학과교회」 14 (2020): 175-208. 기후변화에 대한 개요서로는 호주의 환경생물학자 팀 플래너리 (Tim Flannery)가 저작한 다음을 참고할 것. 팀 플래너리, 『지구 온난화 이야기: 기후 변화와 생태계 위기에 대한 최고의 안내서』, 이충호 옮김 (서울: 지식의 풍경, 2007).

되었다고 선포한다.[61] 그는 21세기 인류사회를 뒤흔들 기후 재난의 양상을 다음의 12가지 시나리오로 설명한다. 1) 살인적인 폭염 2) 빈곤과 굶주림 3) 집어삼키는 바다 4) 치솟는 산불 5) 날씨가 되어버릴 재난들 6) 갈증과 가뭄 7) 사체가 쌓이는 바다 8) 마실 수 없는 공기 9) 질병의 전파 10) 무너지는 경제 11) 기후 분쟁 12) 시스템의 붕괴.[62] 환경 파괴와 기후 변화는 이제 인류의 생존을 위협하는 대량 학살의 위기를 예견하고 있다는 것이 그의 주장이다.[63] 그는 이런 절박한 위기 상황을 인지하지 못하고 인류가 지금까지 살아온 방식대로 살아간다면 지구는 멀지 않은 장래인 2050년 이전에 인간이 거주할 수 없는 소위 '거주불능 지구'가 될 것이라고 경고한다.

이와 같이 21세기는 지구온난화의 결과로 인류의 생존이 머지않은 미래에 위협받게 될 것이라는 주장이 강한 설득력을 얻고 있는 시대에 해당된다. 지구의 환경은 중병에 걸려 신음하고 있으며 우리 인류는 형언할 수 없는 엄청난 피해를 입게 될 것이다. 이 문제는 너무나 거대하고 심각해서 모두가 외면하고 싶은 문제인 것은 사실로 보인다. 이 사안은 가장 현실적인 문제이며 인류의 생존이 걸린 문제인데 우리 모두는 다양한 변명을 통하여 스스로에게 최면을 걸고 있는 셈이다. 과학 기술의 발전이 지구 온난화와 기후변화에서 비롯되는 재난을 막아줄 것이라는 감상적이며 막연한 희망적 사고가 모든

---

61. 데이비드 월러스-웰즈, 『2050 거주불능 지구: 한계치를 넘어 종말로 치닫는 21세기 기후재난 시나리오』, 김재경 옮김 (서울: 추수밭, 2020). 영국의 기후학자 사이먼 루이스(Simon L. Lewis)와 지구시스템과학자 마크 매슬린(Mark A. Maslin)도 지구 문명을 파괴할 여러 위협 가운데 가장 대표적인 것으로 기후변화를 언급한다. 사이먼 L. 루이스 · 마크 A. 매슬린, 『사피엔스가 장악한 행성: 인류세가 빚어낸 인간의 역사 그리고 남은 선택』, 김아림 옮김 (서울: 세종서적, 2020), 368-406. 월러스-웰즈는 기후변화에 대처할 수 있는 인간의 능력과 그 결과에 대해서 부정적인 입장을 취하는 반면, 루이스와 매슬린은 이와 달리 상당히 긍정적인 태도를 견지한다.
62. 월러스-웰즈, 『2050 거주불능 지구』, 69-212.
63. 월러스-웰즈, 『2050 거주불능 지구』, 21-24.

사람들의 마음속에 은연중에 자리 잡고 있다.[64] 이런 이유 때문에 우리는 대부분 기후 문제가 인류의 생존에 얼마나 엄청난 어떤 영향력을 행사하는가에 대한 절실한 인식이 결여된 상태로 살아가고 있다. 이에 대해서 기독교인들도 예외라고 볼 수 없다. 기독교인들에게 이는 각자가 알아서 판단할 수 있는 문제이며 적어도 복음과 전혀 상관없는 또 하나의 쟁점에 지나지 않는 것으로 보인다.[65]

그렇다면 이렇게 엄청난 위기 상황에 놓인 하나님의 피조세계로서의 지구에 대해서 우리는 어떤 입장을 취해야 하는가? 이 질문에 대한 답변을 찾는 것은 결코 쉬운 일이 아니다. 그러나 환경과 생태 문제의 근본적인 해결책은 사실상 종교, 즉 기독교의 가르침에서 찾아야 한다는 것이 앞서 언급된 린 화이트의 잘 알려지지 않은 주장이었다.[66] 여기에서는 보존과 협력이라는 섭리의 두 가지 주제를 활용하여 답변을 찾고자 한다.

첫째, 하나님의 섭리는 인간이 미처 알지 못하는 은밀한 차원에서 이루어지는 경향을 지니고 있다.[67] 기후 변화가 인류의 생존을 위협하는 엄중한 현실 앞에서 많은 기후학자들과 환경론자들은 어디에서부터 어떤 방식으로 이 문제를 해결해 나갈지에 대한 실마리를 찾지 못하고 있는 실정이다. 과학 기술 혁신을 통해서 이를 해결하고자 할 때 이에 소요되는 천문학적 비용은 고사

64. 월러스-웰즈, 『2050 거주불능 지구』, 259-78.

65. Wesley Granberg-Michaelson, *Ecology and Life: Accepting Our Environmental Responsibility* (Waco, TX: Word, 1988), 41. 스티븐 보우어-프레디거, 『주님 주신 아름다운 세상: 창조 세계를 돌보는 그리스도인의 비전』, 김기철 옮김 (서울: 복있는사람, 2011), 170에서 재인용.

66. White, Jr., "The Historical Roots of Our Ecological Crisis", 30: "우리의 문제들은 매우 광범위하게 종교에 뿌리를 두고 있기 때문에 그 치유책 또한 본질적으로 종교적 성격을 지닐 수밖에 없다."

67. 존 칼빈, 『기독교 강요』, 1.18.4; Michael Horton, *The Christian Faith; A Systematic Theology for Pilgrims On the Way* (Grand Rapids: Zondervan, 2011), 362-63; 한상화, "칼빈의 섭리론 해석: 내재적 방식과 초월적 근거", 「조직신학연구」 25 (2016): 25-30.

하더라도 과연 기후변화에 대응할 수 있는 어떤 기술이 가능할 것인가에 대한 의문이 더욱 점증해가는 것이 우리가 직면한 현실이다.[68] 하나님의 섭리가 어떤 방식으로 행해지는지 인간이 이를 모두 파악할 수 없지만 심각한 기후변화에 직면해서 인간이 느끼는 불안감에 대해서 성경은 무엇이라고 말하는가? 성경은 주님의 재림 이전에 세상이 완전히 파괴되지 않는다는 사실을 분명히 증거한다. 이는 심판자가 세상을 정결케 한 후에(벧후 3:7) 불에 타서 없어지지 않은 새로운 땅이 드러나게 될 것임을 뜻한다(벧후 3:10). 여기에서 '드러나다'를 지칭하는 헬라어단어는 '발견되다'의 의미도 지니고 있는데 이는 세상의 정화와 갱신의 의미로 사용되었다고 볼 수 있다.[69] 이 세상은 하나님의 심판의 대상임이 분명하지만 또한 그는 이 세상을 심판하시기에 앞서 이를 정화시키시고 회복시킬 만큼 이를 사랑하시고 소중히 여기신다.[70] 이 종말론적 가르침에 기초해 볼 때, 하나님께서 어떤 방식으로 그리고 어느 시기에 기후변화의 문제를 해결하시는가의 문제는 우리의 한계를 넘어서는 알 수 없는 차원의 문제임이 분명하다. 그러나 확실한 것은 피조세계에 대한 하나님의 보존이 심판의 종말이 이르기까지 지속된다는 사실이다. 이 보존의 가르침에 대한 올바른 인식은 기독교인들에게 주어진 환경 보전의 책무에 정진하도록 유도하고 기후변화에 기후변화에 지나치게 예민하게 반응하는 염세적 성격을 지닌 종말론적 조언을 성경적 종말론으로부터 분별할 수 있는 분별력을 제공한다고 볼 수 있다.

---

68. 월리스-웰즈, 『2050 거주불능 지구』, 270-72. 월리스-웰즈는 기후변화에 제대로 대응하기 위한 기술 혁신은 지금까지 인류가 이룩한 모든 기술을 완전히 새롭게 하는 기술적 혁명이 요구된다고 주장하는데 이 기술이 개발될 가능성은 낮아 보인다.

69. 보우어-프레디거, 『주님 주신 아름다운 세상』, 148-49.

70. Thomas Finger, *Evangelicals, Eschatology, and the Environment*, Scholars Circle Monograph 2 (Wynnwood, PA: Evangelical Environmental Network, 1998), 27.

둘째, 환경과 생태와 관련하여 하나님의 섭리로서의 협력은 하나님과 인간을 포함한 모든 피조물의 진정한 자유를 보장하는 방식으로 전개된다.[71] 이와 달리 과정신학은 하나님이 세상의 모든 일에 간섭하실 수 있는 근거가 세상의 모든 사건에 대한 하나님의 초자연적 개입을 가능하게 하는 그의 특별한 자유를 포기하거나 희생한 대가에 놓여 있다고 주장한다. 달리 말하면, 하나님이 세상에 작용하는 방식(modus operandi)은 그의 자기 제한(self-limitation)의 결과로 이해된다. 여기에서 자기 제한의 의미는 무엇인가? 과정신학에 의하면 하나님은 현실적 존재이지만 현실에 속한 모든 것들을 독점하는 무제한적 전능(unqualified omnipotence)의 존재가 아니다.[72] 하나님은 이들과 함께 일하기 위해서 이들을 강제하는 강제적 주체(coercive agency)가 아니라 설득적 주체(persuasive agency)로서 존재한다.[73] 따라서 하나님은 어떤 사물에 대하여 일방적으로 자신의 힘을 행사하지 아니하며 이들과 협력적으로 일하신다. 그렇다면 과정신학에서 주장하는 협력의 개념이 전통적 유신론의 협력 개념과 동일한 것인가? 전통적 유신론의 협력 개념은 이 행위의 주체자인 하나님의 자유와 인간의 자유 모두를 전제로 삼는다. 그러나 과정신학의 협력 개념에는 이 신적 자유가 결여되어 있다. 왜냐하면 하나님이 세상을 강제적으로 통제하지 않기 때문에, 주어진 사건이 하나님의 의지에 의해서 발생한다는 주장을 배제한다.[74] 화이트헤드에게 하나님의 행위는 자신의 자

---

71. Horton, *The Christian Faith*, 362.

72. Alfred North Whitehead, *Adventures of Ideas* (New York: Macmillan, 1933), 217.

73. 데이빗 그리핀, 『과정신정론: 하나님, 힘, 그리고 악에 대한 물음』, 이세형 옮김 (서울: 이문출판사, 2007), 354.

74. John B. Cobb Jr., and David Ray Griffin, *Process Theology: An Introductory Exposition* (Philadelphia: Westminster, 1976), 60.

유 의지와 결단의 영역 너머에 자리하기 때문이다.[75] 그리핀은 "하나님이 모든 존재하는 사건에 개입하시므로 신적 영향력은 세상의 일상적인 원인적 순서의 자연스러운 일부"[76]라고 주장하지만, 다른 한편으론 성경적 협력 또는 이중 작용론(theory of double agency)을 이론적으로 인정하면서도 그 현실성을 부인하는 양면적 태도를 취한다.[77] 과정신학에서 주장하는 하나님과 인간의 협력 또는 이중 작용론은 사실상 하나님의 자유의지에 근거한 그의 활동 또는 개입을 전적으로 배제할 뿐만 아니라 인간의 협력 행위가 어떤 신적 목적을 달성한다는 개념 또한 부정한다.

기후변화를 극복하기 위한 인간의 활동이 세상에 대한 보존이라는 하나님의 궁극적 목적을 달성하는 수단이 되지 못한다면 지구의 환경을 보호하려는 목적을 지닌 환경주의적 활동들은 기독교적 의미를 담아내지 못한다는 결론에 도달하게 된다.

4. 코로나19와 창조론

코로나19는 예배를 위시한 교회의 삶에 많은 변화를 가져왔으며 또한 이를 요구하고 있다. 시간과 물질이 투입된다면 교회의 외적인 삶을 변화시키

---

75. Whitehead, *Adventures of Ideas*, 215.

76. David Ray Griffin, "Process Theology and the Christian Good News," in *Searching for an Adequate God: A Dialogue between Process and Free will Theists,* ed. John R. Cobb, Jr. and Clark H. Pinnock (Grand Rapids: Eerdmans, 2000), 13. Horton, *The Christian Faith*, 362에서 재인용.

77. Griffin, "Process Theology and the Christian Good News," 21. Horton, *The Christian Faith*, 362 에서 재인용.

는 것은 가능하다. 그러나 코로나19 시대에 요구되는 것은 교회와 성도의 내적 변화인데 내적변화는 내적 변화는 회복에 해당된다. 코로나19로 인한 육체적/정신적 질병에 시달리며 이로 인해 신앙에 있어서 게으름이나 퇴보를 경험하는 자들은 회개하고 회복의 길을 달려가야 한다.[78] 지금은 교회와 신앙의 회복을 위해서 슬퍼하고 탄식하며 눈물 흘리면서 기도에 더욱 매진해야 할 때이다.[79]

이렇게 고난 중에 놓인 우리가 탄식하고 기도하면서 붙들어야 할 최고의 가치는 무엇인가? 코로나19로 많은 사람이 질병으로 삶의 전선에서 이탈하며 심지어 죽음의 나락에 떨어지기도 하는 이런 상황에서 우리는 무엇을 추구해야 하는가? 톰 라이트 (Tom Wright)는 우리가 코로나19가 가져다 준 아픔과 고통, 슬픔과 신음에서 벗어나기 위해서는 먼저 예수 그리스도의 대속의 공로를 덧입어 구원받게 된 우리의 삶이 하나님 나라의 삶이 되어야 하며 이에 근거해서 세상을 다스리는 삶이 되어야 한다는 사실을 지적한다.[80]

그렇다면 그가 주장하는 하나님 나라란 무엇을 가리키는가? 여기에서 하나님 나라의 가장 중요한 원리는 피조세계의 회복에 해당된다.[81] 또한 하나님 나라에서 사는 삶이란 세상을 다스리는 삶을 가리키는데 이것이 요구되는 이유는 주님께서 구속받은 자들을 통해서 그의 세상을 다스리기를 원하신다는 사실에 놓여 있는데 이것은 또한 인간이 하나님의 형상으로 지음 받았다는 사실의 핵심이기도 하다.[82] 피조세계의 회복과 다스림이라는 주제가 코로나19

78. 톰 라이트, 『하나님과 팬데믹: 코로나와 포스트 코로나 시대에 대한 기독교적 성찰』, 이지혜 옮김 (서울: 비아토르, 2020), 32, 72-73, 97, 123.
79. 라이트, 『하나님과 팬데믹』, 82-83, 85, 97-101.
80. 라이트, 『하나님과 팬데믹』, 79 이하.
81. 라이트, 『하나님과 팬데믹』, 64.
82. 라이트, 『하나님과 팬데믹』, 80.

와 관련하여 톰 라이트에 의해서 제시되었다고 볼 수 있다.

그런데 이 주제는 창조에 관한 것으로도 볼 수 있는데 우리가 구원에 대해서 고찰할 때 그 이유가 발견된다. 구원받은 성도는 종말론적 관점에서 볼 때 영생을 소망하고 사는 사람이다. 그러나 현실적 관점에서 볼 때, 그는 파괴되고 상실된 하나님의 형상을 회복하기 시작한 사람이기도 하다. 이 현실적 관점은 구원에 관한 우리의 관점을 창조의 교리로 되돌려 놓는다.

이제 이 단락에서는 창조에 대해서 고찰하되 코로나19로부터 회복이라는 관점에 초점을 맞추면서 살펴보고자한다. 이 고찰을 위해서 먼저 롬 8:18-30에 주목할 필요성이 제기된다. 톰 라이트는 이 단락을 '탄식'이라는 키워드를 활용하여 다음의 세 가지 개념으로 나누어서 고찰한다. 피조세계[83]의 탄식(22절), 교회의 탄식(23절), 그리고 성령의 탄식(26절).[84] 먼저 피조세계의 탄식(22절)과 관련하여 주목해야 할 사실은 이 탄식이 '지금까지' 지속적으로 긴 기간에 걸쳐 진행되어 왔다는 점이다.[85] 코로나19 바이러스의 출현이 인류가 자행해왔던 환경훼손과 파괴에서 비롯되었다는 주장은 환경전문가들의 공통적인 견해이다.[86] 교회의 탄식은 사도 바울을 포함한 로마교회 교인들의 탄식을 가리키는데 이 탄식은 22절에 언급된 피조세계의 아픔과 탄식에 함께 할 뿐 아니라 이 현실에 대해서 더 많이 그리고 더 깊이 탄식해야 한다는 의미를

---

83. 피조세계에 인간이 포함되어야 한다는 주장은 소수 학자들의 견해인데 다음을 참고할 것. 천세종, "로마서 8장 18-25절에 나타난 바울의 '창조'이해와 종말론적 구원", 「장신논단」 45/2 (2013): 93-116.

84. 라이트, 『하나님과 팬데믹』, 80-82. 라이트는 '탄식' 대신에 '신음'이라는 표현을 사용한다. 최갑종은 이 3가지 탄식을 피조물의 탄식, 신자의 탄식, 그리고 성령의 탄식으로 묘사한다. 최갑종, 『로마서 듣기: 온 세상을 향한 기독교 복음의 진수』 (서울: 도서출판 대서, 2009), 371.

85. 로마 시대에 황제들이 행했던 환경 훼손과 파괴 행위의 구체적 디테일에 대해서는 다음을 참고할 것. 송영목, "종말론과 크리스찬의 환경책무: 베드로후서 3:10-13을 중심으로", 「갱신과 부흥」 27 (2021): 90-91.

86. 고재경 외, "코로나19 위기, 기후 위기 해결의 새로운 기회", 「이슈 & 진단」, 2020.5, 6, 7-8.

지닌다. 여기에 언급된 성령은 이 탄식을 제거하는 것이 아니라 오히려 이 탄식을 만들고 이를 확대시키는 역할을 담당한다.[87] 교회는 코로나19로 고통 받는 사람들과 함께 하면서 그들의 고통을 나눌 뿐 아니라 여기에서 한 걸음 더 나아가서 이 고통에 자발적으로 참여하는 가운데 코로나19로 인한 피조세계의 아픔을 더 절실히 통감하고 피조세계의 회복을 갈망해야 한다. 이것이 창조의 관점에서 본 교회의 임무에 해당된다. 마지막으로 성령의 탄식을 들 수 있는데 26절에 언급된 '말할 수 없는 성령의 탄식'은 무아지경의 일상적 언어로 표현할 수 없는 기도로서 방언으로 해석될 가능성도 있지만 다수의 주석가들은 이 해석을 수용하지 아니한다.[88] 이 구절에 언급된 성령의 탄식은 그가 피조세계가 고통으로 아파하고 탄식할 때 그 고통 가운데 함께 하신다는 차원에서 이해되어야 한다.[89] 결론적으로, 피조세계가 고통 받는 가운데 탄식하며 교회도 성령과 함께 탄식하고 진통중인데 이들은 이 탄식 가운데 하나님의 자녀들이 영광에 참여할 그 날, 즉 새로운 세계를 향한 기대 속에 살아가고 있다.[90] 계 21:1에 언급된 바와 같이 모든 피조세계가 새 하늘과 새 땅으로 변화될 때 창조의 궁극적 목적이 마침내 실현될 것이다.[91]

---

87. James D. G. Dunn, *Romans 1-8*, Word Biblical Commentary 38A (Dallas, TX: Word Books, 1988), 474.

88. Dunn, *Romans 1-8*, 479; Ernst Käsemann, *Commentary on Romans*, trans. and ed. Geoffrey W. Bromiley (Grand Rapids: Eerdmans, 1980), 241-42; C. E. B. Cranfield, *A Critical and Exegetical Commentary on the Epistle to Romans, vol. 1*, International Critical Commentary (Edinburgh: T & T Clark, 1975), 423.

89. 라이트, 『하나님과 팬데믹』, 85.

90. 톰 라이트, 『모든 사람을 위한 로마서 1부 1-8장』, 신현기 옮김 (서울: IVP, 2010), 224.

91. 최갑종, 『로마서 듣기』, 373.

5. 코로나19와 창조와 섭리 교리의 회복: 워츠바와의 대화를 중심으로

코로나19가 야기한 팬데믹은 우리가 살고 있는 피조세계와 환경의 중요성에 대해서 새로운 인식을 갖도록 유도하였다. 18세기 산업혁명 이후 자연을 훼손하고 파괴하는 삶의 방식에 나타난 문제의 근원에는 창조를 부정하는 문화가 강력하게 자리잡고 있다는 사실을 깨닫고 이에 근거한 사고의 대전환이 요구된다고 볼 수 있다.

노르만 워츠바(Norman Wirzba)는 『하나님의 낙원』(*The Paradise of God*)이라는 저서에서 오늘날 인류가 처한 환경 위기의 이유 가운데 하나가 "세상을 피조물로 경험하는 데 필요한 실제적이며 이론적인 조건들이 지속적으로 무너져 내린 데 있다."고 진단한다.[92] 워츠바는 오늘날의 문화를 '창조를 부정하는 문화'로 정의하면서 이 문화의 5가지 측면을 다음과 같이 제시한다. 첫째, 근대과학과 기술이 사회 구조와 의미에 급격한 변화를 초래했다.[93] 근대과학이 등장한 17세기 과학혁명의 시대는 사실상 하나님을 이신론의 하나님으로 내몰았으며 그 결과 하나님은 피조세계를 창조했으나 이제는 더 이상 창조세계에 간섭하거나 섭리하지 않는 하나님으로 변모했다. 이신론의 영향 아래 피조세계는 더 이상 하나님의 창조의 결과물이 아니라 합리적이며 과학적인 법칙이 지배하는 기계적 세상이 되었으며 하나님의 창조의 영역으로 간주되지 않기 시작했다. "세상을 창조의 관점에서 파악하고 하나님의 계획

---

92. Norman Wirzba, *The Paradise of God: Renewing Religion in an Ecological Age* (New York: Oxford Univ. Press, 2003), 61-62.
93. Wirzba, *The Paradise of God*, 65.

에 따라 만들어진 것으로 보는 감각이 거의 대부분 상실되었다.”[94] 또한 인간의 이성을 가장 중요하게 생각하는 계몽주의의 등장과 더불어 18세기 이후에 인간의 자율성이 극대화되었고 이 합리적 정신은 하나님의 초월성만 강조한 결과 발생하게 된 그의 부재의 결과를 대체하기에 이르렀다. 둘째, 농경사회에서 도시 사회로의 전환은 피조물을 돌보는 데 필수적인 요소인 지구에 대한 공감과 이에 대한 친밀한 지식을 약화시켰다.[95] 도시 문화의 특징은 유동성(mobility)에 놓여 있는데 이는 특정한 장소나 지역에 뿌리를 내리는 농경문화와는 달리 자신이 속한 자연과 환경에 대한 이런 피상적 지식만을 요구한다. 도시 생활의 핵심적인 딜레마는 우리가 매일 먹고 마시는 식량과 물이 어디에서 그리고 어떤 방식으로 생성되며 우리의 식탁에 매일 공급되는가를 제대로 알지 못한 채 삶을 살아간다는 사실에 놓여 있다. 자연에 대한 피상적 지식은 하나님의 피조세계로서 환경을 돌보고 아끼고 사랑할 수 있는 기회를 빼앗아 버린다. 피조세계에 대한 이런 공감과 지식의 부족은 하나님의 창조를 부정하는 지름길에 해당된다. 셋째, 근대 이후 과학기술의 발전은 기술적인 잣대(grid)를 통해서만 피조세계에 대한 우리의 경험이 가능하도록 제한하는 결과를 낳았다.[96] 과학기술의 부정적 특징 가운데 하나는 이 기술의 주체인 인간에 의해서만 기술의 조작이 가능하다는 점을 들 수 있다. 그 결과 우리는 있는 그대로의 자연, 즉 하나님께서 만드신 모습 그대로의 자연을 경험하는 것이 아니라 기술을 통해 그 영역과 범주가 조작되고 제한된(어떤 경우에는 왜곡된) 자연을 누릴 수밖에 없는 상태에 놓이게 되었다.[97] 있는 그대로의 자연

---

94. Wirzba, *The Paradise of God*, 69.

95. Wirzba, *The Paradise of God*, 72.

96. Wirzba, *The Paradise of God*, 78.

97. Wirzba, *The Paradise of God*, 78-79.

을 직접 체험하지 못하는 21세기 현대인들의 비극은 자연의 창조주이신 살아 계신 하나님을 만날 수 있는 기회를 자신도 모르는 사이에 상실해가고 있다는 사실에서 발견될 수 있다. 넷째, 과학기술문명의 또 다른 부정적 특징은 인간을 포함한 생명체와 피조세계 사이의 상호의존성을 망각하고 부정하도록 만든다는 점이다. 인간의 생존에 필수적인 식량과 물의 공급원인 자연을 소중하게 여기고 이를 아끼고 보존하려는 지혜가 요구된다. 그러나 인간과 피조세계의 상호성을 강조함에 있어서 생물학적 삶에 영적이고 도덕적인 의미를 부여해야 한다는 워츠바의 주장은 분명한 오류가 아닐 수 없다.[98] 인간이 생물학적 삶을 보존하는 행위가 도덕적인 행위인 점은 논쟁의 대상이 될 수 있지만, 동물과 식물을 위시한 생물학적 생명체는 영혼 없이 존재하도록 지음 받았기 때문에 이 생명체에게 도덕적 행위를 기대할 수 있다는 주장은 설득력이 부족한 것으로 보인다. 다섯째, 피조세계가 온전한 의미를 회복하는 데 방해가 되는 마지막 요소는 창조주 하나님과 현대인들의 삶 사이에 괴리가 너무나 점증하고 있기 때문에, 현대인들이 세상을 하나님의 피조세계로 인정할 가능성이 거의 없다는 사실이다.[99] 과학 기술의 엄청난 발전과 이에 절대적으로 의존하는 현대인의 풍요로운 삶은 그가 자신의 삶을 스스로 통제할 수 있다는 교만감을 은연중에 부추겼다. 서구의 많은 현대인들은 겉으로는 하나님을 신뢰한다고 주장하고 있지만, 풍요와 안정을 누리는 그들에게 창조주 하나님이 자리할 공간은 과연 어디에 있는가? 그들의 일상생활에서 과연 하나님이 얼마나 의미를 지닌 존재이며 그의 행위로서의 창조가 인정될 수 있는가에 대해서 의구심을 지우지 않을 수 없다는 것이 워츠바의 주장이다.

워츠바가 내세운 창조주 하나님과 창조에 대한 현대인들의 부정적 의식은

---

98. Wirzba, *The Paradise of God*, 85.
99. Wirzba, *The Paradise of God*, 91.

세상을 향해서 예수 그리스도의 복음과 종말론적 소망을 전해야 하는 의무를 지닌 기독교가 세상에 대해서 영향력을 상실하고 21세기 사회가 비기독교화되어가는 현실과 결코 무관하지 않다. 기독교가 세상에서 영향력을 발휘하고 영혼 구원의 메시지를 더욱 효과적으로 그리고 더욱 강력하게 전달하기 위해서 우선적으로 회복되어야 할 교리는 다름 아닌 창조론과 섭리론이라고 워츠바는 진단한다. 이런 회복이 필요한 이유는 무엇인가? 창조와 섭리가 우리 교회의 설교와 신학교육의 현장에서 소외시되는 현실과 창조론이 지닌 내재적 제한과 한계를 들 수 있다. 이 제한과 한계는 무엇을 뜻하는가? 우리가 일상 속에서 만나는 피조세계는 하나님의 전능이 행사된 결과로서 엄청난 가능성과 능력을 지닌 선한 창조에 그 기원을 두고 있다. 그러나 이 피조세계를 지배하고 다스려야 할 의무를 부여받은 인간이 타락하여 그 의무를 회피하거나 왜곡하기 때문에 피조세계는 본래적으로 지니고 있는 엄청난 가능성을 발휘하지 못하는 상태에 놓여 있다고 볼 수 있다. 톰 라이트는 이런 맥락에서 피조세계를 '우리에 갇힌 물소'로 비유하는데 이는 적절한 비유로 볼 수 있다.[100] 피조세계는 인간의 타락의 결과로 고통 속에서 탄식하고 있다. 인간은 이 탄식을 무시하거나 부정하지 않아야 한다. 교회는 피조세계와 함께 탄식하는 가운데 하나님께서 약속하신 새로운 세계의 도래를 위해서 기도해야 한다. 이런 이유에서 종말론적 관점에서 창조와 섭리 교리의 회복에 대한 필요성은 더욱 절실해진다. 앞 단락 (IV)에서 고찰한 바와 같이 피조세계와 교회, 그리고 성령의 탄식에 나타난 공통점은 바로 약속된 새로운 세계의 도래에 대한 소망에 놓여 있다. 그런데 종말에 임하게 될 새 하늘과 새 땅은 지금 우리가 살고 있는 이 세상과 완전히 단절된 세상이 아니라 오히려 연속선상에 놓여 있는 세

---

100. 라이트, 『모든 사람을 위한 로마서 1부 1-8장』, 222.

상이다.[101] 하나님의 손에 의해 만들어진 세상은 언젠가는 사라질 덧없고 무상한 것이 아니다. 성경적 종말론은 하나님의 창조의 결과물인 인간을 포함한 모든 피조세계의 구속과 회복을 요청하는 종말론이다.

6. 마치면서

지금까지 우리는 창조와 섭리가 코로나19 시대에 어떻게 이해되어야 하는가에 관해서 살펴보았다. 이에 대한 본격적 논의에 앞서 먼저 20세기의 대표적 조직신학자들 5명(몰트만, 판넨베르크, 에릭슨, 그루뎀, 그리고 건톤)이 창조를 이해함에 있어서 어떻게 섭리와 관련지어서 고찰했는가에 대해서 살펴보았다. 생태학적 창조론을 추구했던 몰트만의 견해가 양자의 견해를 가장 밀접한 것으로 파악하려는 경향을 보인다. 섭리론을 다루는 단락은 기존의 교리적 프레임 대신에 생태와 환경의 관점을 통해서 접근되었다. 생태학적 위기라는 관점은 이 위기의 근원이 지배와 정복의 모티브를 지닌 기독교의 성경적 가르침에 놓여 있다는 식의 오류를 범한다. 그러나 이 위기는 하나님에 의해서 용인된 것이 아니라 인간의 타락에 기인한 욕심과 잘못에 의해서 발생한 것이다. 노아의 홍수 사건이 보여주는 분명한 진리는 하나님은 인간을 결코 멸망의 위기로 몰아가는 생태학적 위기를 초래하지 않으셨고 오히려 세심하게 인간과 동물을 보호하시는 섭리를 행하셨다는 사실이다. 환경의 관점에서 섭리에 대한 고찰은 기후변화의 문제에 초점을 맞추었다. 기후변화를 통해서 인류가 멀지 않은 장래에 멸망할 것이라고 주장하는 환경론자들의 주장에

---

101. 보우어-프레디거, 『주님 주신 아름다운 세상』, 149.

는 지구환경을 보호해야 한다는 경고가 담겨 있다. 그러나 여기에서 주의해야 할 점은 기후변화에서 촉발된 환경적 위기에도 불구하고 하나님은 심판의 마지막 날까지 세상을 보존하시는 섭리의 행위를 그치지 않으신다는 사실이다. 코로나19시대를 맞이하여 이런 관점에서 창조론에 대한 고찰이 절실히 요구된다. 롬 8:18이하의 가르침에 의하면 세상과 교회, 그리고 성령 하나님은 피조세계의 고통 때문에 함께 탄식한다. 이 탄식 속에서 교회는 고통 속에 놓인 세상과 더불어 하나님에 의해서 약속된 새로운 세상을 기대하게 된다. 교회는 코로나19에서 비롯된 세상의 모든 탄식에 동참하면서 창조의 원래적 의미가 실현될 것을 고대하는 종말론적 영성을 필요로 한다. 마지막으로 코로나19시대에 창조와 섭리의 교리가 어떤 방식으로 행해져야 하는가에 대한 고찰에 앞서 워츠바가 주장하는 세상이 창조를 부정하는 다섯 가지 이유에 대해서 간략하게 살펴보았다. 하나님의 창조 행위의 결과로 주어진 피조세계는 엄청난 가능성과 능력을 지니고 있음에도 불구하고 인간의 타락에 의해서 조종되고 왜곡되는 상황에 상황에 놓이게 되었다. 이런 한계를 인정하면서 성경적 창조와 섭리의 교리를 회복하고 정립해야 할 필요성이 제기된다.

참고문헌

강응섭, "'어머니-교회'의 관점에서 고찰하는 코로나-19 시대에 직면한 한국교회", 「조직신학논총」 63 (2021): 7-36.

고재경 외, "코로나19 위기, 기후 위기 해결의 새로운 기회", 「이슈 & 진단」, 2020.5, 1-25.

그리핀, 데이비드, 『과정신정론: 하나님, 힘, 그리고 악에 대한 물음』, 이세형 옮김, 서울: 이문출판사, 2007.

라이트, 톰,『하나님과 팬데믹: 코로나와 포스트 코로나 시대에 대한 기독교적 성찰』, 이
　　지혜 옮김, 서울: 비아토르, 2020.

＿＿.『모든 사람을 위한 로마서 1부 1-8장』, 신현기 옮김, 서울: IVP, 2010.

루이스, 사이먼 L. & 마크 A. 매슬린,『사피엔스가 장악한 행성: 인류세가 빚어낸 인간의
　　역사 그리고 남은 선택』, 김아림 옮김, 서울: 세종서적, 2020.

바빙크, 헤르만,『개혁교의학 2』, 박태현 역, 서울: 부흥과개혁사, 2011.

박찬호, "유신진화론에 대한 웨인 그루뎀의 비판",「조직신학연구」34 (2020): 108-37.

＿＿. "기독교 창조론과 생태계 위기: 린 화이트의 주장에 대한 세 가지 반론",「조직신
　　학 연구」37 (2021): 62-92.

보우만-프레디거, 스티븐,『주님 주신 아름다운 세상: 창조 세계를 돌보는 그리스도인의
　　비전』, 김기철 옮김, 서울: 복있는사람, 2011.

송영목, "종말론과 크리스찬의 환경책무: 베드로후서 3:10-13을 중심으로",「갱신과 부
　　흥」27 (2021): 65-96.

에릭슨, 밀라드 J.,『복음주의 조직신학 상: 서론·신론』, 신경수 옮김, 고양: 크리스챤다
　　이제스트, 2000.

윤형철, "포스트 코로나 시대의 인간됨과 인간다움의 조건에 관한 단상: 포스트휴머니
　　즘 인간론에 대한 기독교 신학의 답변",「조직신학연구」37 (2021): 26-61.

월러스-웰즈, 데이비드,『2050 거주불능 지구: 한계치를 넘어 종말로 치닫는 21세기 기
　　후재난시나리오』, 김재경 옮김, 서울: 추수밭, 2020.

이신열, "위르겐 몰트만의 창조와 진화를 통해 살펴본 섭리 이해",「고신신학」15 (2013):
　　257-93.

＿＿. "칼빈과 판넨베르크의 섭리 이해에 나타난 창조의 역할",「고신신학」14 (2012):
　　423-53.

이용주, "Wolfhart Pannenberg의 삼위일체 신학적 창조론",「조직신학논총」31 (2011):
　　351-93.

정일웅, "기후위기와 팬데믹은 하나님의 심판인가?",「신학과 교회」14 (2020): 175-208.

조덕영, "코로나19의 창조신학",「창조론오픈포럼」14/2 (2020): 9-18.

천세종, "로마서 8장 18-25절에 나타난 바울의 '창조' 이해와 종말론적 구원",「장신논

단」 45/2 (2013): 93-116.

최갑종, 『로마서 듣기: 온 세상을 향한 기독교 복음의 진수』, 서울: 도서출판 대서, 2009.

판넨베르크, 볼프하르트, 『자연신학』, 테드 피터스 편, 박일준 옮김, 천안: 한국신학연
구소, 2000.

플래너리, 팀, 『지구 온난화 이야기: 기후 변화와 생태계 위기에 대한 최고의 안내서』, 이
충호 옮김, 서울: 지식의 풍경, 2007.

칼빈, 존, 『기독교 강요』.

한상화, "칼빈의 섭리론 해석: 내재적 방식과 초월적 근거", 「조직신학연구」 25 (2016):
6-42.

Beisser, Friedrich, *Schleiermachers Lehre vom Gott, dergestellt nach seinen Reden
und seiner Glaubenslehre*, Göttingen: Vandenhoeck & Ruprecht, 1970.

Birch, Charles et al., *Faith, Science and the Future*, Philadelphia: Fortress, 1979.

Black, John, *The Dominion of Man: The Search for Ecological Responsibility*,
Edinburgh: Edinburgh Univ. Press, 1970.

Cobb, John, *God and the World*, Eugene, OR: Wipf & Stock, 2000.

_____. & David Ray Griffin, *Process Theology: An Introductory Exposition*,
Philadelphia: Westminster, 1976.

Cranfield, C. E. B., *A Critical and Exegetical Commentary on the Epistle to Romans,
vol. 1*, International Critical Commentary, Edinburgh: T & T Clark, 1975.

Dunn, James D. G., *Romans 1-8*, Word Biblical Commentary 38A, Dallas, TX: Word
Books, 1988.

Finger Thomas, *Evangelicals, Eschatology, and the Environment*, Scholars Circle
Monograph 2, Wynnwood, PA: Evangelical Environmental Network, 1998.

Granberg-Michaelson, Wesley, *Ecology and Life: Accepting Our Environmental
Responsibility*, Waco, TX: Word, 1988.

Grudem, Wayne A., *The Gift of Prophecy in 1 Corinthians*, Washington, DC: Univ.
of America Press, 1982.

_____. *Systematic Theology: An Introduction to Biblical Doctrine*, Nottingham:

InterVarsity Press, 1994.

Gunton, Colin E., *The One, the Three and the Many: God, Creation and the Culture of Modernity* (Cambridge: Cambridge Univ. Press, 1993.

____. *The Triune Creator: A Historical and Systematic Study* (Grand Rapids: Eerdmans, 1993.

Heim, Karl, *Glaube und Denken*, Hamburg: Furche, 1931.

Horton, Micahel, *The Christian Faith; A Systematic Theology for Pilgrims On the Way*, Grand Rapids: Zondervan, 2011.

Käsemann, Ernst, *Commentary on Romans*, trans. and ed. Geoffrey W. Bromiley, Grand Rapids: Eerdmans, 1980.

Moltmann, Jügen, *God in Creation: A New Theology of Creation and the Spirit of God*, trans. Margaret Kohl, Minneapolis: Fortress, 1993.

Pannenberg, Wolfhart, *Systematic Theology, vol. 2*, trans. Geoffrey W. Bromiley, Grand Rapids: Eerdmans, 1994.

____. *Natur und Mensch-und die Zukunft der Schöpfung*, Göttingen: Vandenhoeck & Ruprecht, 2000.

Sohn, Oh-Hyun & Jung Hee Lee, "A Theological Study on the Essence and Transformation of Church in the Era of Online Worship: for Coming "The New Church Community"", *Theological Forum* 102 (2020): 125-60.

Wenham, Gordon J., *Genesis 1-15, Word Biblical Commentary 1*, Nashville, TN: Thomas Nelson, 1987.

Westermann, Claus, *Creation*, trans. John H. Scullion, S.J., Philadelphia: Fortress, 1974.

White Jr., Lynn, "The Historical Roots of Our Ecological Crisis", *Science* 155 (37) (March 10, 1967): 1203-1207.

Whitehead, Alfred North, *Adventures of Ideas*, New York: Macmillan, 1933.

Wirzba, Norman, *The Paradise of God: Renewing Religion in an Ecological Age*, New York: Oxford Univ. Press, 2003.

Abstract

Understanding the Doctrine of Creation in the Age of COVID-19

Prof. Dr. Samuel Lee

(Faculty of Theology)

This article proposes to offer a guideline for church members in their understanding of the doctrines of creation and providence in the time of COVID-19. Many articles on how to deal with the problem of this pandemic from the Christian perspective have been published starting from the first half of 2020. Because most of them focus on the practical subjects (e.g. worship, education, and mission etc), it is rather difficult to locate articles helping to clarify Christian doctrine amidst of COVID-19. This article aims to overcome this scholarly gap by concentrating on the doctrines of creation and providence. In order to achieve this goal this article starts with a survey of doctrine of creation advocated by 5 renowned systematic theologians of our time with a view to the doctrine of providence. Now attention is given to the second doctrine with a special grid. Unusual approach has been made to this doctrine by utilizing ecological/environmental grid focusing specifically on weather change. By doing so, it has been made clear that God's providence is constantly given to us with an intention of preserving humanity until the latst days in the time of severe crisis leading our earth into destruction. COVID-19 has driven many of us into insolvable problems, as a result people are seriously suffering and groaning from it. In this situation, church needs to develop a perspective to groan together with those who are suffering along with the Holy Spirit. Such an attitude not only results in life and action in compliance with the purpose of creation but enables to anticipate the arrival of the new creation promised by God in eschatological times. From this perspective, it is absolutely required to have restoration of the doctrine of creation. Due to the development of science and technology, it is inevitable that modern man has a strong tendency to deny creation and the existence of God. For this reason, it is now more than required to restore the doctrine of creation and providence.

Key words: COVID-19, creation, providence, ecological/environmental crisis, weather change, new creation, eschatology

교회사

1-3세기 초대 기독교 성장: 진리와 사랑의 공동체

배정훈(고신대학교 신학과 교수)

[초록]

한국교회가 위기를 맞고 있다는 소리가 많이 들리는데 코로나 시대 이후 더욱 그렇다. 본 논문에서는 최근 연구에서 거의 간과된 초대교회 역사를 다루고 이로부터 코로나 이후 한국교회 위기를 해결할 수 있는 방안들을 모색하고자 한다. 특별히 1-3세기 교회의 성장 이야기를 추적할 것이다. 이 시기의 교회의 생성과 발전은 불가능한 현실 속에서 이루어졌다. 내부로는 이단의 공격을, 외부로는 유대인과 로마로부터 혹독한 박해를 받았다. 하지만 절대적으로 불리한 상황에서 교회는 소멸되지 않고 오히려 급속도로 성장하여 급기야 로마의 국교가 되었다. 그 비결은 단순하다. 복음과 교회의 본질인 진리와 사랑 속에 머무르는 것이다. 안으로는 성경과 교리를 통해 말씀과 진리에 굳게 서고 외부로는 참된 그리스도인의 삶을 철저히 보여주었다. 예배와 교육과 훈련을 통해 초기 그리스도인들은 하나님의 부르심에 합당한 '하비투스'(habitus, 습관)을 형성했다. 나그네로서 세상과 구별된 삶을 살았다. 그 중에 가장 두드러지는 것이 사랑의 실천이다. 교회는 가치 없다고 여겨지는 사람들을 안고 그들을 위해 헌신하고 희생하였다. 진리의 뿌리 위에 사랑의 결실을 맺는 신앙의 본질을 보여주었다. 거기서 영적 생명력이 나왔다.

주제어: 1-3세기 교회 성장, 이단, 박해, 진리, 사랑, 나그네로서의 삶

1. 들어가면서

한국교회가 위기를 맞고 있다는 소리가 많이 들리는데 코로나 시대 이후 더욱 그렇다. 기독교윤리실천위원회의 조사에 따르면 교회에 대한 한국사회의 신뢰도가 2020년 32%에서 올해 21%로 떨어졌다. 이미 70% 이상이 교회를 부정적으로 본다는 것도 충격인데 그 비율이 10% 더 늘어났다. 이 수치대로라면 성도들을 제외하고는 아무도 교회를 신뢰하지 않는다는 의미이다. 올해 1월 말에 실천신학대학원 정재영 교수가 코로나 시대의 기독청년들의 인식에 대해 발표를 했다. 약 40%의 청년들이 성경대로 살면 성공하지 못한다고 답했다. 현재 20%의 청년들이 신앙은 있지만 교회는 다니지 않는 가나안 교인인데 그 비율이 10년 안에 2배로 증가한다고 한다. 사회 전반적으로 반 기독교적인 정서가 강하고 청년들이 신앙을 버리는 탈 기독교화 현상이 가속되고 있다. 우리가 모르는 사이 탈 복음화 현상이 상당히 커지고 있으며 어떤 대책을 세우지 않는다면 머지않아 큰 어려움을 겪게 될 것이다. 이러한 위기 속에서 우리는 어디로 가야 하는가? 어떻게 대처할 수 있는가?

지난 몇 년간 이미 이에 대한 많은 연구와 수많은 다양한 방안이 제시되었

다.[1] 본 논문에서는 최근 연구에서 거의 간과된 초대교회 역사를 다루고 이로부터 코로나 이후 한국교회 위기를 해결할 수 있는 방안들을 모색하고자 한다. 성공회 신학자 윌리암스(Rowan Williams)가 지적한 것처럼 교회사는 지난 역사에 대한 객관적인 사실을 전달할 뿐만 아니라 이를 바탕으로 이후의 문제를 예견하고 교훈점을 제공한다.[2] 초대교회는 시대적으로 1-6세기의 교회의 역사를 말한다.[3] 처음으로 기독교가 발생해서 이후의 시대의 토대를 만든 시대이다. 익숙한 것 같으면서도 신기하고 낯선 것도 많다. 그 중에 한 가지가 초대교회 성장이다. 갈릴리의 시골에서 시작된 조그만 민족종교가 숱한 고난 속에서도 성장하여 313년에는 콘스탄틴 황제에 의해 공인되었고 381년에 로마제국의 국교가 되는 승리를 이루었다. 어떻게 이런 일이 가능했을까?[4]

---

1. 안명준 편, 『교회통찰: 코로나, 언택트, 뉴 노멀 시대 교회로 살아가기』 (서울: 세움북스, 2020); 이도영, 『코로나19 이후 시대와 한국교회의 과제』 (서울: 새물결플러스, 2020); 이현철 외 3명, 『코로나시대 청소년 신앙 리포트』 (서울: SFC, 2021)

2. Rowan Williams, *Why Study the Past?: The Quest for the Historical Church*, 양세규 역, 『과거의 의미: 역사적 교회에 관한 신학적 탐구』 (서울: 비아, 2019).

3. 최근에는 1,000년까지를 초대교회로 간주하기도 한다. Peter Brown, *The Rise of Western Christendom: Triumph and Diversity A.D. 200-1000*, 이종경 역, 『기독교 세계의 등장』 (서울: 새물결, 2004); Robert L. Wilken, *The First Thousand Years: A Global History of Christianity* (New Haven: Yale University Press, 2012); John A. McGuckin, *The Path of Christianity: The First Thousand Years* (Downers Grove: IVP).

4. 이 흥미로운 주제에 대한 다양한 연구들이 있다. 대표적으로는 다음과 같다. Edward Gibbon, *The History of the Decline and Fall of the Roman Empire* (New York: Random House, 2003); Adolf von Harnack, *The Mission and Expansion of Christianity in the First Three Centuries*, trans. James Moffatt (London: Williams, 1908); Ramsey MacMullen, *Christianizing the Roman Empire A.D. 100-400* (New Haven: Yale University Press, 1984); Robin Lane Fox, *Pagans and Christians* (New York: Knopf, 1987); Rodney Stark, *The Rise of Christianity: How the Obscure, Marginal Jesus Movement Became the Dominant Religious Force in the Western World in a Few Centuries*, 손현선 역, 『기독교의 발흥: 사회과학자의 시선으로 탐색한 초기 기독교 성장의 요인』 (서울: 좋은씨앗, 2016); Alan Kreider, *The Patient Ferment of the Early Church: The Improbable Rise of Christianity in the Roman Empire* (Grand Rapids: Baker Academic, 2016); Larry W. Hurtado, *Destroyer of the Gods: Early Christian Distinctiveness in the Roman World*, 이주만 역, 『처음으

본 논문은 특별히 1-3세기 교회의 성장 이야기를 추적할 것이다. 지금까지 학계의 연구결과들을 비평적으로 요약하면서 초대교회의 성장을 조금은 새로운 각도에서 살펴볼 것이다. 먼저 초대교회의 두 가지 위기를 내외적인 측면에서 분석할 것이다. 이는 기독교의 성장이 얼마나 힘든 환경 속에서 이루어진 것인지 보여줄 것이다. 다음으로 초대 기독교인들과 교회가 어떻게 이러한 위기를 헤쳐나갔는지를 설명할 것이다.

2. 초대교회의 위기: 이단과 박해

초대교회는 시작부터 순탄하지 않았다. 사실 우리보다 훨씬 더 큰 어려움을 겪었다. 신앙생활을 하면 모든 일이 형통했으면 좋겠는데 실상은 그렇지 않다. 교회의 역사를 돌아보면 신앙에는 항상 고난이 있음을 알 수 있다. 초대성도들은 내부적으로 먼저 이단의 공격을 받았다. 이단(heresy)은 헬라어 αἵρεσις에서 파생한 단어로 헬레니즘 시대에는 중성적인 의미에서 '선택' 혹은 '철학학파'를 의미했다. 이후 유대교를 거쳐 기독교에서는 정통교리와 실천에서 벗어난 무리들을 지칭하는 부정적인 의미로 사용되었다.[5] 기독교는 생성초기부터 이단들이 등장하였는데 이것은 교회가 자기 정체성, 즉 정통성을 정립하는데 도움을 주었다. 이단이 정통 기독교의 형성에 있어서 큰 역할을 한 것이다.[6]

로 기독교인이라 불렸던 사람들』(서울: 이와우, 2017); 김덕수, 『로마와 그리스도교: 그리스도교는 어떻게 로마를 정복했는가?』(서울: 홍성사, 2017).

5. V. Grossi, "Heresy-Heretic," in *Encyclopedia of Ancient Christianity*, ed. Angelo Di Berardino, vol. 2 (Downers Grove: IVP, 2014), 216-17.

6. Justo L. Gonzalez, *The Story of Christianity 1: The Early Church to the Dawn of the Reformation*,

이 시기의 대표적인 이단은 3가지이다.[7] 첫째는 영지주의로 주후 약 50-250년 사이에 활동했다. 바울 서신과 요한 1서, 그리고 익나티우스 서신들은 영지주의적 이단들이 교회 안에 침투했음을 알려준다. 1945년 이집트의 나그 함마디(Nag Hammadi)에서 『도마 복음』과 『진리의 복음』과 같은 영지주의 문서들(51개)이 발견됨으로 이 사상체계에 대한 접근을 좀 더 용이하게 만들었다. 일반적으로 영지주의는 인도, 바벨론, 페르시아 등 동양의 이원론 사상과 그리스 철학, 유대교의 필로와 기독교 사상이 결합된 혼합주의적 체계이다. 대표적인 영지주의 교사들은 안디옥의 바실리데스(Basilides), 로마의 발렌티누스(Valentinus) 등이 있다.[8]

2nd ed., 엄성옥 역, 『초대교회사』 (서울: 은성출판사, 2012), 103-104.

7. 바우어(Walter Bauer)와 그의 논제를 따르는 학자들은 기존의 정통-이단 간의 구분을 비판하면서 초대교회는 다양한 기독교 집단으로 구성되었다고 주장했다. 마르시온주의, 영지주의, 몬타니즘과 같은 집단들은 이단이 아니라 기독교였다는 것이다. 학자들은 초기의 주도권 싸움에서 원시 정통교회(proto-orthodoxy)가 승리하였고 그 후에 기독교는 획일화되었다고 지적한다. 교회가 초기의 다양성과 역동성이 상실한 채 교조주의화 되었다고 주장한다. 바우어의 논제를 페이즐스(Elaine Pagels)와 어만(Bart D. Ehrman)이 대중화시켰다: Walter Bauer, *Orthodoxy and Heresy in Earliest Christianity*, trans. Robert A. Kraft and Gerhard Krodel, suppl. Georg Strecker (Philadelphia: Fortress Press, 1979); Elaine Pagels, *The Gnostic Gospels*, 하연희 역, 『영지주의: 숨겨진 복음서』 (서울: 루비박스, 2006); ead., *Beyond Belief: The Secret Gospel of Thomas*, 권영주 역, 『믿음을 넘어서: 도마의 비밀 복음서』 (서울: 루비박스, 2006); Bart D. Ehrman, *Lost Christianities: The Battle for Scripture and the Faiths We Never Know*, 박철현 역 『잃어버린 기독교의 비밀: 그동안 알려지지 않았던 성경과 교리를 둘러싼 숨 막히는 전투』 (서울: 이제, 2008). 최근에 쾨스텐버그(Andreas J. Köstenberger)와 크루겔(Michael J. Kruger)은 바우어 논제에 의문을 제기하면서 이들의 해석은 현대 상대주의의 영향을 받은 것으로 초기교회의 형태를 오해했다고 주장한다. 교회는 초기부터 이단과 정통의 구분이 분명하였다는 것이다. Andreas J. Köstenberger and Michael J. Kruger, *The Heresy of Orthodoxy: How Contemporary Culture's Fascination with Diversity Has Reshaped Our Understanding of Early Christianity* (Wheaton: Crossway, 2010). 초대교회 이단의 역사에 대해서는 다음의 책을 참고하라: Alister E. McGrath, *Heresy: A History of Defending the Truth*, 홍병룡 역, 『그들은 어떻게 이단이 되었는가: 교회가 신앙을 지켜온 치열한 역사』 (서울: 포이에마, 2011).

8. Joseph H. Lynch, *Early Christianity: A Brief History* (Oxford: Oxford University Press, 2010), 54, 58-59; 이상규, 『초기 기독교와 로마사회: 로마 제국 하에서의 기독교』 (서울: SFC, 2016), 160, 162.

영지주의라는 용어는 "지식"을 의미하는 헬라어(gnosis)에서 파생되었다. 영지주의자들은 그들이 세계와 인간에 대한 특별하고 비밀스러운 지식을 가지고 있는데 이는 그리스도를 통해 얻으며 이것이 구원이라고 주장했다.[9] 2세기 영지주의 교사 데오도투스(Theodotus)는 다음과 같이 말한다. "만일 우리가 지식(gnosis)를 가진다면 우리는 우리가 누구이며 우리가 어떤 존재가 되었는지 어디에 있었는지, 어디로 향하고 있는지, 어디로부터 해방되어야 하는지, 출생은 무엇이며 재탄생은 무엇인지 알 수 있다."[10] 영지주의자들은 기독교에 심각한 위협을 주었다. 그들은 모든 물질을 악한 것으로 보았기 때문에 그리스도의 성육신을 부정했다. 그리스도는 진짜 몸처럼 보였거나 혹은 우리와 다른 몸이었다고 가르쳤다. 이것은 가현설(Docetism)로 '-처럼 보인다'는 헬라어 *dokein*에서 유래되었다. 물질을 매우 부정적으로 보았기 때문에 하나님의 창조, 성육신, 부활 등의 기독교의 핵심적인 교리들은 부정되었다. 또한 이로 인해 실제 삶에서 극단적인 금욕주의자가 되거나 아니면 극단적인 쾌락주의, 방종주의자가 되었다.[11]

영지주의와 더불어 초대교회에 큰 어려움을 준 이단은 마르시온(Marcion of Sinope, c.85-164)이다. 그는 85년경 터키의 흑해 해안에 위치한 본도의 해변도시 시노페(Sinope)에서 태어났다. 히폴리투스(Hippolytus of Rome, c.170-235)는 그가 시노페의 감독의 아들이었다고 말한다.[12] 마르시온은 140년경에 로마로 건너가서 처음에는 정통 기독교회에 속해 있었지만 영지주의 사상을 접하게 되면서 구약성경의 하나님을 부정하는 시몬 마구스와 케르도

---

9. Lynch, *Early Christianity*, 54-55; 이상규, 『초기 기독교와 로마사회』, 162.

10. Theodotus, Clement of Alexandria, *Excerpta ex Theodoto*, 78.2, Lynch, *Early Christianity*, 56 에서 재인용.

11.이상규, 『초기 기독교와 로마사회』, 163-64.

12. 이상규, 『초기 기독교와 로마사회』, 164.

의 제자가 되었다.[13] 마르시온은『대립명제』에서 구약의 하나님 여호와와 신약의 예수 그리스도의 아버지 하나님은 별개의 존재라고 주장한다. 구약의 여호와는 악한 신으로 이 세상과 사람을 만들었다. 여호와는 특별한 민족만 선택한 독선적인 신이며, 자기에게 불순종하는 자를 심판하는 신이다. 또한 율법주의적이다. 이와 다르게 신약의 신, 즉 기독교인들의 하나님인 성부 하나님은 은혜와 사랑이 많으시고 구원을 값없이 주신다. 이 사랑의 하나님이 인류를 구원하기 위해 아들을 보냈다. 하지만 예수는 마리아에게서 태어난 것이 아니라 티베리우스 황제 때 성인으로 등장했다.[14]

신론에 대한 마르시온의 개념은 그의 정경론에도 영향을 주었다. 구약의 하나님을 열등한 존재로 본 그는 히브리 경전들의 정경성을 부인했다. 신약성경에서도 바울의 10개 서신들과 누가복음 만을 인정했다. 다른 복음서들은 유대적인 관점에 의해 오염되고 왜곡되었지만 누가는 바울의 동료였기 때문에 이러한 오류들에서 벗어났다고 생각했다. 하지만 누가복음에서도 유대적인 유산들, 즉 예수의 유대 족보와 예수의 부모들이 모세의 법을 지키는 장면이 등장하는 예수의 유아기사 등은 삭제되었다. 심지어 바울서신 안에서도 유대적인 요소가 발견되면 제거되었다.[15] 이러한 그의 이단적인 주장으로 인해 마르시온은 144년 로마교회로부터 출교 되었다.[16] 마르시온주의는 교회에 큰 위협을 주었는데 그 이유는 영지주의자들처럼 창조, 성육신, 부활 등을 부정하면서도 그들과는 달리 감독들과 성경을 갖춘 교회를 조직했기 때문이다.[17]

마지막 이단은 몬타누스주의이다. 몬타니즘(Montanism)은 예언활동과

13. 이상규, 『초기 기독교와 로마사회』, 165; Lynch, *Early Christianity*, 60.
14. Gonzalez, 『초대교회사』, 110-11; Lynch, *Early Christianity*, 60.
15. Gonzalez, 『초대교회사』, 111; Lynch, *Early Christianity*, 61.
16. Lynch, *Early Christianity*, 60.
17. Gonzalez, 『초대교회사』, 112.

관련이 있다. 이 이단의 창시자 몬타누스(Montanus)에 대한 정보는 많이 남아있지 않다. 그의 출생지는 분명치 않으나 소아시아의 프리기아(phrygia) 지방에서 활동한 것으로 알려져 있다. 그는 기독교로 개종하기 전 키벨레 신전의 사제였다. 약 170년부터 그는 예언을 하기 시작했고 막시밀라(Maximilla)와 프리실라(Priscilla) 두 여 예언자들이 가담했다.[18] 몬타누스주의의 가장 큰 특징은 새로운 계시를 주장한 것이다. 그는 황홀경 속에서 자신이 성령의 대변자, 심지어 요한복음 14장 25-26절이 말한 보혜사 자체라고 주장했다. 이 계시는 구약과 복음서의 말씀을 완전하게 만들며 예수 역시 자신의 계시를 전하기 위한 수금에 불과했다고 주장했다.[19] 유세비우스의 기록에 따르면 몬타누스는 "영에 사로잡혀 황홀경에서 이상한 소리로 중얼거리며 지금까지 교회에서 통상적으로 해온 것과는 다른 모양으로 예언했으며 두 여자를 세워 그들에게도 거짓 영을 부어 줌으로써 자기와 같이 열광적으로 지껄이게 했다."[20] 또한 몬타누스는 임박한 종말을 강조했다. 그는 종말이 곧 도래할 것이라고 선언하며 프리기아의 작은 도시 페푸자(Pepouza)에 새 예루살렘이 세워질 것이라고 예언했다. 페푸자가 마지막 시대의 피난처가 될 것이라는 소문이 퍼지자 많은 사람들이 몰려들었다. 사람들은 종말을 대비하기 위해 극단적인 금욕주의를 실천했다. 직업과 가족을 버리고 엄격한 금식과 금욕을 강조했고 결혼을 부정했다. 순교를 갈망하고 순교자들을 크게 존경하였다. 이와 더불어 몬타누스는 기존교회의 제도화와 교권화를 반대하며 감독과 교사는 교회나 사람에 의해 임명되는 것이 아니라 성령이 직접 맡기는 것이라고 주장했다.[21]

---

18. Lynch, *Early Christianity*, 76; 이상규, 『초기 기독교와 로마사회』, 305.
19. Lynch, *Early Christianity*, 76.
20. Eusebius, *Church History*, 5.16.7, 9, 이상규, 『초기 기독교와 로마사회』, 308에서 재인용.
21. Lynch, *Early Christianity*, 77; 이상규, 『초기 기독교와 로마사회』, 307-308.

소아시아의 작은 도시에서 발생한 몬타누스주의는 여러 지역으로 전파되어 2세기 말에는 로마와 북아프리카까지 퍼졌다. 주교들은 공의회를 열어 새 계시 운동을 거부하고 그 추종자들을 정죄하였다. 몬타누스와 여 선지자들이 죽은 후 페푸자에 묻혔고 그 무덤은 6세기 유스티니안(Justinian) 황제에 의해 파괴되기까지 이 그룹의 중심지가 되었다.[22] 202년 경 북아프리카 교부 터툴리안(Tertullian, c.160-220)이 안타깝게도 이 운동에 가담한 것으로 알려져 있다. 제도화된 교회와 나태한 신앙을 비판했던 몬타누스주의에 그가 동의한 것으로 보인다. 생애 말기에 터툴리안은 몬타누스파에 실망하여 별도의 그룹을 만들게 되었다.[23]

이단의 위협만 해도 힘든데 초대교회 신자들은 동시에 모진 박해도 견뎌야 했다.[24] 기독교는 형성초기부터 박해를 피할 수 없었는데 그들을 박해한 주요 세력들은 유대교와 로마제국이다. 유대교인들의 핍박도 극렬했지만 로마 정부의 지도자들로 인한 고통은 훨씬 더 컸다. 기독교의 형성초기부터 시작된 박해는 중단된 때가 있었지만 313년(동방은 323년까지)까지 지속되었다. 수백 년 동안 기독교인들은 모진 박해와 핍박을 견뎌야 했다. 박해 시기는 250년 데시우스(Decius, 250-51)황제를 기점으로 두 부분으로 나눌 수 있다. 250년 이전까지의 기독교 박해는 간헐적이고 부분적이었다면 이후에는 좀 더 지속적이고 제국 전체에 걸쳐서 조직적으로 발생했다.[25] 제한된 지면에 모든 사건을 상세하게 다룰 수 없기 때문에 로마박해의 대표적인 사건들과 인물들을 중심으로 초대 기독교의 박해 이야기를 서술할 것이다.

---

22. Lynch, *Early Christianity*, 77-78.

23. 이상규, 『초기 기독교와 로마사회』, 309.

24. 이 부분은 배정훈, "1-3세기 박해: 역사적 사실과 교훈," 「고신신학」 22 (2020): 195-202를 많이 참조했다.

25. 이상규, 『초기 기독교와 로마사회』, 350, 363.

로마의 박해의 유대인들보다 훨씬 기독교의 존립에 위협을 가했다. 허타도(Larry W. Hurtado)는 기독교에 대한 이교도들의 평가를 분석하여 1-3세기의 교회가 특이하고 기이했으며 어떤 면에서는 위험하고 혐오스럽게 보였음을 보여주었다.[26] 기독교에 대한 이교도인들의 적대감의 원인은 다양하다. 우선적으로 기독교인들이 하나님만이 참된 신이며 나머지 종교는 모두 거짓이라고 부정했기 때문이다. 로마는 기본적으로 다신교 국가여서 제국에 위협이 되지 않는다면 모든 종교를 인정했다. 하지만 유대교의 한 분파로 간주된 교회가 거기로부터 분리되었지만 여전히 유일신을 주장하였기 때문에 상황이 달라졌다. 특히 로마의 전통종교와 함께 황제숭배를 거부했는데 이는 반역에 해당되는 행위였다.[27] 황제를 예배하라는 명령을 거부하는 그리스도인들의 신앙은 통치자들을 분노하게 했다. 2세기 초반의 비티니아 총독 플리니(Pliny the Younger)는 그들을 권력에 굽힐 줄 모르는 완고한 집단으로 취급하였다.[28] 황제숭배와 로마의 전통 신들을 부정한 기독교인들은 '무신론자'로 취급되었다. 그 당시 종교는 모든 공적, 사적인 삶의 영역과 관련이 있었기에 자연적 재해나 전쟁 등은 기독교인들이 조상의 신들을 버린 결과를 받는 벌로 생각되었다.[29] 또한 기독교인들은 황제숭배로부터 자유로울 수 없다는 이유로 군인이나 공직을 거부했다. 연극관람이나 검투사의 혈투에도 참여할 수 없었다. 이러한 이유로 그리스도인들은 사회질서를 위협하는 반사회적인 집

---

26. Hurtado, 『처음으로 기독교인이라 불렸던 사람들』, 6-64. 이에 대한 자세한 연구는 다음과 같다. Robert L. Wilken, *The Christians as the Romans Saw Them*, 2nd ed. (New Haven: Yale University Press, 2003).

27. Lynch, *Early Christianity*, 82; Gonzalez, 『초대교회사』, 62; 이상규, 『초기 기독교와 로마사회』, 363-64.

28. Pliny, Epistle, 10.96.3, J. Stevenson(ed.), *A New Eusebius: Documents Illustrating the History of the Church to AD 337*, rev. by W. H. C. Frend (Grand Rapids: Baker Academic, 2013), 21.

29. Lynch, *Early Christianity*, 81; 이상규, 『초기 기독교와 로마사회』, 362.

단으로 취급되었다.[30]

이교도 지식인들은 기독교를 폄하하고 공격했다. 역사가 플리니우스(Pliny the Younger, 61-113, 111년), 타키투스(Cornelius Tacitus, c. 55-117, 115년), 수에토니우스(Suetonius, 69-c.130, 122년) 등은 기독교를 대중들의 정신을 혼란하게 만드는 새로운 타락한 미신(*superstitio nove et prava*)으로 왜곡시켰다. 소피스트인 사모사타의 루시안(Lucians of Samosada)은 180년경에 저술한『페레그리누스의 죽음』에서 이웃을 사랑하고 희생을 꺼리지 않는 그리스도인들을 조롱했다. 신플라톤주의 철학자 포르피리우스(Porphyrius)는 15권의 책을 저술하면서 기독교를 공격했는데 거기서 그는 구약과 신약은 서로 모순되고 예수는 거짓말쟁이이며 사도들 사이에는 분쟁이 심했다고 기록했다.[31] 이교 철학자 켈수스(Celsus)는 178년에 작성된『참된 말씀』에서 기독교는 그리스 철학에 비해 훨씬 열등한 종교라고 비웃었다. 유대인이나 기독교인의 최고의 스승도 그리스 철학자들의 수준에 올라온 적이 없는 원시적인 수준을 가졌다는 것이다. 또한 기독교는 내적인 모순이 가득한 형편없는 종교적 체계였다.[32]

그리고 기독교를 둘러싼 대중들의 악의적인 소문이 있었다. 남녀들의 모임, 거룩한 입맞춤 등은 기독 공동체가 근친상간 혹은 집단 성교를 일삼는 것으로, 성찬식은 식인의식으로 오해되었다.[33] 2세기의 유명한 수사학자이자 마르쿠스 아우렐리우스 황제의 스승이었던 프론토(Fronto, c.100-c.166)는 기독교를 매우 저급한 집단으로 묘사하는데 이는 기독교에 대한 당시 엘리트들

---

30. 이상규, 『초기 기독교와 로마사회』, 362.

31. 이상규, 『초기 기독교와 로마사회』, 240-41.

32. Origen, *Against Celsus* 3.55, 4.3, Gonzalez, 『초대교회사』, 90-92에서 재인용; 이상규, 『초기 기독교와 로마사회』, 240.

33. Lynch, *Early Christianity*, 81.

의 인식을 어느 정도 반영한다.[34]

로마의 기독교 박해는 네로 시대(Nero, 54-68)부터 시작되었다. 주후 64년 6월 18일 로마에 대화재가 발생했다. 키르쿠수 막시무스(Circus Maximus)에서 시작된 화재는 일주일 간 지속되었고 도시의 14구역 중에 10구역이 소실되었다. 화재의 원인을 둘러싸고 이상한 소문이 퍼지기 시작했다. 즉, 네로가 로마를 새롭게 만들기 위해 의도적으로 불을 질렀다는 것이다. 또한 그가 시적인 영감을 얻기 위해 화재가 발생했을 때 배우처럼 분장하고 궁정의 첨탑 위에서 칠현금을 연주하고 있었다는 것이다. 네로는 위기에서 벗어날 수 있는 방법을 찾았고 화재를 면한 두 구역에 유대인들과 기독교인들이 많이 살았다는 점을 가지고 그리스도인들에게 화재의 혐의를 씌우고 탄압하기 시작했다.[35] 로마의 역사가 타키투스는 115-117년경에 쓴 것으로 보이는 『연대기』에서 네로가 방화의 혐의를 기독교인들에게 뒤집어 씌웠다고 말하는데 그것이 가능했던 이유는 그들이 당시에 혐오를 받고 있던 집단이었기 때문이다. 그들은 인류를 증오한다고 판단되었다.[36]

타키투스에 따르면 그리스도인들에게는 극형이 내려졌다. 이 당시의 처벌은 매우 잔인했고 또한 일종의 놀이거리로 제공되었다. 신자들은 털옷에 덮여 개들에 의해 찢겨 죽기도 했고 십자가 형에 처해지기도 했다. 어떤 사람들은 밤에 등불로 태워졌다. 네로는 사람들이 박해 장면을 보도록 자신의 정원을 개방하고 원형극장에서 쇼도 주관하였다. 심지어 그는 전차를 직접 몰기도 하고 전차병으로 위장하기도 했다. 온갖 조소들과 놀림이 그리스도인들에게 주어졌다. 네로 시대의 박해는 로마에 국한된 것 같다. 얼마나 많은 기독교

---

34. Fronto, quoted by Minucius Felix, *Octavius*, 9, Lynch, *Early Christianity*, 82에서 재인용.
35. Gonzalez, 『초대교회사』, 63-64; 이상규, 『초기 기독교와 로마사회』, 364.
36. Tacitus, *Annals*, 15.44.2-5, J. Stevenson, *A New Eusebius*, 2-3에서 인용.

인들이 핍박을 받았는지는 확실하지 않지만 상당수의 그리스도인들이 처형 당한 것 같다.[37] 베드로와 바울이 네로 시대에 순교를 당했다고 알려졌다. 주후 68년 네로의 죽음으로 박해는 중지되었고 기독교인들은 잠시 동안 평화를 누렸다.

4세기 초에 마지막이자 가장 심한 박해가 발생했고 이는 '대 박해'로 불린다. 이 박해는 디오클레티안(Diocletian, 284-305)에 의해 발생했다. 디오클레티안의 아내 프리스카와 딸 발레리아가 기독교인이었기 때문에 교회의 평화가 계속 될 것처럼 보였지만 실상은 그것과 반대였다. 디오클레티안은 전형적인 로마인으로 전통종교를 기점으로 제국을 통일하려고 하였다. 적의 침입으로 인한 동요와 위기를 극복하기 위한 불가피한 조치였다. 황제는 이를 거부하는 세력은 가차 없이 처단하였고 기독교인들도 예외가 될 수 없었다. 298년 군대에서 그리스도인들을 쫓아내는 것으로 박해가 시작되었다. 몇몇의 기독교인들이 입대를 거부하고 병역을 이탈했다는 이유로 처형되었다. 디오클레티안 칙령은 기독교인들을 군대에서 축출할 것만을 명했지만 일부 지역에서는 많은 사람들이 처형당했다.[38]

디오클레티안의 '카이사르'(황제계승자)였던 갈레리우스는 디오클레티안에게 더 강력한 조치를 취할 것을 설득했고 결국 303년 1차 칙령이 공포되어 기독교인들은 공직에서 해임되고 교회는 파괴되고 성경은 소각되었다. 처음에 이 칙령은 제대로 수행되지 않았다. 그러나 황궁에 두 차례 화재가 발생했고 갈레이우스는 이를 황제의 명령에 불만을 품은 기독교인들의 소행으로 돌렸다. 이에 디오클레티안은 303년 여름에 2, 3차 칙령을 발표하여 황실을 섬

---

37. Tacitus, *Annals*, 15.44.2-5, J. Stevenson, *A New Eusebius*, 2-3.
38. Gonzalez, 『초대교회사』, 179-80; Karl S. Frank, *Lehrbuch der Geschichte der Alten Kirche*, 하성수 역, 『고대교회사 개론』 (서울: 가톨릭출판사, 2008), 209.

기는 모든 기독교인과 사제들을 체포하여 신들에게 제사를 지낼 것을 엄명했다. 제국 전역에서는 교회들과 기독교 서적들이 불태워졌고 많은 기독교인들이 처형당했다. 상황은 더욱 악화되었다. 황제는 기독교인들이 반역을 꾀한다고 여겨 304년 봄 4차 칙령을 통해 기독교인 전체가 신들에게 제사를 지내야 한다고 공포했다. 이로 인해 교회는 엄청난 핍박과 박해를 당했다. 사람들은 고문 받고 각종 다양한 방법으로 처형당했다.[39]

3. 대처방안: 성장의 요인

위와 같은 사실만 놓고 본다면 기독교는 사라지는 게 당연한 것이다. 크라이더(Alan Kreider)는 3세기까지의 교회의 성장의 비밀을 밝히는 책의 부제를 '기독교의 불가능한 성장'(the improbable rise of Christianity)라고 붙였다. 그는 당시 기독교가 처한 절대적으로 불리한 상황을 몇 가지로 정리했다. 첫째, 기독교인을 고발하고 처형하는 법과 사회 관습이 존재했다. 이 때 세례교인이 된다는 것은 '죽음의 후보자'가 되는 것이었다. 둘째 그들의 예배는 매력적이지 않았고 그들의 모임 뿐만 아니라 존재 자체가 혐오의 대상이었다. 셋째, 흥미롭게도 어떤 선교나 전도를 위한 전략이나 계획이 없었다. 크라이더는 3세기까지 전도에 대한 언급이 없다고 주장한다.[40] 켈트족의 종교 드루이교(druids)는 로마의 박해를 받고 곧 없어졌다.[41] 하지만 기독교는 달랐다. 없어지기는커녕 신기하게도 성장했다. 터툴리안은 기독교인들의 수가 모

---

39. Gonzalez, 『초대교회사』, 181-84; Frank, 『고대교회사 개론』, 210-11.
40. Kreider, *The Patient Ferment of the Early Church*, 7-12.
41. Lynch, *Early Christianity*, 26-27.

든 도시의 대다수를 차지한다고 과장적으로 말하기도 했다. 오리겐(Origen, c.185-c.254)은 그리스도의 복음이 로마제국을 지나 브리타니아까지 전 세계로 전파되었다고 보고한다.[42] 학자들마다 견해가 다르지만 스타크(Rodney Stark)에 따르면 첫 3세기 동안 기독교인의 수는 급증하여 매 10년마다 40%씩 증가했다고 한다. 콘스탄틴(Constantine, 306-337)에 의해 밀라노 칙령이 반포된 때에는 제국의 전체 인구의 8-12퍼센트, 즉 오백 만에서 6백만의 신자들이 있었다는 것이다.[43] 3세기까지의 교회는 투박하고 부정적인 평가를 받기도 했지만 또 다른 한편으로는 이상하면서도 흥미로우며 매력적이었다.[44] 어떻게 교회가 큰 위기 속에서 매력을 가질 수 있었을까?

3.1. 진리의 터

1) 기도

교회의 대처방안에는 여러 가지가 있다. 첫째는 기도이다. 초대교회는 박해를 당할 때 기도했다. 사도행전 12장 5절 "베드로는 옥에 갇혔고 교회는 그를 위하여 간절히 하나님께 기도하더라." 지도자가 붙잡힌 위기 속에서 초대교회 성도들은 기도했다. 이는 예수로부터 배운 것이다. 마가복음 1장 35절 "새벽 아직도 밝기 전에 예수께서 일어나 나가 한적한 곳으로 가사 거기서 기도하시더니."예수는 제자들을 선택하시기 전에 홀로 하나님과 깊은 대화를 나누었다. 초대교회에도 현대교회와 같이 공적인 기도가 있었다. 말씀예배와 성

42. Tertullian, *Scap.* 2; Origen, Hom. *Luc.* 6.9, Kreider, *The Patient Ferment of the Early Church*, 7에서 재인용.
43. Stark, 『기독교의 발흥』, 22-24.
44. Alan Kreider, *Resident But Alien: How the Early Church Grew*, 홍현민 역, 『초대교회에 길을 묻다』 (서울: 하늘씨앗, 2020), 16.

찬예배의 곳곳에 예식을 위한 기도가 있었고 통일성을 주기 위해 형식화되었다.[45] 이외에도 개인기도와 가정기도가 강력하게 권고되었다. 성도들은 쉬지 말고 기도하라는 바울의 가르침(살전 5:17)에 따라 어디에 있든지 기도하기에 힘썼다. 클레멘트(Clement of Alexandria, c.150-c.215)는 기도를 하나님과 신자들 사이의 대화로 정의하였다.[46] 초대교회 성도들은 지속적인 기도를 실천하기 위해 하루의 특정한 시간을 하나님을 찾는 시간으로 정했다. 교회지침서로 초대교회의 가장 초기의 문서들 중에 하나인 『디다케』는 유대인들의 관습을 대체하여 주기도문으로 하루에 세 번씩 기도하라고 가르친다.[47] 터툴리안, 키프리안(Cyprian of Carthage, c.200-258), 오리겐은 주기도문을 강해하면서 3시, 6시, 9시 이렇게 세 차례뿐만 아니라 목욕하기 전과 한밤중에도 기도할 것을 권했다.[48] 『사도전승』에 따르면 이러한 시간들은 모두 예수님의 수난과 십자가 죽음과 관련 있다. 가령 3시의 기도는 예수님이 십자가에 달리신 시간을 기억하는 것이다.[49] 초대 기독교인들은 특히 한밤중 적어도 밤중 기도를 강조했다. 집안 식구들이 모두 모일 수 있는 조용한 시간이었기 때문이다. 그들은 저녁 식사 후 등불을 가져오거나 점등하여 하나님께 기도했다. 이러한 이유로 키프리안은 밤중의 기도의 빛이 어둠을 밝힌다고 말했다. 신자들은 개인기도와 더불어 교회에서 함께 모여 기도하는 것을 중요하게 여겼다.[50] 『사도전승』에 따르면 그들은 교회에서 기도하며 매일 하나님의 지키

45. 우병훈, "초대교회 신자들의 삶과 그 교훈," 이신열 편, 『교리학당』 (부산: 고신대학교 출판부, 2016), 200.
46. Frank, 『고대교회사 개론』, 288.
47. Didache, 8.2-3, 정양모 역주, 『디다케: 열두 사도들의 가르침』(왜관: 분도출판사, 1993).
48. Frank, 『고대교회사 개론』, 288.
49. Hippolytus, *Apostolic Tradition*, 41, 이형우 역주, 『사도전승』(왜관: 분도출판사, 1992).
50. Ernst Dassmann, *Kirchengeschichte I: Ausbreitung, Leben und Lehre der Kirche in den ersten drei Jahrhunderten*, 하성수 역, 『교회사 1: 초기 3세기 교회의 확장, 생활, 가르침』(왜관: 분도출판

심과 인도하심을 체험하였다.[51]

주기도문은 초대교회에서 오랫동안 기도의 표본으로 애용되었다. 터툴리안, 오리겐, 키프리안과 같이 여러 교부들이 주기도문 강해를 남겼다. 주기도문이야말로 주님 자신의 말로 하나님께 간청할 수 있는 호감 있고 친밀한 기도였다. 이러한 전통은 종교개혁 때까지 계속되어 루터(Martin Luther, 1483-1546)는 "나는 매일 밤마다 주기도문을 묵상하면서 기도한다. 여기에 십계명이 더해진다면 그날은 정말 풍성한 밤이 될 것이다"고 했다.[52] 교회는 또한 기독론적으로 해석된 시편집도 선호하였다. 이러한 기도집은 영지주의 무리에서 만들어진 것도 있는데 교회는 이를 변경하여 사용했다.[53]

헤르마스의 『목자』는 동쪽을 향해 기도하는 관습을 보여준다. 사람들은 주님께서 동쪽으로 재림하시고 또한 거기에 낙원이 있다고 믿었기 때문에 종말론적인 기대 속에서 동쪽을 바라보며 기도했다. 후대에는 동쪽 방에 십자가를 걸어두거나 그려 놓고 그 앞에서 기도를 드렸다. 기도 전에 이마에, 후대에는 눈과 입에도 십자 표시를 했다. 하늘을 우러러 보거나 손을 올려 기도하기도 했다. 무릎을 꿇거나 찬양, 용서를 위한 간청이나 탄원하는 기도에는 그에 상응하는 동작을 했다. 클레멘트는 신자들이 말하지 않으면서 마음속에서 늘 하나님의 임재를 느끼며 그와 교제하는 마음의 기도를 최고로 여겼다.[54]

초대교회 신자들은 또한 정기적으로 금식함으로 주님을 간절히 찾았다. 유대교는 정기적으로 월, 목요일을 금식일로 정했는데 차별화를 위해 교회는 이

사, 2007), 345.

51. Hippolytus, *Apostolic Tradition*, 41.

52. 우병훈, "초대교회 신자들의 삶과 그 교훈," 199.

53. Frank, 『고대교회사 개론』, 288.

54. Dassmann, 『교회사 1』, 347-48.

날짜들을 수, 금요일로 변경했다.[55] 금요일은 예수님의 죽음을 기억하기 위한 것이었고 수요일은 아마도 가룟유다의 배반을 경계하기 위한 것이었을 것이다. 예수님을 배신하지 말자고 다짐한 것 같다.[56] 이와 같이 초대 기독교인들은 기도와 금식하며 위기 앞에서 하나님의 능력을 구하고 인내하였다. 이러한 기도의 인내가 발효되어 그들의 삶이 되었다.[57]

2) 정경과 신조의 형성

교회는 권위 있는 성경의 목록을 만들기 시작했다. 이는 '정경화'(canonization)라고 불린다. 이단들은 그들만의 정경목록을 만들어 기독교회를 공격했기 때문에 예수와 그의 제자들의 글들 중에 어떤 것들을 권위 있는 것으로 받아들여야 할지에 대한 문제가 발생했다. 이단들의 공격에 대항하여 원시 정통교회는 정경목록을 만들기 시작했다. 정경(canon)은 헬라어로 '척도,' '기준'을 의미한다. 정경은 정통과 이단과의 경계를 정하는 기준이라는 뜻이다.[58] 초기 기독교에는 우리가 아는 성경 외에 여러 글들이 있었다. 그 중에서 우리의 신앙과 삶의 기준이 될 책들이 하나님의 말씀으로 선택되었다. 교회가 이를 결정했으나 하나님의 섭리 가운데 이루어졌다.

우선 기독교는 구약의 이스라엘 백성의 역사와 연결되므로 구약성경이 기독교 정경에 포함되었다.[59] 신약성경의 정경화는 긴 시간을 통해 이루어졌다. 초대교회의 작품들이 성경으로 인정받는 데에는 몇 가지 원리들이 있었다. 첫째는 사도들의 저작 여부였다. 둘째는 정통기독교의 가르침과 일치하느냐가

---

55. *Didache*, 8.1.
56. 우병훈, "초대교회 신자들의 삶과 그 교훈," 199.
57. Kreider, *The Patient Ferment of the Early Church*.
58. Lynch, *Early Christianity*, 71-72.
59. Gonzalez, 『초대교회사』, 115.

중요한 기준으로 작용했다. 셋째는 교부들과 교회들의 승인이었다. 정경화 작업은 수세기에 걸쳐 이루어지다가 4세기 후반이 되면 신약의 정경은 27권으로 결정되었다: 사복음서, 사도행전, 21개의 서신들, 요한의 묵시록. 367년 이집트의 주교들에게 보낸 아타나시우스(Athanasius, 295-373)의 편지에서 처음으로 27권의 완벽한 목록이 등장한다. 이 편지에는 또한 27권의 구약성경 목록이 나타난다. 히포 종교회의(393년)와 두 번의 카르타고 회의(397, 419년)에서 히포의 주교 어거스틴(Augustine of Hippo, 354-430)은 27권의 신약정경을 다시 확증했다.[60]

정경이 형성됨으로 정통과 이단의 구별이 가능해졌지만 누구나 알기 쉽게 정통신앙의 핵심을 좀 더 간략하게 만드는 작업이 필요했다. 이 과정에서 나온 것이 신조, 즉 교리이다. 신조(creed)는 라틴어 *credo*(내가 믿습니다)에서 유래되었다. 지역마다 신조는 조금씩 다른데 대표적인 것이 180년경에 작성된 것으로 추정되는 사도신경으로 '옛 로마 신경(Old Roman Creed)로 불리기도 한다. 고대 교회에서 사도신경은 "신앙의 상징(symbol of the faith)"으로 불렸다. 고대에서 상징(*symbolum*)은 장군이 자신의 사신에게 주는 표식으로 받는 사람은 이것으로 진정한 그의 사신이라는 점을 증명했다. 신조는 세례 때 지원자의 신앙을 확인하기 위해 사용되었기 때문에 세례신조(baptismal creed)로도 불렸다. 신조는 삼위일체론적 구조이다. 하나님에 대한 고백을 시작으로 아들, 다음으로 성령과 종말에 관한 신앙을 선언하였다. 신자들은 성부와 성자와 성령의 이름으로 세례를 받기에 삼위 하나님에 대한 신앙의 여부가 확인되었다.[61] 고대 세계에서 기독교는 '책의 종교'로 불릴 만큼 기독교 문헌을 봉독하고, 쓰고, 필사하고 전파하는 활동을 두드러지게 했

---

60. Lynch, *Early Christianity*, 72-75.
61. Lynch, *Early Christianity*, 71; Gonzalez, 『초대교회사』, 117.

다. 그리고 그 중심에는 기독교의 경전인 성경이 있었다.[62] 이와 같이 교회는 성경과 교리교육을 통해 진리 가운데 굳게 서서 이단의 어떤 공격에도 흔들리지 않았다. 유일하신 하나님과 그의 아들 예수와 그의 십자가를 통한 구원을 알고 말씀이 주는 힘과 능력으로 산 것이다.

3) 교회의 조직과 직분

외부의 위협을 이기기 위해서는 어떤 구심점이 필요했다. 직분의 정확한 형성 시기는 파악하기 힘들지만 2세기 중반이 되면 지역 교회는 일반적으로 감독, 장로, 집사, 이렇게 3중 구조로 자리 잡게 된다. 감독(episcopoi, 감독자)이지 교회의 지도자이며 장로들(presbuteroi)과 집사들(didaconoi, 봉사자)이 감독의 사역을 돕는다(행 11:30; 빌 1:1; 벧전 2:25; 딤전 3:1-2; 4:14; 딛 1:7; 약 5:14; 디다케 15). 감독은 오늘날의 목사로 말씀을 가르치고 성례를 집행한다. 장로는 목사를 도와 교회를 감독하고 집사는 가난하고 소외된 사람들을 돌보는 일을 한다. 교회는 감독을 중심으로 하나가 되어 교회를 굳건하게 지켰다. 사도로부터 받은 신앙을 다음세대에 전수하였다. 직분자들이 제 역할을 바르게 수행하지 못하면 교회는 무너질 수밖에 없다.[63]

점차적으로 지역교회의 감독의 권한이 더 강하게 되는데 이단들의 활동으로 인한 위협이 큰 작용요인이 되었다. 영지주의와 유대주의자들의 가르침에 대항하여 안디옥의 익나티우스(Ignatius of Antioch, c.30-110)는 감독과 그와 장로들과 집사들로 구성된 지도권을 중심으로 교회가 하나가 되어야 할 것

---

62. Hurtado, 『처음으로 기독교인이라 불렸던 사람들』, 133-82.
63. Lynch, *Early Christianity*, 62-63, 65. 첫 3세기의 교회직제의 발전에 대해서는 다음의 논문도 참고하라: 조병하, "초대교회 교회직제 발전에 대한 연구: 사도적 교부, 사도전승, 디다스칼리아를 중심으로(첫 3세기)," 「한국개혁신학」31 (2010): 190-217.

을 강조한다.[64] 그는 교회의 모든 활동, 특히 성례전은 감독이 없이는 실행되어서는 안 된다고 경고하고 감독이 있는 곳에 교회가 있다고 주장한다.

> 예수 그리스도께서 계신 곳에 보편교회가 있듯이 주교가 나타나는 곳에 공동체가 있어야 합니다. 주교를 제쳐두고 세례를 주거나 애찬을 행하지 마십시오. 주교가 인정하는 것은 하나님께서도 흡족해 하시므로 여러분이 하는 모든 일은 확실하고 적법하게 됩니다.[65]

왜 이렇게 감독의 권위가 강조되었을까? 앞서 간략하게 언급되었듯이 이단의 공격 앞에서 교회를 보호하기 위한 수단으로 감독의 권위가 높아졌다. 이는 소위 '사도전승'의 계승과 관련된 것이다. 문제는 이 전승을 누가 소유했느냐는 것이다. 영지주의자들은 자신들이 사도들의 가르침의 참된 계승자라고 주장하면서 예수가 꿈이나 환상을 통해 그들에게 직접 알려주었다고 말했다. 원 정통교회는 주교들이 사도들과 그들의 진정한 계승자라고 반박했다. 감독들은 영지주의자들과는 달리 공적인 가르침을 통해 사도들의 전통을 전달해준다고 주장했다. 정통기독교인들은 주교의 정통성과 더불어 신약성경에서 가장 오래된 교회들의 중요성을 강조하면서 이러한 교회에 사도들의 가르침이 있다고 보았다. 이러한 인식은 로마와 서머나 교회와 같은 곳과 이곳의 합법적인 감독들이 사도전승의 담지자들이라는 관념으로 이어졌다. 사도들의 가르침을 공유하면 하나의 교회로 인정될 뿐만 아니라 로마교회와 같은 곳의 감독과 교제하면 정통교회로 간주되었다. 정통교회는 사도전승

64. Lynch, *Early Christianity*, 65-66.
65. Ignatius, *Letter to the Smyrnaeans*, 8.1-2, 박미경 역주, 『이냐시오스 일곱편지』(왜관: 분도출판사, 2000).

의 소유자로 여겨지는 교회의 감독의 목록을 만들기 시작했다.[66] 이레네우스 (Irenaeus of Lyons, c.130-c.202)는 『이단반박』에서 사도전승의 계승을 주장하면서 로마와 서머나의 감독의 명단을 기록하였다. 로마교회는 베드로와 바울을 설립자로 해서 베드로에 의해 임명된 것으로 알려진 리누스(Linus)로부터 엘류테루스까지 13명 감독들이 있었고 서머나 교회에는 사도들에 의해 폴리캅이 감독으로 임명되었음을 밝힌다.[67]

감독의 권위가 강화된 또 다른 이유는 예전과 관련이 있다. 예전은 고대교회 발전에서 중요한 위치를 차지했는데 예전 안에서도 세례와 성찬이 강조되었다. 자연스럽게 이러한 교회적 행동들의 집례를 주관하고 대상자들을 교육하고 참가여부를 판단할 사람이 필요하게 되었다. 바울은 고전 11장 27절부터 30절까지에서 신자들이 성찬에 참여하기 전에 자신을 먼저 살피고 성찬에 합당하지 않다고 여겨지면 참석해서는 안 된다고 경고한다. 감독은 사도전승의 살아있는 전승자로서 교회를 감독하면서 성례를 집례했다. 장로들의 도움을 받아 세례와 성찬에 합당한 자들을 결정했고 알렉산드리아와 같은 큰 도시에서는 회심자들을 위한 교리교육 학교를 운영했다. 감독들은 장로들과 집사들을 세웠고 주변의 감독들과 함께 사제/감독을 임명하기도 했다.[68]

성도들은 감독의 권위를 인정하고 그를 존경하며 감독은 그에 걸맞은 모범적인 삶의 태도를 요구 받았다. 감독의 중요한 자질은 진실된 삶이었다. 그들은 자신들의 가르침을 삶으로 보여주어야 했다. 만일 그렇지 않다면 그들은 거짓 선생으로 간주되었다.[69] 어거스틴은 "훌륭한 삶이 웅변적인 설교가 된

---

66. Lynch, *Early Christianity*, 67-68; Gonzalez, 『초대교회사』, 120-22.
67. Irenaeus, *Against Heresies*, 3.1, Lynch, *Early Christianity*, 67-68에서 재인용.
68. Lynch, *Early Christianity*, 66-68.
69. *Didache*, 11.1-13, 15.1-2

다"고 지적했다. 감독은 검소하고 진실되고 구제에 힘쓰고 돈을 사랑하지 않아야 했다.[70] 이것은 장로와 집사도 마찬가지였다.

3.2. 사랑의 삶

1) 신자다운 삶: 사랑으로 완성되는 믿음

초대교회는 신자다운 삶을 강조했다. 기독교는 고대종교가 신전, 사제와 제의를 강조하는 관행과는 달리 모든 삶의 영역에 걸친 삶의 규범을 강조했다.[71] 교회 안에서 진리를 배우는 데만 그치지 않고 그 진리를 보여주었으며 이교도인들과 구별되어야 했다. 이는 매우 중요했으며 그리스도인다운 삶의 형성은 예배와 교육, 성례를 통해 이루어졌다.[72] 초대교회의 성도가 되는 과정은 상당히 까다로웠다. 교회의 문턱은 매우 높았다. 박해 시 첩자나 교회에 해를 끼칠 의도를 가지고 오는 사람들이 있었기 때문에 잡사들은 교회의 경비원이 되어 방문자들이 양인지 늑대인지 판단하여 들여보냈다.[73] 이런 이유로 초대 공동체는 '잠긴 동산'(enclosed garden)으로 불렸다.[74] 첫 번째 검열을 통과하면 동기가 무엇이며 직업이 무엇인지 물었다. 히폴리투스에 따르면 이교의 신화와 죄악 된 삶, 특히 성과 관련된 직업은 신자가 되기에 적합하지 않기 때문에 그것을 버릴 것을 요구 받았고 그렇지 못할 경우 교회에 나올 수 없었다.[75]

---

70. 우병훈, "초대교회 신자들의 삶과 그 교훈," 200.
71. Hurtado, 『처음으로 기독교인이라 불렸던 사람들』, 185-238.
72. Kreider, *The Patient Ferment of the Early Church*, 133-244.
73. *Testament of Lord*, 1.36, Alan Kreider, *Worship and Evangelism in Pre-Christendom*, 허현 역, 『초기 기독교의 예배와 복음전도』 (논산: 대장간, 2019), 31에서 재인용.
74. Kreider, 『초기 기독교의 예배』, 35-36.
75. Hippolytus, *Apostolic Tradition*, 16.

예비신자로 인정된 사람들은 3년 동안 규칙적으로 말씀 교육을 받았고 이 때 교육의 중심은 그리스도인으로서 합당한 삶이었다. 예비과정은 청원자-선택된 자-세례대상자 세 단계로 이루어져 여러 번의 시험을 받았다. 그 시험 역시 그들이 얼마나 윤리적 삶, 구체적으로 과부와 병자를 돌보며 선행을 했는지 여부였다. 그 후 보통 부활절에 세례를 받았다.[76] 교회는 신자들에게 세상과 철저히 구별될 것을 요구했다. 이런 과정을 거쳐 신자들은 '새롭게' 태어났다. 키프리안은 자신의 변화과정을 상세하게 묘사한다.

> 어떻게 회심이 가능한 것일까? … 이러한 것들이 우리 안에 뿌리 깊이 새겨졌다. 자유로운 연회와 호화로운 잔치에 익숙한 사람이 언제 검약을 배운다는 것인가? 금과 자색의 번쩍거리는 옷을 입고, 값비싼 의복을 과시했던 사람이 언제 평범하고 단순한 옷으로 자신을 낮출 수 있단 말인가? … 거듭남의 물로 이전 삶의 얼룩이 씻겨져 나갔다… 하늘로부터 불어온 성령으로 인해 두 번째 탄생이 나를 새로운 사람으로 변화시켰다… 그러고 나서 놀라운 방법으로 의심스러운 것들이 한꺼번에 확실하게 이해되었다… 전에는 어려운 것처럼 보였던 것들이 해결 방법을 제안하기 시작했다.[77]

무명의 작가가 보낸 『디오그네투스에게 보낸 편지』가 말하듯 초대 기독교인들은 이 땅에서 하늘에 소망을 둔 '거류민' 혹은 '외국인'으로 살아갔다. 그리스-로마세계의 사람들처럼 같은 의복, 음식, 풍습을 따라 살지만 그들의 삶의 방식은 달랐다. 낙태와 유아살해를 하지 않고 혼인 외에는 성적 관계를 가

---

76. 김정, 『초대교회 예배사』 (서울: CLC, 2014), 144-48.

77. Cyprian, *Ad Donatum* 3-4, Kreider, 『초대교회』, 73, 75에서 재인용.

지지 않으며 신분, 성, 인종, 국적을 초월하여 한 공동체를 이루고 단순하고 소박하지만 강력한 도덕적인 삶을 살았다.[78] 기독교인들은 로마 사회에서 일상생활 속에서 만만치 않은 여러 어려움들에 직면했지만 성경의 가르침대로 살아가려는 각별한 노력을 기울였다.[79] 『1세기 기독교 시리즈』를 쓴 뱅크스(Robert J. Banks)는 가상의 그리스도인인 푸블리우스의 삶을 통해 첫 세기의 그리스도인들이 가족, 친구, 이웃과 동료와 시민들과 함께 하면서 보여준 삶의 질에서 주변세계에 영향을 미치게 되었음을 잘 보여주었다.[80] 이교도인들은 이들의 삶에서 알 수 없는 힘과 능력, 감동을 느꼈다.[81]

세상 속에서의 그리스도인의 삶에서 가장 중요한 것은 가난한 자들에 대한 사랑, 즉 구제였다. 성경은 가난하고 소외된 자들에 대한 관심과 돌봄을 강조하고 이를 참된 신앙의 표지로 가르친다. 자비의 선행은 받는 자에게만 아니라 베푸는 자에게 종말에 상상할 수 없는 보상을 가져다준다(출 22:21-27; 레 19:9-10; 신 14:28-29; 잠 19:17; 단 4:27; 마 6:19-24; 19:16-30; 25:31-46; 벧전 4:7-9 등). 이 중에서 가난한 자와 그리스도를 동일시하는 마태복음 25장 31-46절이 초대교회 구제와 부와 가난에 대한 개념형성에 큰 영향을 미쳤다.[82] 이러한 가르침을 이어받아 교회는 생성초기부터 이웃사랑과 자비, 원수를 사랑하고 복수하지 말 것이 강조하였다. 로마의 어떤 종교도 기독교만큼 교리와

---

78. *Epistle to Diognetus*, 5-6, 서공석 역주, 『디오그네투스에게』 (왜관: 분도출판사, 2010).

79. Hurtado, 『처음으로 기독교인이라 불렸던 사람들』, 237.

80. Robert J. Banks, *Going to Church in the First Century*, 신현기 역, 『1세기 교회 예배 이야기』 (서울: IVP, 2017); id., *A Day in the Life of an Early Christian: A Personal Record*, 신현기 역, 『1세기 그리스도인의 하루 이야기』 (서울: IVP, 2018); id., *Stepping out in Mission under Caesar's Shadow: A Progress Report*, 신현기 역, 『1세기 그리스도인의 선교 이야기』 (서울: IVP, 2020).

81. Kreider, 『초대교회』, 35-36.

82. Helen Rhee, *Loving the Poor, Saving the Rich: Wealth, Poverty, and Early Christian Formation* (Grand Rapids: Baker Academic, 2012), 27-40.

행동에서 사랑을 중시하는 종교는 없다.[83] 디다케는 이웃사랑과 구제를 생명의 길에 이르는 핵심으로 가르치며 부지런히 이웃을 섬길 것을 명한다.[84] 유대인들은 구약으로부터 가난한 자를 돌보시는 하나님의 돌봄을 알고 있었지만 구체적으로 실천하지 않았고 기부문화가 번성했던 그리스-로마에서는 사회적 약자에 대한 관심이 결여되어 있었다. 선물 주고받기(gift exchange)는 시민들 사이에 이루어지던 문화관습이었다.[85] 그러나 기독교는 이 두 문화가 가지고 있던 약점을 극복하고 가난한 자들에 대한 관심을 종교의 가장 핵심적인 실천의 반열에 올려놓았다. 불신자가 바라본 당시의 교회는 그야말로 사랑의 공동체, 사랑의 결정체이다.

2세기 이후 자비와 구제활동은 교회의 봉사로 체계적으로 제도화되었다. 사회로부터 버림받고 혐오 받던 가난한 자들을 돌보고 그들을 그리스도의 이름으로 존귀히 여겼다. 교부들은 부자들은 하나님의 청지기로 재산을 가난한 자들에게 나누어주어야 한다고 강조했다. 부는 이기적인 누림이 아닌 다른 사람을 돕는 수단으로 사용되어야 한다. 교부들은 또한 부와 구원을 밀접하게 관련시켰다. 교회는 재산 나눔, 과부와 고아, 빈민 구제, 죄수 돌봄과 노예 해방, 죽은 이의 매장, 손님후대의 활동을 펼쳤다. 주교들이 궁극적인 책임을 맡고 부제들이 실제로 실행했다.[86]

기독교가 얼마나 구제를 많이 했으면 이교도 황제인 줄리안(Julian)은 퇴락하고 있는 그리스-로마의 종교가 부흥하기 위해서는 기독교의 자선을 배워야 한다고 말했다. 기독교인들처럼 가난한 자들에게 재산을 나누어주고 여관

---

83. Hurtado, 『처음으로 기독교인이라 불렸던 사람들』, 104.

84. *Didache*, 1.1-5.

85. 남성현, 『병원의 탄생과 발전 그리고 기독교 영성의 역할: 4세기에서 19세기까지 기독교 사회 복지의 역사에 대한 연구』 (서울: CLC, 2020), 100-101.

86. Rhee, *Loving the Poor*, Frank, 『고대교회사 개론』, 288.

을 지어 나그네들을 영접해야 한다고 했다. 교인들은 핍박을 받고 있으면서도, 자신들의 목숨이 위협받고 있는 상황에서도 사랑을 실천하기를 주저하지 않았다.[87] 특히 전염병 시기에 기독교인들의 사랑의 실천은 놀라운 것이었다. 주후 165년과 251년 로마에 두 차례 큰 전염병이 있었을 때 국가는 이를 신의 심판으로 여기고 방치했다. 사람들은 죽은 시체를 버려두고 도망가기 바빴다. 도시 여기저기에 죽은 시체들이 쌓였다. 그 때 기독교인들이 그 시체들을 치우고 병자들을 치료했다. 따라서 그들은 '파라볼라노이' 즉 위험을 무릅 쓴 자들로 불렸다.[88] 학자들은 박해를 받고 있고 번듯한 전도행사도 할 수 없었던 교회가 큰 성장을 이룬 결정적인 이유는 바로 사랑의 실천이라고 말한다.[89] 주후 200년 북 아프리카에서 살았던 미누키우스 펠릭스(Minucius Felix)는 다음과 같이 말한다.

> 우리의 숫자가 날마다 증가하는 것은 실수가 아니라 좋은 증거입니다. 삶의 아름다움이 교인들을 인내하게 하고, 낯선 이들이 참여하게 합니다.… 우리는 위대한 것을 설교하는 것이 아니라, 위대한 것을 살아가고 있습니다(Octavius, 31.6-8, 38.6).[90]

초대교회는 진리와 사랑이 균형을 이룬 공동체였다. 안으로는 진리로 교회를 든든하게 세우고 밖으로는 사랑으로 사회에 선한 영향력을 주었다.

---

87. Sozomen, *Church History*, 5.16, 남성현, 『병원의 탄생과 발전』, 107-108에서 재인용.
88. 이상규, 『헬라 로마적 상황에서의 기독교』 (서울: 한들출판사, 2006), 105-106.
89. Stark, 『기독교의 발흥』, 115-48.
90. Minucius Felix, *Octavius*, 31.6-8, 38.6. Kreider, 『초대교회』, 41에서 재인용.

4. 나오면서

지금까지 우리는 3세기까지의 기독교 성장을 살펴보았다. 이 시기의 교회
의 생성과 발전은 불가능한 현실 속에서 이루어졌다. 내부로는 이단의 공격
을, 외부로는 유대인과 로마로부터 혹독한 박해를 받았다. 하지만 절대적으
로 불리한 상황에서 교회는 소멸되지 않고 오히려 급속도로 성장하여 급기야
로마의 국교가 되었다. 그 비결은 단순하다. 복음과 교회의 본질인 진리와 사
랑 속에 머무르는 것이다. 초대교회는 어려움 앞에서 하나님을 의지하고 기
도하고 그 분의 도우심을 바라며 인내했다. 정경을 확정하고 신조를 만들어
진리에 깊이 뿌리내려 이단의 어떤 공격에도 흔들리지 않았다. 교회를 지키
기 위해 직분을 만들어 교회를 세워나갔다. 이처럼 안으로는 말씀과 진리에
굳게 서고 외부로는 참된 그리스도인의 삶을 철저히 보여주었다. 예배와 교
육과 훈련을 통해 초기 그리스도인들은 하나님의 부르심에 합당한 '하비투
스'(habitus, 습관)을 형성했다. 나그네로서 세상과 구별된 삶을 살았다. 그 중
에 가장 두드러지는 것이 사랑의 실천이다. 교회는 가치 없다고 여겨지는 사
람들을 안고 그들을 위해 헌신하고 희생하였다. 1-3세기의 교회는 주님의 가
르침에 깊이 뿌리내리고 서로 교제하며 예배에 힘쓰고 사랑의 실천을 힘써 행
했다(행 2:42-47). 진리의 뿌리 위에 사랑의 결실을 맺는 신앙의 본질을 보여
주었다. 거기서 영적 생명력이 나왔다.

교회의 역사를 보면 교회를 무너트리는 것은 이단과 박해와 같은 외부적인
요소가 아니라 내적인 타락이다. 외부의 공격은 교회를 더 강하게 만든다. 본
질을 잃어버린 교회가 정말 위기이다. 기독교가 공인 된 후 교회는 모든 것이
안정되었지만 점차적으로 쇠락하여 중세 말에는 근원적인 개혁이 필요할 만
큼 무너져 버렸다. 코로나로 인해 위기를 겪는 한국교회는 어디로 나가야 할

까? 초대교회의 근원으로 돌아가는 것이 필요하다. 타락한 중세교회 앞에서 루터, 칼빈과 같은 종교개혁가들은 *Ad Fontes*를 외치며 교회를 개혁하였다. *Ad Fontes*란 '근원으로 돌아가라'를 의미한다. *Fontes*는 *Fons*의 복수로 '근원' 혹은 '샘'을 의미한다. 종교개혁가들은 두 개의 근원으로부터 교회가 변화될 수 있다고 보았다. 한 샘은 성경이며 다른 한 근원은 초대교회 전통이다. 곧 그들은 성경과 초대교회로 돌아갈 것을 주창하였다. 오늘날 우리에게 초대교회의 근원은 잊혀 진 전통이지만 이 샘을 발견하는 사람은 다시 생명의 물을 퍼 올릴 수 있다. 진리에 뿌리를 두고 사랑의 열매를 맺은 초대교회의 전통은 다시 한 번 우리에게 소망의 길을 보여줄 것이다.

참고문헌

김덕수. 『로마와 그리스도교: 그리스도교는 어떻게 로마를 정복했는가?』. 서울: 홍성사, 2017.

김정. 『초대교회 예배사』. 서울: CLC, 2014.

남성현. 『병원의 탄생과 발전 그리고 기독교 영성의 역할: 4세기에서 19세기까지 기독교 사회 복지의 역사에 대한 연구』. 서울: CLC, 2020.

배정훈. "1-3세기 박해: 역사적 사실과 교훈." 「고신신학」 22 (2020): 187-218.

안명준 편. 『교회통찰: 코로나, 언택트, 뉴 노멀 시대 교회로 살아가기』. 서울: 세움북스, 2020.

우병훈. "초대교회 신자들의 삶과 그 교훈." 이신열 편. 『교리학당』. 부산: 고신대학교 출판부, 2016. 190-208.

이도영. 『코로나19 이후 시대와 한국교회의 과제』. 서울: 새물결플러스, 2020.

이상규. 『초기 기독교와 로마사회: 로마 제국 하에서의 기독교』. 서울: SFC, 2016.

_____. 『헬라 로마적 상황에서의 기독교』. 서울: 한들출판사, 2006.

이현철 외. 『코로나시대 청소년 신앙 리포트』. 서울: SFC, 2021.

Anonymous Author(s). *Didache*. 정양모 역주. 『디다케: 열두 사도들의 가르침』. 왜관: 분도출판사, 1993.

Anonymous Author(s). *Epistle to Diognetus*. 서공석 역주. 『디오그네투스에게』. 왜관: 분도출판사, 2010.

Banks, Robert J. *Stepping out in Mission under Caesar's Shadow: A Progress Report*. 신현기 역. 『1세기 그리스도인의 선교 이야기』. 서울: IVP, 2020.

_____. *A Day in the Life of an Early Christian: A Personal Record*. 신현기 역. 『1세기 그리스도인의 하루 이야기』. 서울: IVP, 2018.

_____. *Going to Church in the First Century*. 신현기 역. 『1세기 교회 예배 이야기』. 서울: IVP, 2017.

Bauer, Walter. *Orthodoxy and Heresy in Earliest Christianity*. Trans. Robert A. Kraft and Gerhard Krodel, suppl. Georg Strecker. Philadelphia: Fortress Press, 1979.

Brown, Peter. *The Rise of Western Christendom: Triumph and Diversity A.D. 200-1000*. 이종경 역. 『기독교 세계의 등장』. 서울: 새물결플러스, 2004.

Ehrman, Bart D. *Lost Christianities: The Battle for Scripture and the Faiths We Never Know*. 박철현 역. 『잃어버린 기독교의 비밀: 그동안 알려지지 않았던 성경과 교리를 둘러싼 숨 막히는 전투』. 서울: 이제, 2008.

Fox, Robin Lane. *Pagans and Christians*. New York: Knopf, 1987.

Frank, Karl S. *Lehrbuch der Geschichte der Alten Kirche*. 하성수 역. 『고대교회사 개론』. 서울: 가톨릭출판사, 2008.

Gibbon, Edward. *The History of the Decline and Fall of the Roman Empire*. New York: Random House, 2003.

Gonzalez, Justo L. *The Story of Christianity 1: The Early Church to the Dawn of the Reformation*. 2nd ed. 엄성옥 역. 『초대교회사』. 서울: 은성출판사, 2012.

Grossi, V. "Heresy-Heretic." In *Encyclopedia of Ancient Christianity*. Ed. Angelo Di Berardino. Vol. 2. Downers Grove: IVP, 2014. 216-19.

Harnack, Adolf von. *The Mission and Expansion of Christianity in the First Three Centuries*. Trans. James Moffatt. London: Williams, 1908.

Hippolytus. *Apostolic Tradition*. 이형우 역주.『사도전승』. 왜관: 분도출판사, 1992.

Hurtado, Larry W. *Destroyer of the Gods: Early Christian Distinctiveness in the Roman World*. 이주만 역.『처음으로 기독교인이라 불렸던 사람들』. 서울: 이와우, 2017.

Ignatius. *The Letter to the Romans*. 박미경 역.『이냐시오스: 일곱편지』. 서울: 분도출판사, 2000.

Köstenberger, Andreas J. and Michael J. Kruger. *The Heresy of Orthodoxy: How Contemporary Culture's Fascination with Diversity Has Reshaped Our Understanding of Early Christianity*. Wheaton: Crossway, 2010.

Kreider, Alan. *Resident But Alien: How the Early Church Grew*. 홍현민 역.『초대교회에 길을 묻다』. 서울: 하늘씨앗, 2020.

_____. *The Patient Ferment of the Early Church: The Improbable Rise of Christianity in the Roman Empire*. Grand Rapids: Baker Academic, 2016.

_____. *Worship and Evangelism in Pre-Christendom*. 허현 역.『초기 기독교의 예배와 복음전도』. 논산: 대장간, 2019.

Lynch, Joseph H. *Early Christianity: A Brief History*. Oxford: Oxford University Press, 2010.

McGrath, Alister E. *Heresy: A History of Defending the Truth*. 홍병룡 역.『그들은 어떻게 이단이 되었는가: 교회가 신앙을 지켜온 치열한 역사』. 서울: 포이에마, 2011.

McGuckin, John A. *The Path of Christianity: The First Thousand Years*. Downers Grove: IVP.

MacMullen, Ramsey. *Christianizing the Roman Empire A.D. 100-400*. New Haven: Yale University Press, 1984.

Pagels, Elaine. *The Gnostic Gospels*. 하연희 역.『영지주의: 숨겨진 복음서』. 서울: 루비박스, 2006.

_____. *Beyond Belief: The Secret Gospel of Thomas*. 권영주 역. 『믿음을 넘어서: 도마의 비밀 복음서』. 서울: 루비박스, 2006.

Rhee, Helen. *Loving the Poor, Saving the Rich: Wealth, Poverty, and Early Christian Formation*. Grand Rapids: Baker Academic, 2012.

Stark, Rodney. *The Rise of Christianity: How the Obscure, Marginal Jesus Movement Became the Dominant Religious Force in the Western World in a Few Centuries*. 손현선 역. 『기독교의 발흥: 사회과학자의 시선으로 탐색한 초기 기독교 성장의 요인』. 서울: 좋은씨앗, 2016.

Stevenson(ed.), J. *A New Eusebius: Documents Illustrating the History of the Church to AD 337*. Rev. by W. H. C. Frend. Grand Rapids: Baker Academic, 2013.

Wilken, Robert L. *The First Thousand Years: A Global History of Christianity*. New Haven: Yale University Press, 2012.

Williams, Rowan. *Why Study the Past?: The Quest for the Historical Church*. 양세규 역. 『과거의 의미: 역사적 교회에 관한 신학적 탐구』. 서울: 비아, 2019.

Abstract

The Growth of Early Christianity in the First Three Centuries: Community of Truth and Love

Prof. Dr. Junghoon Bae
(Faculty of Theology)

We have been said frequently that the Korean church faces a crisis, but this is much more serious after Covid-19. This paper deals with the history of the early church, which has been almost overlooked in recent studies, and seeks some ways to solve this crisis. In particular, we will trace the story of the growth of the early church in the first three centuries. The rise of early Christianity church during this period took place within the improbable situations. They were attacked by several heresies on the inside and harshly persecuted by Jews and Romans on the outside. Under, however, theses absolutely unfavorable circumstances, the church did not perish, but rather grew rapidly and eventually became the public religion in the Roman Empire. The ways of this growth are very simple. The church held truth and love, which are the essences of the Gospel and the church. Internally, it stood firm in the Word of God and truth through the Bible and doctrine, and externally, it demonstrated the true Christian life thoroughly. Through worship, education, and disciplines, the early Christians formed 'habitus' which was worthy of God's call. As aliens, they led a life which distinguished from the world. The most notable virtue is the practice of love. The Church embraced those who were deemed unworthy, devoted and sacrificed for them. This indicated the essence of faith that bears the fruit of love on the root of truth. From there the spiritual vitality came.

Key words: Growth of Church in the First Three Centuries, Heresies, Persecution, Truth, Love, Life of Aliens

실천신학

코로나19와 교회의 역할

송영목(고신대학교 신학과 교수)

[초록]

하나님의 섭리를 믿는 크리스천은 전염병이 확산되면 자연스럽게 여러 가지를 물으며, 성경에서 답을 찾으려고 시도한다. 코로나19는 하나님의 심판인가? 전염병이 심판이라면 하나님은 무슨 일을 하시는가? 그리고 교회는 무엇을 회개해야 하는가? 하나님이 재난을 통해 하시는 일에 교회는 어떻게 참여할 수 있는가? 오늘날 교회는 중세 흑사병으로부터 어떤 교훈을 받을 수 있는가? 그리고 코로나19 이후(A.C.) 주님의 다스리심(*Anno Domini*)은 어떤 양상인가? 이 글은 이런 질문들을 염두에 둔다. 이 글의 목적은 먼저 전염병과 같은 재난의 원인과 특징을 성경적으로 조망하고, 재난을 당한 사회를 위해 교회가 어떤 선교적이며 공적 역할을 수행할 수 있는가를 연구하는 데 있다.

주제어: 코로나19, 교회의 역할, 전염병, 공동선, 선교적 교회

들어가면서

인간의 타락 이후로 이 세상은 다양한 재해(hazard), 재난(disaster), 그리고 재앙(catastrophe)으로 몸살을 앓고 있다.[1] 그런데 크리스천은 이런 재난을 다양하게 해석한다. 유신론자는 신의 심판과 회개를 강조하고, 무신론적 철학자는 신의 심판이나 섭리라는 신정론을 반대하며, 사회-자연과학자는 사회와 자연의 원리를 따라 이성적으로 원인을 규명하고, 정치인은 신앙과 학문의 통찰을 선택적으로 활용하거나 오용하여 대중을 선동하기도 한다.[2]

지구가열화(global heating)로 인해 전 세계에 다양한 자연재해가 점증하고 인재(人災)도 그치지 않는다. 그리고 인간의 탐욕이 생태계를 파괴한 결과, 생태계는 인간이 원하는 방식으로 길들여지지 않을 뿐 아니라 인간에게 되갚아준다.[3] 또한 지구촌의 도시화 덕분에 재난은 더 빠르게 확산한다. 이에 맞서 생태신학과 교회가 총체적 선교 차원에서 재난 사역(disaster ministry)을 수행해야 한다는 논의가 활발하다. 2010년 남아공 케이프타운에서 열린 세계 복음주의교회 대회인 제3차 로잔대회에서 사람과 사회와 자연을 포괄하는 총체적 선교를 천명했다.[4] 그렇다면 재난대처 공동체이자 위기관리 공동체인 교

---

1. 켈러(E. Keller)와 데베키오(D. DeVecchio)에 따르면, "재해는 인간 생명과 재산에 피해를 줄 수 있는 잠정적인 자연적 과정이나 사건을 말하고, 재난은 정해진 기간 동안 한정된 지역에서 실제로 인간의 생명과 재산에 준 사건을 의미하고, 재앙은 오랜 시간에 걸쳐 막대한 비용이 들어가야 회복이 가능한 엄청난 재해이다." 이병욱, "재난에 대응하는 PCK의 선교신학과 지역교회의 선교적 실천," 『선교와 신학』 47 (2019), 355에서 재인용.

2. 박경수 외 (ed.), 『재난과 교회: 코로나19 그리고 그 이후를 위한 신학적 성찰』 (서울: 장로회신학대학교출판부, 2020), 21-26.

3. 신형섭 외 (ed.), 『재난과 교회: 코로나19 그리고 그 이후를 위한 목회적·교육적 성찰』 (서울: 장로회신학대학교출판부, 2020), 164.

4. 개혁주의가 지향하는 총체적 선교는 복음과 문화를 통합한다. 이 때 복음은 상황에서 도출되는 게 아니라, 상황 위에 자리 잡아야한다. 그리고 총체적 복음 선교가 급진적인 사회 변혁이라는 수평적 차원

회의 재난 사역은 부차적이라기보다 필수적 선교사역에 속한다.[5] 교회는 신정론(神正論)을 넘어, 더 구체적인 '재난신학'(disaster theology)과 '재난회복신학'(resilience theology)을 성경신학적으로 정립해야 한다. 이런 신학 위에 지속 가능한 안전한 사회를 건설하기 위한 로드맵과 실천 방안을 정립할 수 있다. 현재 한국 사회와 교회는 재난에 대한 감수성 및 재난 대처와 구호를 위한 전문성과 연대성의 부족이라는 문제에 노출되어 있다.[6]

코로나19는 온라인 예배와 성찬의 정당성과 같은 신학적 논쟁을 촉발시켰고, 그 전염병 확산의 일등공신인 이단 신천지의 침투에 취약한 대형교회 대신 성도의 교제가 친밀하고 교회의 본질을 잘 구현할 수 있는 강소(强小)교회의 모델에 대한 고민도 일으켰다.[7] 강소교회는 교회당과 행사 중심의 숫자 성장이 아니라, 공감과 연대의 건강한 영성을 구현하기 적합하기 때문이다.[8] 한국교회가 숫자적 성장이라는 우상에서 벗어나고 교인이명증과 같은 전통만 계승했다면 신천지를 비롯한 많은 이단의 교회 유입을 예방할 수 있었다. 온라인 예배는 그리스도인의 예배를 비제의화(de-ritualized)로 이끌 수 있는데,

---

으로 환원되지 않도록 주의해야 한다. 배춘섭, "성경적 상황화를 위한 'Missio Dei'의 재고(再考)," 『개혁논총』 51 (2020), 260-62.

5. 박경수 외, 『재난과 교회: 코로나19 그리고 그 이후를 위한 신학적 성찰』, 87; 장남혁, "지역사회의 탄력적인 재난 대처를 위한 교회의 선교적 역할," 『선교와 신학』 45 (2018), 414.

6. 이병옥, "재난에 대응하는 PCK의 선교신학과 지역교회의 선교적 실천," 371-72.

7. 박경수 외, 『재난과 교회: 코로나19 그리고 그 이후를 위한 신학적 성찰』, 168. 참고로 양현표는 동네 안에 위치하며 목회자가 교인을 충분히 목양할 수 있는(요 10:3-4, 14) "작은 교회를 본질적으로 양과 질이 균형 잡혀 있으면서 공동체로서 그리고 한 몸으로서 원래의 교회 기능이 발휘되고 있는 교회"라고 정의한다. 양현표, "교회의 원형으로서 '작은 교회'의 회복: 위기의 한국교회를 위한 대안," 『개혁논총』 51 (2020), 121. 안명준 외, 『전염병과 마주한 기독교』 (서울: 도서출판 다함, 2020)도 참고하라.

8. 한국의 대형 개신교회(와 천주교)가 근본주의, 반공주의, 번영영성(prosperity spirituality), 권위주의 리더십, 복음의 자본화, 기복과 체험 위주의 반지성주의, 그리고 수평이동에 기반하고 있으므로, 사회 변혁적 영성의 결여를 보인다는 비판은 경동현, "한국 천주교회 영성의 공공성 회복을 위한 연구" (문학박사 학위논문. 가톨릭대학교, 2018), 89-92를 보라.

공동체의 준비되고 유의미한 잔치와 같은 예전은 반복적으로 활용하지 않으면 약화되고 녹슬기 때문이다.[9] 코로나19의 위력이 정점을 지나자 지역 교회들은 예배당에서 주일 예배를 재개하려고 시도했는데 불신자들의 적지 않은 반대에 직면했다. 교회가 헌금을 통해 재정을 보충하려고 현장 예배를 재개함으로써 이웃의 건강을 위협한다는 판단 때문이었다. 교회는 이것을 어리석은 비판이라고 일축하기보다, 평소에 맘몬주의를 경계하면서 이웃을 구제하고 공동선을 위해 어떻게 교회 재정을 사용했는지 자문해 보아야 했다.[10]

코로나19의 영향은 신학과 교회를 훨씬 넘어선다. 그 바이러스는 인간이 쌓아올린 안전과 번영과 (소비주의) 욕망이라는 우상을 한 순간에 허물어버렸고, 어느 나라를 예외로 두지 않고 모든 인간의 연약함을 드러냈다(참고. 계 18:21-23). 온 세상에 코로나19는 마치 역사를 바꾼 영웅처럼, 두려움을 퍼뜨리고, 빈부격차가 생존 격차로 이어지는 불평등을 노출시키고, 삶의 방식과 교육 그리고 정책 등에 변화를 촉진시키고, 기저질환이나 노약자와 같이 취약한 사람들을 약탈하지만, 헌신과 친절과 사랑의 연대의 아름다움을 일깨웠다.

기하급수적으로 전염병 환자가 폭증하는 상황에 신속하고 적극적으로 대처하지 않으면, 온 사회는 의료시스템이 붕괴되어 아수라장(pandemonium)이 되고 만다. 미국 정치평론가 프리드만(T. L. Friedman)은 역사를 새롭게

---

9. 참고. U. Brito, "Rituals in a Post Pandemic Age: 10 Notes on Food, Feasting and Friendship" (http://kuyperian.com/10-notes-on-food-feasting-and-friendship/2020년 5월 8일 접속).
10. 지역교회는 신자유주의에 편승하여 높은 이윤을 기대하고 위험한 펀드 상품에 투자할 수 없다. 대신 헌금을 이자율이 낮더라도 지역의 공동선을 추구하는 안정적인 금융기관에 예탁하는 것이 바람직하다(참고. 2006년 노벨평화상을 수상한 방글라데시의 그라민은행[Grameen Bank]). 대출에 있어 탐욕과 속임을 경계했던 칼빈은 대출이 이윤에 기초하더라도 상호 유익과 공동선을 촉진할 것을 전제했다. 참고. B-S. Scott, "Where's Your Church's Money?: Banking for the Common Good," *Christian Century* September 21 (2010), 23-27.

구분하여 코로나 이전(B.C.)과 코로나 이후(A.C.)로 나누기도 한다.[11] 프리드만에 의하면, 역사적으로 전쟁이나 기근 그리고 전염병을 많이 겪은 나라는 규제와 처벌이 비교적 강한데(예. 홍콩, 싱가포르, 오스트리아), 법적 규제가 재난 시 생명을 보호하고 살릴 수 있다고 판단하기 때문이다. 또한 프리드만은 정부가 국가의 역량을 총결집하여 합성생물학, 전염병학, 약학, 그리고 의학을 연계시키더라도 백신을 신속히 계발하는 것은 어려운 일이라고 진단한다.

하나님의 섭리를 믿는 크리스천은 전염병이 확산되면 자연스럽게 여러 가지를 물으며, 성경에서 답을 찾으려고 시도한다. 코로나19는 하나님의 심판인가? 전염병이 심판이라면 하나님은 무슨 일을 하시는가? 그리고 교회는 무엇을 회개해야 하는가? 하나님이 재난을 통해 하시는 일에 교회는 어떻게 수종들 수 있는가? 오늘날 교회는 중세 흑사병으로부터 어떤 교훈을 받을 수 있는가? 그리고 코로나19 이후(A.C.) 주님의 다스리심(*Anno Domini*)은 어떤 양상인가? 이 글은 이런 질문들을 염두에 둔다. 이 글의 목적은 먼저 전염병과 같은 재난의 원인과 특징을 성경적으로 조망하고, 재난을 당한 사회를 위해 교회가 어떤 선교적이며 공적 역할을 수행할 수 있는가를 연구하는 것이다.

인간의 환경 파괴로 발생한 Covid-19의 승자는 자연이라고 주장하는 위르겐 몰트만(J. Moltmann)은 "코로나19에 감염된 사람은 하나님께 치유와 위로를 갈구하지만, 구경꾼들은 하나님께서 왜 이런 재난이 닥치도록 하셨는가를 묻는다."라고 일갈했다.[12] 이 글이 욥을 더 번민케 했던 친구들의 훈수처럼

---

11. T. L. Friedman, "Our New Historical Divide: B.C. and A.C.: The World Before Corona and the World After" (https://www.nytimes.com/2020/03/17/opinion/coronavirus-trends.html; 2020년 4월 18일 접속). 프리드만은 경제발전논리에 입각하여, 국가 차원의 사회적 거리두기(social distancing)와 재난 자금의 제공을 극복 방안으로 제시한다. 그는 발전된 학문의 연계에도 불구하고, 기하급수적으로 확산되는 전염병을 따라잡을 만큼 백신을 신속히 계발하기 어렵다고 본다.

12. 예일대 교의학 교수 Miroslav Volf의 페이스북에서 인용(2020년 4월 20일).

되지 않기를 소망한다.

1. 전염병은 하나님의 심판인가?

전염병 바이러스는 인간의 범죄에 대한 하나님의 심판인가? 한국의 일부 기독교인은 중국 우한시가 기독교를 박해했기에 하나님께서 Covid-19를 통해 중국을 심판하신다고 주장했다. 짐바브웨 국방부장관 무친구리(O. Muchiguri)는 서구 세계가 짐바브웨를 제재했기에 하나님께서 코로나19로 그 나라들을 심판하신다고 아전인수격으로 주장했다. 하지만 2020년 3월 28일에 천주교 교황은 이 전염병을 하나님의 심판이 아니라고 공식적으로 밝혔으며, 이슬람 알 자지라 방송의 견해도 동일하다.

구약성경의 오경과 역사서와 선지서는 전염병(pestilence) 혹은 재앙(plague, 78 [עֶגֶף], דֶּבֶר 회], הַפַּגַע)을 하나님께서 징벌적 정의(retributive justice)를 시행하시기 위해서 세계 때리시는 것(smite)으로 언급한다(창 12:17; 출 5:3; 9:15; 11:1; 레 26:25; 민 11:33; 12:10; 25:1-9; 신 28:27, 59-62; 삼상 5:6-12; 삼하 3:28-29; 7:14; 14:37; 24:10-17; 왕하 5:27; 15:4-5; 대상 21:12-14; 대하 21:18-20; 렘 21:7; 24:10; 겔 14:21; 호 6:1; 암 4:11).[13] 이 심판의 대상은 언약 백성과 애굽과 블레셋 같은 이방 불신자 모두를 포함한다.[14] 그런데 어떤 구약

---

13. W. D. Mounce (ed), *Mounce's Complete Expository Dictionary of Old & New Testament Words* (Grand Rapids: Zondervan, 2006), 514; M. Mussman, "Sickness and Disease," in *The Anchor Bible Dictionary*, Volume 6, ed. by D. N. Freedman (New York: Doubleday, 1992), 8-9. 참고로 선지서에서 '재난'과 '야웨의 날' 그리고 '회개'는 밀접하다. 이종록, "재난(災難)의 해석학: 요엘 2장 1-17절 중심으로," 『성경연구』 9/8 (2003), 10, 13.

14. 참고. B. Clay, "COVID-19: A Biblical Plague?" (https://answersingenesis.org/coronavirus/c

성경은 전염병과 같은 질병을 심판이 아니라, 하나님의 주권과 구원을 증명하는 표지라고 밝힌다(왕하 20:1-8; 욥 1:7-8; 시 91:3, 6, 10; 사 53:8). 따라서 코로나19를 구약성경의 재앙이나 전염병과 동일시하지 않도록 주의해야 한다.[15]

신약성경에 '전염병'(λοιμός)은 누가행전에만 2회 등장한다(눅 21:11; 행 24:5). 그리고 '재앙'(πληγή)은 '구타' 혹은 '두드림'(knock, strike) 또는 '재난' 혹은 '불행'(calamity)이라는 뜻을 가지는데, 총 22회 가운데 계시록에 16회나 등장한다.[16] 전염병과 재앙은 종종 하나님의 심판으로써 극심한 고통을 동반한다(눅 21:11; 요 5:14; 고전 11:30; 계 6:8; 9:18, 20; 11:6; 13:3, 12, 14; 15:1, 6, 8; 16:9, 21; 18:4, 8; 21:9; 22:18; 참고. 계 2:22; 시락 38:15; 시빌린신탁 3:306; 유대고대사 19.343).[17] 그렇지 않은 경우도 있다. 예를 들어, 바울은 '전염병'(λοιμός)이라 불렸고(행 24:5), 전도를 위해 재난과 같은 상처(πληγή)를 입었다(행 16:23, 33; 고후 6:5; 11:23; 참고. 눅 10:30). 따라서 구약의 용례처럼 신약성경도 전염병과 같은 질병과 재앙을 하나님의 심판이라고 간단히 동일시할 수 없음을 보여준다.[18] 하지만 코로나19는 성경의 재앙과 유사한 점이 많다. 질병의 원인한 가지 분명한 사실은 하나님께서 지금도 전염병과 재

---

ovid19-biblical-plague/; 2020년 4월 19일 접속); 박경수 외, 『재난과 교회: 코로나19 그리고 그 이후를 위한 신학적 성찰』. 37.

15.. Mounce, *Mounce's Complete Expository Dictionary of Old & New Testament Words*, 515.

16. F. Montanari, *The Brill Dictionary of Ancient Greek* (Leiden: Brill, 2015), 1680.

17. W. Bauer, *BDAG* (Chicago: The University of Chicago Press, 2003), 825; J. P. Louw and E. A. Nida, *Greek-English Lexicon of the New Testament based on Semantic Domains*, Volume 1 (Cape Town: Bible Society of South Africa, 1993), 271; 박경수 외, 『재난과 교회: 코로나19 그리고 그 이후를 위한 신학적 성찰』, 54-55. 참고로 '재앙'(πληγή)의 동사(πλήσσω)는 '때리다'/'치다'라는 뜻이다(to strike, blow, slash, slap). R. Beekes, *Etymological Dictionary of Greek*, Volume 2 (Leiden: Brill, 2009), 1210.

18. C. L. de Wet, "Is Siekte 'n Straf van God?: Teologiese Perspektiewe uit die Bybel en die Apokriewe" (https://www.litnet.co.za/is-siekte-n-straf-van-god-teologiese-perspektiewe-uit -die-bybel-en-die-apokriewe; 2020년 4월 17일 접속)에서 요약.

앙으로 인간의 범죄에 대해 심판하신다는 점이다.

2. 전염병을 초래한 범죄와 회개

코로나19로 인해 관광과 산업 그리고 경제활동이 크게 위축되자, 대기질을 비롯하여 생태계는 개선되었다. 따라서 코로나19는 생태계를 교란시키고 착취한 인간의 탐욕이 초래한 인재(人災)이자, 하나님께서 생태를 보존하시려는 방책으로 볼 수 있다. 인간의 범죄가 이런 재난을 초래했다면, 코로나19는 죄인을 향한 하나님의 심판을 알리는 확성기와 같다고 볼 수 있다.[19]

하지만 이와 다른 의견을 캠브리지대학교 구약 교수 케써린 델(K. Dell)에게서 볼 수 있다. 델의 주장은 다음과 같다. 하나님께서 특정한 장소 애굽과 출애굽이라는 목적을 이루기 위해 자신의 능력을 드러내신 출애굽의 열 재앙과 코로나19를 동일시 할 수 없다. 열 재앙이 고센 땅의 이스라엘 백성에게 닥치지 않은 것과 달리, 코로나19는 전 세계에 퍼져 그리스도인에게도 닥쳤다. 따라서 이런 열 재앙보다는 욥과 친구들이 사회적 거리 두기를 통해 나눈 대화 그리고 욥기 후반부의 하나님의 계시를 통해 코로나19를 더 적절히 설명할 수 있다. 욥의 경우처럼 사람이 원인을 알 수 없는 재앙은 타락한 세상의 한 부분이므로 가치중립적이다. 코로나19는 인간과 자연이 상호작용하면서 발생한 끔찍한 부산물이다. 따라서 코로나19를 하나님께서 의도적으로 보내신 재앙이라 보기는 쉽지 않다. 하지만 그런 재난은 하나님의 백성의 신앙을 강화시

---

19. J. C. Nennox, 『코로나바이러스 세상, 하나님은 어디 계실까?』(*Where is God in a Coronavirus World?*, 홍병룡 역, 서울: 아바서원, 2020), 23, 67-68.

키고, 가족과 건강과 친교의 중요성을 더 깊이 깨닫는 기회가 된다.[20]

델은 하나님께서 자신의 능력을 현시하실 의도로써 애굽에 내리신 '재앙'과 세상의 불가피한 실재로서의 '재난'을 구분한다. 하지만 델도 인정하듯이, 재난을 통하여 하나님의 목적이 성취된다. 그리고 델이 주장하듯이 코로나19가 인간과 자연의 상호작용에서 발생한 부산물이라면, 인간이 자연을 파괴하면서까지 개발을 우상처럼 숭배한 범죄에 대한 하나님의 심판이라고 보는 것은 마땅하다. 그렇다면 코로나19는 살인, 도둑질, 행악과 같이 십계명을 어긴 인간의 범죄에 대한 심판으로 볼 수 있다(롬 1:29; 벧전 4:15). 제1계명을 어긴 죄는 유일하신 하나님께 신실하기보다 우상을 만들어 즐기며 안락과 쾌락을 추구한 것이다(계 18:22). 제2계명을 어긴 죄는 하나님의 형상인 우리 주위의 난민과 같은 약자와 빈자를 외면한 개인주의이다(사 58:7).[21] 제3계명을 어긴 죄는 하나님의 이름으로 세례를 받았지만, 서약에 걸맞지 않은 실천적 우상숭배자(practical idolater)로 산 것이다(벧전 3:21). 제4계명을 어긴 죄는 자본을 우선함으로 7일 24시간동안 일중독에 빠져 안식을 무시하고, 형식적 예배에 빠진 것이다(출 20:10-11; 사 1:12-15). 모임과 약속이 취소되어 달력에 비어 있는 흰색 여백은 묵상과 자성의 시간이 중요함을 교훈한다. 제5계명을 어긴 죄는 전염병에 특히 취약한 노인과 부모를 평소에 존경하지 않은 것이다(엡 6:1). 제

---

20. K. Dell, "No, the Coronavirus is not an Act of God" (https://www.churchtimes.co.uk/articles/2020/24-april/comment/opinion/no-the-coronavirus-is-not-an-act-of-god; 2020년 4월 22일 접속).

21. 동로마제국의 황제 유스티니안(Justinian) 재위 당시인 AD 540년경 쥐와 벼룩을 통해 흑사병이 처음 퍼졌고 그 후 다시 확산되어 인구의 3분의 1이 사망했다. 에베소의 요한(507-586)은 그 재앙을 가장 위험한 역병인 인간의 탐욕에 대한 하나님의 심판으로 설명했다. 따라서 역병의 처방전은 이타적 구제였다. W. Witakowski, *Pseudo-Dionysius of Tel-Mahre: Chronicle. Part III* (Liverpool: Liverpool University Press, 1996). 참고로 코로나19 당시 불신자들은 오프라인 예배를 시도한 교회를 향해 헌금을 모으려고 이웃 주민의 건강을 위협한다고 비판했다. 교회는 이웃을 구제하는데 헌금을 얼마나 사용했는지 반성해야 한다.

6계명을 어긴 죄는 전염병 시대에 낙태는 필수적인 서비스처럼 인식되는데, 하루에도 많이 자행되는 낙태와 같은 살인이다(사 1:15). 제7계명을 어긴 죄는 하나님이 가르치신 성 규범을 무시한 것이다(롬 1:27; 골 3:5). 제8계명을 어긴 죄는 마이너스 성장이 불가피한 전염병 시대에도 주식과 부동산 가격의 상승을 기대하는 탐욕 곧 우상숭배이다(골 3:5). 제9계명을 어긴 죄는 그리스도인의 공적 담론이 사랑과 진실에 입각하지 않고, 세상 초등학문과 같은 이념을 우상으로 삼아 가짜 뉴스에 좌우된 것이다(시 89:14). 제10계명을 어긴 죄는 하나님 나라의 정의와 구제를 무시하고 이웃의 재산을 탐하는 것이다(출 20:17; 롬 14:17; 계 18:12-13).[22]

하나님께서 전염병을 통하여 심판하실 때 우리의 감추어진 죄는 드러나게 되며, 철저한 회개를 해야 소망이 있다. 만약 회개하지 않는다면 '수퍼 코로나-20'과 같은 더 심각한 상황에 직면하게 될 것이다. 하나님의 심판은 그리스도인이 절망에 빠지도록 내버려두지 않는다. 우리가 철저히 회개한다면, 부활과 자비의 하나님은 무너진 잔해더미로부터 새롭게 일을 시작하실 것이다. 이런 심판과 회개를 통한 정화는 주님의 재림까지 반복될 것이다. 신실하신 하나님의 말씀은 영원하고, 그분은 부활의 주님이시다. 심판의 시대에 우리는 마음을 찢고 겸손히 '왜'라고 물어야 한다(레 16:10). 그리고 이유를 깨닫고 새롭게 실천하며 회개해야 한다.

---

22. 십계명을 어긴 죄들은 P. Leithart, "Is This a Judgment?" (https://theopolisinstitute.com/leithart_post/is-this-a-judgment; 2020년 4월 16일 접속)에서 요약. 참고로 D. Shelton and Y. Shelton, *After COVID-19: What's Next?* (Westfrankfort: CABN Books, 2020)도 유사하게 본다. 하지만 Shelton부부는 감람산강화를 통해 코로나19를 재림의 징조로 보는데, 또 다른 전염병이 닥칠 수 있다고 본다(마 24:6-8; 참고. 딤후 3:2-3; 벧후 3:3-4).

3. 전염병 재난 상황에서 하나님께서 하시는 일과 교회의 역할

존 파이퍼(John Piper)는 하나님께서 코로나19를 통해 6가지 일을 하신다고 설명한다. 그의 설명은 시사점이 많기에 아래에 요약하여 소개한다.[23]

(1) 하나님께서 코로나19를 통해 하시는 첫 번째 일은 인간의 도덕적 참상과 하나님을 과소평가한 죄악의 영적인 추함을 가시적이며 신체적인 그림으로 보여주시는 것이다. 이 세상의 비참은 범죄 때문에 항상 있다(창 3:1-19). 타락한 세상에 비참, 탄식, 헛됨, 그리고 썩어짐의 종살이가 끊이지 않는다(롬 5:12; 8:20-22). 끔찍한 말이지만, 인간 역사는 '시체를 옮기는 컨베이어 벨트'와 같다. 하나님은 죽음, 재난, 비참을 허용하신다(암 3:6). 그리스도인도 쓰나미, 지진, 테러, 그리고 코로나19의 희생자가 된다. 그런데 예수님 덕분에 정죄에서 벗어난 그리스도인이 썩어짐과 재난을 당하는 것은 정죄가 아니라 정화를 위함이다(롬 8:1; 살전 5:9). 하나님의 허락 속에 공중 권세를 잡은 이 세상 임금인 사탄은 질병이나 비참 속에 일한다(눅 13:16; 요 12:31; 고후 4:4; 엡 2:2). 하나님은 물리적 세상을 재난과 비참 하에 두신다. 하나님은 자신을 무시한 세상이 당하는 가시적 재난을 인간에게 보여주셔서, 재난의 배후에 있는 끔찍한 죄의 실재를 보도록 하신다. 타락 이후 인간은 하나님을 반역한 끔찍한 죄의 참상을 알 수 없는 영적 소경이 되었다. 그래서 하나님은 육체와 물질 세계를 통해서 교훈하신다. 코로나19와 같은 재난적 질병은 세상에 무엇이 잘못되었는가를 알라고 외치는 하나님의 나팔소리와 같다. 하나님은 인간이 행한 대로 다 갚지 않으시고, 자비로운 목소리로 회개하고 외치신다.

(2) 특정한 사람은 자신의 범죄의 대가로 질병에 걸리는데, 이것은 하나님

23. J. Piper, *Coronavirus and Christ* (Wheaton: Crossway, 2020), 55-99.

께서 코로나19를 통해 하시는 두 번째 일이다(행 12:23; 롬 1:27). 그러나 모든 질병은 범죄의 대가가 아니다. 하지만 하나님의 심판으로 질병이 온 것은 아닌지 겸손히 자신을 살펴야 하다. 고난을 당하는 성도는 범죄를 멈추고 자신을 정화시키는 기회로 삼아야 한다(벧전 4:1, 17-18).[24]

(3) 하나님은 코로나19를 통해 재림을 준비하도록 교회를 깨우신다. 하나님은 재림의 산통과 같은 질병을 보내셔서, 재림이 뜻 밖에 일어나지 않도록 준비시키신다(마 24:44; 눅 21:34). 이런 의미에서 코로나19는 하나님의 자비로운 모닝콜과 같다(살전 5:4-10).[25]

(4) 하나님께서 코로나19를 통해 행하시는 네 번째 일은 회개하고 예수님의 무한한 가치를 따라 살라고 청천벽력과 같이 경고하시는 것이다(눅 13:1-5).[26] 모든 자연재해도 마찬가지 역할을 한다. 참 회개는 하나님을 진정으로 사랑하는 것이다(마 22:37). 회개는 하나님 대신에 우상을 더 사랑한 자살과 같은 선호(suicidal preference)의 죄를 포기하는 것이다. 코로나19는 아무 것도

---

24. 야웨의 고난당하는 종(사 53:4-5)을 통해, 코로나19에 감염된 사람이 자신의 죄 때문에 고통을 겪는다고 생각하는 것은 잘못이라는 주장은 박경수 외, 『재난과 교회: 코로나19 그리고 그 이후를 위한 신학적 성찰』, 40을 보라.

25. AD 70년 예루살렘 성전 파괴의 징조 중 하나는 전염병이었다(눅 21:11; 계 6:8). 그러므로 전염병은 재림의 징조가 아니다. 김재성, "코로나19와 누룩: 마태복음 13장 33절," 『신학사상』 188 (2020), 7; contra 박경수 외, 『재난과 교회: 코로나19 그리고 그 이후를 위한 신학적 성찰』, 61, 64. 참고로 'Chosen People Ministry'와 같은 세대주의자 단체는 코로나19로 이스라엘의 관광산업이 타격을 입기에 예루살렘의 평화를 위해 기도하자고 권했으며(시 122:6), 전염병과 종말론을 중동 정세에 비추어 논의했다. Covid-19가 초래한 판데믹과 혼란(예. 사재기)은 감람산강화와 계시록(특히 계 13:17)이 예언한 재림의 징조라는 주장은 M. Glaser, "The Impact of COVID-19 on Jewish Evangelism!" (https://www.chosenpeople.com/site/; 2020년 4월 21일 접속). D. Shelton, "Covid-19 & End Time Events: 3ABN Today Live" (https://www.youtube.com/watch?v=rWXMwY-QVgI. 2020년 4월 22일 접속)를 보라.

26. 언약신학에서 볼 때, 하나님께서 언약 백성에게 진노하시는 이유는 거절당하고 상처 입은 사랑rejected and wounded love) 때문이다. H-C, Hahn, "Anger, Wrath," in New International Dictionary of New Testament Theology, Volume 1. ed. by C. Brown (Grand Rapids: Zondervan, 1986), 109.

만족과 안전을 제공할 수 없음을 상기시키고, 예수님만 의지하도록 인도한다. 바울에게 사탄의 사자는 겸손히 하나님의 은혜에 만족하도록 만들었으며, 하나님의 능력이 약할 때 강함을 증거했다(고후 12:7-9). 코로나19로 뼈아픈 상실을 경험하지만, 예수님의 무한한 가치 곧 사랑과 구원의 은혜를 따라 사는 유익을 깨닫게 한다(시 63:3).

(5) 하나님께서 코로나19를 통해 하시는 다섯째 일은 자기연민이나 두려움을 이기고, 하나님의 영광을 위해 용감하게 사랑의 선행에 힘쓰라고 교훈하시는 것이다(고전 10:31; 갈 2:10; 빌 1:20). 성도의 착한 행실을 통해 불신자들이 하나님께 영광을 돌리게 해야 한다(마 5:16). 성도의 선행은 위험한 어둠 속에 더 빛난다(벧전 2:12, 24; 4:19). 예수님은 우리가 의와 선을 위해 살도록 구원하셨다(갈 6:10; 살전 5:15; 딛 2:14). 그리스도인은 안전보다는 사랑을, 만족보다는 남의 필요를 살피고 추구해야 한다(마 6:19-21; 행 4:34; 고후 8:13-14).[27]

---

27. 전염병 시대에 신체적 거리두기(physical distancing)는 특별히 세균혐오자(germaphobia)에게 필수 조치이다(참고로 사회적 동물인 사람은 사회적 거리 두기[social distancing]를 할 수 없음). 판데믹 상황에 고립된 가상적 공간은 불편한 일상으로 자리 잡는데, 장애인의 경우는 더 하다. 투옥된 바울은 불편을 감수하고 에바브로디도와 자발적으로 거리두기를 실천하여, 그를 빌립보교회의 유익을 위해 돌려보냈다(빌 2:25). 그런데 2003년 사스(SARS) 재난 때, 토론토에 고립된 사람들 중 30%가 우울증과 외상 후 스트레스 장애를 앓았기에, 사회적 거리두기는 고독이라는 또 다른 전염병을 낳기 쉽다. 이 점을 염두에 두고 플로리다의 유리 브리토(Uri Brito)목사는 "깊은 성찰 없이 사회적 거리두기라는 마차에 성급히 올라타서 돌아올 수 없는 사회적 묘지(social cemetery/pandemonium)로 향하지 않는가?"라고 무겁게 묻는다. 브리토는 기독교 복음을 예수 그리스도의 성육신을 통해 구체화되기에 일종의 '사회적 가까이하기'(social/physical nearing)라 규정한다. 환언하면, 예수님은 몸을 통해 우리를 사랑하셨다. 가현설주의자에 맞서 사도 요한은 성육하신 예수님을 눈으로 보고, 손으로 만졌다고 밝힌다(요일 1:1). 예수님은 잃어버린 양들인 죄인들과 병자를 찾아 가셨듯이, 우리가 죄인이었을 때 먼저 다가오셨다. 또한 부활하신 예수님은 갈릴리로 제자들을 친히 찾아오셨다. 따라서 브리토는 성육신과 부활을 사회적 거리두기에 대한 하나님의 응답이라고 간주한다. 사도 요한은 종이와 먹으로 쓰는 대신, 성도를 대면하기 원했다(요이 12; 요삼 13). 그리스도인의 사회적 가까이 하기는 체감할 수 있는 구제와 거룩한 사랑의 입맞춤으로 잘 나타난다(살전 5:26; 벧전 5:14). 판데믹 시대에 사회적 거리두기는 필수이지만, 교회는 더 강력한 사회적 연대(social bond)를 통해 위기를 극복해야 할 숙제를 안고 있다. 코로나19와 같은 재난이 종료되면, 고립과 고독 가운데 있던 교인들에게 가까이 다가간

(6) 하나님께서 코로나19를 통해 온 세상에 복음을 전파하도록 교회를 인도하신다. 일시적으로 사회가 폐쇄되고, 예배로 모일 수 없고, 이동이 제한되고 있다. 하지만 장기적으로 볼 때, 재난은 교회가 새로워지고 선교를 위해 헌신하는 계기가 된다. 박해와 재난은 하나님의 선교 전략 중 하나이기 때문이다(행 7:60; 계 5:9). 사회에 두려움의 전염병이 퍼지면, 인생의 의미와 죽음 그리고 사후에 관한 근본적인 질문을 진지하게 던지기 마련이다. 따라서 구원과 복음에 대한 영적 갈망이 커지게 된다.

제4차 산업혁명의 초연결 시대 그리고 글로컬 시대에 나 홀로 혹은 한 나라만 따로 존재할 수 없다. 그러므로 우분투(ubuntu) 정신이 더 요청된다. 타인이나 다른 나라가 위기에 처하면, 나 자신과 내가 속한 나라도 안전하지 않다. 내 가족과 조국을 사랑하는 애국주의를 넘어, 이웃과 전 세계를 사랑하고 배려하여 공동선(common good)을 추구하는 새로운 형태의 애국주의가 요청된다. 공동선은 사회-경제적 웰빙을 포함하여, 도덕적-영적으로 존엄한 인간의 존재를 개선하는 것인데, 상호존중과 개방적인 '이웃됨의 에토스'(ethos of neighborliness)를 요청한다.[28] 더 깊고 지속적으로 방역하며 면역력을 키우는 방식은 사랑의 연대와 공동체성의 회복이다. 전염병 시대에 크리스천은 믿음을 견고히 하면서, 환대와 사랑을 실천해야 한다. 흑사병과 콜레라가 확

목회자와 그리스도인의 섬김은 더 빛나기 마련이다. 1854-1855년에 런던에 연달아 발생한 콜레라 재난 때에 교인들을 성심껏 돌본 스펄전목사와 그 교회의 성숙한 교인들처럼 말이다. 참고. U. Brito, "A Response to Social Distancing" (http://kuyperian.com; 2020년 4월 18일 접속); N. Gupta. "Why Social Distancing is the Loving Thing to do Now" (https://outreachmagazine.com/features/ discipleship/53676- why-social-distancing-is-the-loving-thing-to-do-now.html; 2020년 3월 29일 접속); 실내외 신체 활동의 중요성은 고광욱. "코로나19 사회적 거리두기 신체활동수칙," 『보건교육건강증진학회지』 37/1 (2020), 109-112도 참고하라.

28. J. M. Vorster, "A Reformed Perspective on the Concept of the 'Common Good' and Its Relevance for Social Action in South Africa Today," In die Skriflig 50/2 (2016), 3-8.

산되었을 때, 세상은 피하고 숨으라고 외쳤지만 신실한 크리스천은 가능하면 머물러 도왔다.

교회는 지역교회나 기독교 NGO등과 네트워크를 형성하여, 교회 건물을 임시수용시설로 제공하고, 식량과 의약품을 공급하며, 정서적으로 돌보는 재난 구호사역을 신속히 수행할 시스템을 구축해야 한다(참고. 행 11:28-30).[29] 이런 실천은 사도신경의 "성도가 서로 교통하는 것을 믿는다."는 고백을 구체화하는 것이며, 총체적 기독교 신앙을 사회적 관심과 연결하는 작업이다.[30] 환언하면, 교회의 선교사역은 영혼, 육체, 정서, 문화, 경제, 정치를 아우르는 하나님의 통전적 복음과 구원 사역의 패턴을 존중해야 한다(출 15; 마 22:37-40; 25:14-30; 눅 4:18-19; 고후 5:17-19).[31]

전염병과 같은 재난을 당하는 그리스도인은 베드로전서의 가르침을 따라 무엇보다 서로 뜨겁게 사랑함으로써, 겸손히 연합하며 환대를 베풀어야 한다(벧전 1:22; 3:8; 4:8-9). 세상의 모든 그리스도인이 고난을 당하지만, 그 고난은 영원하지 않다는 사실은 위로가 된다(벧전 4:7; 5:9). 재난 시대에 교회가 힘써야 할 일은 기도, 사랑의 실천, 그리고 봉사이다(벧전 4:7-11). 기도, 사랑의 실천, 그리고 봉사의 공통점은 이타적 삶이며 하나님께 영광을 드린다는데 있다(벧전 4:11). 하나님은 자기 자녀를 돌보시며 그들이 염려의 짐에서 안식하기 원하시므로, 그리스도인은 기도하여 재난이 초래한 염려를 하나님

29. 장남혁, "지역사회의 탄력적인 재난 대처를 위한 교회의 선교적 역할," 424-26. 참고로 한국교회가 환경오염, 빈부 양극화, 그리고 통일시대를 앞두고 사회를 섬길 수 있는 방안은 임희모, "지역사회를 섬기는 생명봉사적 통전선교,"『선교신학』 31 (2012), 223-25를 보라.

30. J. Jung, "Renewing the Church for Mission: A Holistic Understanding of Renewal for Korean Protestant Churches," *Missiology* 37/2 (2009), 252.

31. N-O, James, "The Mission of the Church and Holistic Redemption." *Evangelical Review of Theology* 42/3 (2018), 196-203.

에게 맡겨야 한다(벧전 2:25; 5:7). 그리스도인은 재난을 관리하는 국가 권력에 협조해야 하며, 국가와 사회로부터 부당한 오해나 박해를 받아 희생양이 되지 않도록 지혜를 발휘하여 스스로 웰빙을 지켜야 한다(벧전 2:13-17). 고난은 특별히 예수님을 신실하게 따르려는 그리스도인에게는 삶의 한 부분일 수밖에 없는데, 그 때 성육하신 선한 목자의 체휼과 보호를 신뢰해야 한다(벧전 2:21-24).[32]

시라큐스대학교의 버터필드(R. Butterfield)는 재난의 시대에 크리스천이 사랑과 환대를 실천하는 것의 4가지 의미와 적용을 아래와 같이 설명한다.[33]

(1) 도움을 필요로 하는 사람에게 크리스천이 즉각적이고 손에 잡힐만한 환대를 제공하는 것은 그들의 형제와 선한 사마리아인이 되는 것이다(막 12:30). 남의 필요를 살피고 그들을 위로하는 일에 집중해야 한다.[34]

(2) 환대의 실천은 바이러스를 확산할 가능성이 있는 사람을 두려워하는

---

32. D. R. Edwards, "1 Peter and Good Shepherd Sunday" (https://worship.calvin.edu/resourc es/ resource-library/dennis-redwards-on-1-peter-and-good-shepherd-sunday; 2020년 4월 17일 접속)에서 요약.

33. R. Butterfield, "Practice Hospitality. Especially during a Pandemic" (https://www.thegospelcoalition. org/article/practice-hospitality-especially-pandemic/; 2020년 3월 28일 접속)에서 요약.

34. 재난 시대에 그리스도인이 예수님의 손이 되어 이웃에게 환대를 실천하는 방법은 많다. 성도의 기도가 당연히 중요하지만, 그것은 아무런 행동을 취하지 않는 피동성에 대한 변명이 될 수 없다. 학교가 폐쇄된 상황에서 맞벌이 이웃집의 아이들을 대신 돌보기, 이웃 노인들의 심부름하기, 마스크와 위생용품을 제공하며 전도하기, 대형교회의 기도원이나 교육관 그리고 기독교대학의 기숙사를 보건의료인이나 환자를 위한 숙소로 제공하기, 소상공인을 돕기 위해 착한 소비하기, 기독교 교직원은 학생을 위해 생활 구제비를 기부하여 제공하기, 전염병에 대한 정확한 정보를 필요한 사람에게 제공하기, 교회당 근처 방역하기, 교회 의료선교팀의 지역 의료봉사, 크리스천 건물주가 임대료를 할인한 것 등이다. 정부의 지침을 무시하고 오프라인에서 예배를 드릴 권한만 추구하다가 목숨을 잃는 것과 남을 돕다가 죽는 것 중 무엇이 더 명예로운지 생각해 보아야 한다. 중대형교회가 미자립교회의 임대료를 대납한 것은 교회 차원의 환대이다. 남아공 국민의 20%는 일상적으로 충분한 식량을 공급받지 못한다. 그런데 남아공의 한 기독교 인터넷 매체는 미켈란젤로의 날렵한 David상을 비둔한 Covid상으로 바꿔 패러디했다. 굶주리는 이웃을 외면하고, 고칼로리 식사와 Netflix에 투자하다 운동부족으로 살이 찌는 것은 자신의 참 재물을 하늘에 두지 않은 증거이다.

대신, 하나님을 두려워하는 삶이자 코람데오의 삶으로 가능하다. 재난의 시대에 사회적 거리 두기, 치료, 백신 계발은 중요하고 가치 있다. 하지만 그리스도인은 무엇보다 재앙을 치료하시고 죄와 죽음의 바이러스를 이기신 하나님의 은혜를 더 사모해야 한다. 그리스도인은 주권자이신 하나님을 바라봄으로써, 젖을 먹는 신앙(milk faith)에서 고기를 뜯어 먹는 신앙(meat faith)으로 자라야 한다.

(3) 환대의 실천은 자신을 CNN이 아니라 하나님의 은혜의 방편들에 흠뻑 적실 때 가능하다. 크리스천이 눈물 골짜기를 지날 때, 주님으로부터 힘을 얻고 더 얻어(力上加力) 시온에서 주님을 뵈어야 한다(시 84:7). 환난의 때에 하나님의 은혜를 받는 수단은 말씀 묵상, (금식, 회개) 기도, 시편과 찬송 부르고 듣기, 전도 등이다. 과도한 뉴스 시청과 가짜 정보는 우리의 영혼과 정신을 악화시킬 것이다.

(4) 환대의 실천은 행정 당국의 노력에 협조하며 제6계명을 지키는 것이다. "살인하지 말라"는 크리스천이 해야 할 임무와 하지 말아야 할 의무, 둘 다 담고 있다. 크리스천은 제6계명을 지킬 때 하나님의 영광과 남의 유익(공동선)을 먼저 추구해야 한다. 웨스트민스터 대교리문답은 제6계명을 설명하면서, 우리 자신과 나의 목숨을 보호하는 여러 방식을 소개한다. 행정 당국의 지침을 따라 모임을 자제하고 일정 거리를 두는 것은 우리 자신의 몸을 지키고 남을 돕는 노력이므로 제6계명을 준수하는 것이다.[35]

---

35. 참고. Nennox, 『코로나바이러스 세상, 하나님은 어디 계실까?』, 70. 참고로 재난 시대에 사회적 거리 두기와 약자 보호는 이웃 사랑을 구체적으로 실천하는 기독교 방식이다. 길 잃어 위기에 빠진 한 마리 잃어버린 양을 찾으려면 다수 99마리 양은 손해를 감수할 수 있어야 한다(눅 15:4). 낙태와 안락사를 반대한 보수 기독교인이 사회적 거리 두기를 실천하지 않는다면, 아기와 산모 그리고 노인이라는 취약한 사람들을 돌보는데 소홀하게 만드는 자기모순에 빠진다. 개인의 종교 자유가 공적 건강을 위협하도록 방치하면 곤란하다. 크리스천은 자신이 믿는 바를 조용히 실천해야지, 신앙이라는 이름으로 허

박해와 재난의 때에 크리스천의 환대 실천이 더욱 빛났음은 지난 역사가 증명한다. 재난 시대에 그리스도인은 예수님을 닮고, 믿음과 용기와 지혜로써 섬김과 봉사를 실천하도록 주님의 은혜를 구해야 한다(요일 5:4). 코로나19는 세상을 이길 수 없다. 그리스도인은 전염병 바이러스보다 하나님의 사랑과 복음이 더 빠르게 전파되도록 기도하며 실천해야 하며, 고통당하는 세상에 동참하시는 주님과 이웃의 눈물을 기억해야 한다.[36]

4. 중세 흑사병에서 얻는 교회의 공적 책임에 대한 교훈

오늘날 교회의 공적 역할은 교회사로부터 교훈을 얻을 수 있다. 코로나19는 주님의 재림의 징조가 아니며 중세의 흑사병과 비교할 때 특별한 재난도 아니다. 전염병 덕분에 일부 기독교인이 재림의 징조라 여기는 베리칩은 기억에서 사라지고 있다.

코로나19처럼, 14세기 흑사병(黑死病)도 중국 북서지방의 초원에 살던 쥐가 박테리아의 숙주였다. 1331년 그곳의 풍토병(endemic)이 온 세계에 퍼진 것(pandemic)은 감염된 쥐 안에 살던 벼룩에 물린 사람들 때문이다. 실크로드를 통해 흑사병은 동쪽으로 퍼져 몽골제국이 큰 피해를 입었고, 1400년에 중국 인구의 절반가량인 5천 500만 명이나 급감했다. 흑사병은 4000km에 달하는 실크로드의 모든 지역과 유럽으로 확산했다. 무슬림들이 메카로 순례

세를 부린다면 하나님을 시험하는 격이 될 것이다. 참고. C. R. Moss. "When Faith threatens Public Health" (https://edition.cnn.com/2020/03/24/opinions/coronavirus-religious-freedom-faith-liberty-moss/index.html; 2020년 3월 26일 접속).

36. 박경수 외, 『재난과 교회: 코로나19 그리고 그 이후를 위한 신학적 성찰』, 109-114.

갔다가 고국으로 돌아왔기에 흑사병은 더 확산되었다. 유럽에는 폐렴 증세의 흑사병이 퍼졌는데, 기침 등으로 사람에 의한 감염이 많았다. 감염된 사람은 대체로 3일 안에 사망했다.[37]

14세기에 유럽인의 약 40%인 4천만 명이 흑사병으로 희생됐다. 김병용은 흑사병이 초래한 사회 변화를 몇 가지 제시한다.[38] (1) 가짜 뉴스와 희생양: 하나님의 심판으로 흑사병이 시작됐다는 신념은 예수님을 죽였던 유대인들을 후손들을 희생양으로 삼았다. 더욱이 유대인들이 우물에 독을 풀어 크리스천을 죽인다는 가짜 뉴스와 유대인들에게 빚을 진 사람들이 채무에서 벗어나려는 욕심은 유대인 학살 추방과 학살로 이어졌다. 크리스천은 소수 종교인이었던 유대인은 물론, 무슬림을 희생양으로 삼았다. 스페인에서는 무슬림을 추방했다. 거꾸로 중동에서는 반기독교 정서가 퍼졌다. 기독교와 이슬람의 갈등은 십자군 전쟁 때보다 더 악화되었다. (2) 교회 신뢰도의 하락과 소위 '평신도' 중심 활동 강화: 치명적인 흑사병 때문에 사제가 환자를 심방하지 않고 장례 미사도 취소되자, 천주교와 사제에 대한 신뢰는 하락되었다. 그 당시 독일 아우크스부르크에서 환자를 돌보는 사람은 찾아볼 수 없었다. 평신도는 기도공동체를 조직하여 연대하며, 스스로 돌보고 장례를 치르기도 했지만, 빨리 멀리 피신하여 늦게(cito, longe, tarde) 돌아오는 것이 최고의 대책이었다. 그리고 재난은 천벌이 아니라, 인간이 피할 수 있는 것으로 점차 인식되었다. (3) 독일의 '채찍고행자들'처럼, 기존의 제도와 지배계급을 부정하며 회개와 재

---

37. 이 단락은 D. M. Fairbairn, "The Black Death" (https://www.gordonconwell.edu/blog/the-black-death/; 2020년 3월 24일 접속)에서 요약. G. Scriba, "The 16th Century Plague and the Present AIDS Pandemic: A Comparison of Martin Luther's Reaction to the Plague and the HIV/AIDS Pandemic in Southern Africa Today," *Journal of Theology for Southern Africa* 126 (2006), 66도 참고하라.

38. 김병용, "중세 말엽 유럽의 흑사병과 사회적 변화," 『대구사학』 88 (2007), 164-77.

림을 준비하는 천년왕국운동이 일어났다. (4) 노동력 부족으로 임금과 물가가 상승했고, 인구 증가 정책과 세금 감면 등으로 도시 인구가 증가했다.

하지만 흑사병에도 불구하고, 일부 크리스천들은 환자를 돌보고, 장례를 대신 치렀고, 자기 목숨을 잃기도 했다. 그리스도인은 치사율이 매우 높은 흑사병에도 불구하고, 자가 격리나 사회적 거리두기 대신에 공적 봉사를 책임 있게 수행했다.[39] 중세 흑사병 훨씬 이전에, 위험을 무릅쓰고 자신을 '던지는 자'라는 별명을 얻은 그리스도인들의 사랑 실천은 티그리스강에서 라인강까지 휩쓴 '안토니누스 역병'(AD 165-180)과 '키프리안 역병'(AD 249-262) 때도 빛났다.[40] 고대 지중해 세계는 질병의 세계(world of disease)와 같았는데, 그런 상황은 복음을 전하는 기회가 되었다.

1519년 취리히 시민의 25%를 희생시킨 흑사병이 확산될 무렵, 그 병에서 회복된 츠빙글리는 로마서 9:19-29의 '토기장이와 토기' 주제에 근거한 역병가(Pestlied)를 만들었다(참고. 시 69). 총 3절로 구성된 역병가의 3주제는 공포, 고통, 그리고 유일한 위로이신 하나님에 대한 신뢰인데, '오직 믿음', '오직 은혜', '오직 예수님'이라는 종교개혁의 모토를 떠올린다.[41] 흑사병은 막대한 피해를 초래했지만, 인간의 자유의지가 아니라 하나님의 절대 주권과 섭리에 대한 믿음을 공고히 했다.

비텐베르크의 개혁가 루터는 결혼한 지 약 2년이 지난 1527년 7월에 흑사

---

39. 하나님은 재앙적 재난(catastrophic disaster)으로 인해 고통당하는 사람들에게 사랑과 연민적 정의(passionate justice)를 베푸시기에, 그리스도인에게도 공감하며 애통하는 능력이 중요하다는 주장은 Iliff신학교의 L. K. Graham, "Pastoral Theology and Catastrophic Disaster," *Journal of Pastoral Theology 16*/2 (2006), 6, 12-15를 보라.

40. 박경수 외, 『재난과 교회: 코로나19 그리고 그 이후를 위한 신학적 성찰』, 88, 207; Nennox, 『코로나 바이러스 세상, 하나님은 어디 계실까?』, 73.

41. 조용석, "츠빙글리의 역병가(Pestlied) 연구," 『장신논단』 46/2 (2014), 122-32; Scriba, "The 16th Century Plague and the Present AIDS Pandemic," 78.

병에 걸려 우울증도 겪었다. 루터는 1527년 11월에 '치명적인 전염병으로부터 피신해야하는가'에 대한 글을 썼다. 흑사병을 하나님의 작정 안에 있다고 본 루터는 가족과 같은 공동체의 연대를 통한 대응을 주장했으며, 시편 41:1-3과 91:11-13을 통해 하나님의 사랑과 돌보시는 은혜를 기대하라고 강조했다. 그리스도인은 확장된 가족 정신으로 고아를 돌보아야 했다. 루터는 머물러 돕는 명예로운 자세를 강조했는데, 이웃에 대한 책임감은 의무가 아니라 하나님의 사랑을 받아 이웃을 사랑하는 자세에서 나와야 한다고 강조했다(마 22:37-40). 목사는 양을 위해 목숨을 버릴 수 있어야 했으며(요 10:11), 머물러 돕는 강한 사람들은 역병을 피해 떠나는 약한 사람들을 비난하지 말아야 했다.[42]

제네바에 1542년과 1568-1571년에 흑사병이 덮쳤을 때, 칼빈과 베자는 하나님의 주권 하에 전염병이 퍼졌지만, 제네바 시민들은 치유의 수단을 활용하고 범죄를 회개하고 사랑의 실천에 힘쓸 것을 권면했다.[43]

유럽에서 흑사병으로 인해 14세기 중순부터 17세기 중순까지 무려 2천만이 사망했다. 1636년 독일의 작은 도시 엘렌부르크(Ellenburg)의 목사 중 유일하게 생존한 마틴 린카르트(Martin Rinkart)는 자기 아내를 포함하여 4,000명의 장례를 치렀다. 그 당시 린카르트목사는 위대한 독일어 찬송가 'Nun Danket'(지금 감사하세)를 작시했다(21세기 찬송가 66장). 이처럼 부활의 신앙으로 무장한 그리스도인은 "지금 우리 모두 하나님께 감사하세. 마음과 손

---

42. 이 단락은 Scriba, "The 16th Century Plague and the Present AIDS Pandemic," 71-73에서 요약. 박경수 외, 『재난과 교회: 코로나19 그리고 그 이후를 위한 신학적 성찰』, 73-76도 참고하라. 참고로 칼빈은 개신교로 개종하기 1년 전인 1532년에 스토아철학에 근거하여 네로를 교육했던 세네카가 쓴 관용론을 주석했다. 세네카는 긍휼이라는 감정을 영혼의 질병으로 여겼지만, 칼빈은 그것을 참된 자선을 위한 기초로 보았다. 칼빈은 가장 위대하고 영웅적인 덕인 연민과 동정을 갖춘 사람을 선하다고 보았다. 참고. W. A. Dreyer, "John Calvin as 'Public Theologian' in View of His 'Commentary on Seneca's de Clementia'," *HTS Teologiese Studies* 74/4 (2018), 4-6.
43. 박경수 외, 『재난과 교회: 코로나19 그리고 그 이후를 위한 신학적 성찰』, 77-81.

과 목소리를 다해. 하나님은 놀라운 일을 행하신다. 하나님 안에서 온 세상이 기뻐한다."라고 찬송하며 종사할 수 있었다. 그것은 세상이 감당치 못하는 헌신이자, 위험을 무릅쓴 사랑의 봉사였다. 역설적이게도 재난은 교회의 갱신과 부흥의 기회이다. 1889년의 기근과 그 무렵의 전염병 확산 때, 조선의 교회들과 선교사들의 헌신의 열매가 이를 증명한다.[44]

5. A.C. in A.D.

이 글 서론에서 언급한 프리드만의 주장처럼, 코로나19는 B.C.와 A.C.로 나눌 정도로 위력적인가? 2020년은 A.C.의 원년인가? 그러나 A.C.는 우리 주 예수님께서 다스리시는 해(*anno Domini nostri Jesu Christi*)의 일부이다. A.D.는 A.C.에게 자신의 왕좌를 내주지 않는다.

한국교회는 강함 대신 약함을, 집단이기주의 대신 착함과 주변성을, 꽃길 대신 가시밭길을, 수직적인 영적 공동선과 더불어 수평적인 사회적 공동선을 추구해야 한다.[45] 교회의 직분자들은 교인들 가운에 그리고 이웃 중에 재난과 질병으로 고통 당하는 이들을 돌보기 위해 자신의 직무를 수행해야 한다. 또한 크리스천 가정은 코로나19 덕분에 가족의 중요성을 다시 깨닫게 되고, 부

---

44. 신형섭 외, 『재난과 교회: 코로나19 그리고 그 이후를 위한 목회적·교육적 성찰』, 25; 박경수 외, 『재난과 교회: 코로나19 그리고 그 이후를 위한 신학적 성찰』, 91-92. 참고로 코로나19로 막대한 피해를 입은 이탈리아에서 천주교 신부 50명 이상이 교구 사람들을 돌보다 목숨을 잃었다(2020년 4월 28일 기준). 반면, 미국 바이블 벨트의 오순절 혹인 교회의 지도자 30명 이상은 정부의 방역 수칙을 무시하고 예배를 인도하다 사망했다. 이것은 반 지성주의 및 반 상식적 처사이다.
45. 신형섭 외, 『재난과 교회: 코로나19 그리고 그 이후를 위한 목회적·교육적 성찰』, 34-35.

모의 권위, 홈스쿨링, 가정교육과 경건회의 중요성을 더 깨달을 수 있다.[46]

회개하지 않는 자들에게 역병은 11번째 재앙이자 치명타이지만(출 12:30; 계 9:20-21; 16:11). 회개하는 이들에게는 '거룩한 치료제'와 같다. 미로슬라브 볼프(M. Volf)의 주장대로, 하나님께서 재난을 통해 이루시려는 의도가 사람의 마음에 새겨질 때까지 그 재난은 계속될 것이다. 하지만 볼프의 말대로, 하나님은 예수님께서 목요일 밤에 겟세마네 동산에서 경험하신 '작은 부활'(little resurrection)의 은혜를 우리를 위해 준비해 주셨다(막 15:33-36). 그 작은 부활은 심히 고민하고 괴로워하는 중에도 두려움을 정복하도록 만드는 하나님께서 다스리시는 넉넉한 은혜이다.[47]

나오면서

코로나19 재난은 전 세계로 확산되었기에, 죽음의 위세를 드러내고 있다. 하지만 이 세상에 크리스천이 많기에, 이 전염병의 최종 목적은 파멸이 될 수 없다. 따라서 그리스도인은 재난에 직면하면서 하나님의 주권적 다스리심과 돌보시는 은혜를 믿고 극복해야 한다. 그리고 그리스도인은 자기 의(義)에 충만하여 질병과 실직 등으로 고난당하는 형제자매를 판단하지 않도록 주의해야 한다. 그리스도인은 자신을 돌아보면서 회개하고, 하나님께서 재난을 통하여 합력하여 선을 이루시고 성화시키는 은혜를 베푸시도록 간구해야 한다(롬

---

46. 신형섭 외, 『재난과 교회: 코로나19 그리고 그 이후를 위한 목회적·교육적 성찰』, 223-24.

47. Volf의 페이스북에서 인용. 참고로 1970년대 군사정권 시절, 한국 일부 교회가 도시 노동자 선교를 어렵게 수행할 때, 파키스탄교회는 1달러를 후원하며 연대를 표시한 바 있다. 사족을 달면, 민중 및 해방 신학의 이론적 근거와 방법론은 주의해야 한다.

8:28). 그리스도인은 두려워하는 이웃을 위로하면서, 그들에게 하나님의 선하심과 거룩하심과 살아계심을 선행으로 알려야 한다. 주일 오전예배나 특별한 절기 때만 교회당을 찾는 초신자나 종교인들이 오프라인 예배가 자유롭지 못한 시기에 공동체에서 더 멀어지지 않도록 관심을 보여야 한다. 또한 북한의 지하교회를 비롯하여 박해로 인해 주일에 회집하지 못하는 지구촌 형제자매를 기억하며 기도하고 연대해야 한다.[48]

교회는 재난을 총체적 선교를 수행할 기회로 만들어야 한다. 또한 재난은 한국교회가 사회로부터 신뢰를 받지 못하는 상황을 역전시킬 수 있는 기회이다. 그런데 코로나19 재난 시절에, 많은 불신자들은 한국교회를 신천지와 유사하게 이기적 집단으로 취급했다. 왜냐하면 불신자의 눈에 일부 교회는 정부의 사회적 거리 두기에 적극 협조를 하지 않고, 공공선을 위해 불편과 손해를 감수하는데 인색하게 비쳤기 때문이다. 세상과 함께 해야 하는 한국 교회는 침례교 사역자 찰스 킴볼(C. Kimball)의 다음 주장을 뼈아프게 경청해야 한다. "종교를 믿는 사람이 하나님을 사랑하는 마음이나 신자로서 반드시 지켜야 하는 의무에 대해 뭐라고 말하든, 그것이 이웃에게 고통을 준다면 그 종교는 이미 타락해 개혁이 절실히 필요하다고 확신해도 된다."[49] 또한 교회는 코로나19에 특히 취약한 외국인 노동자와 이웃의 약자들을 정성껏 섬겼는지 돌봐야 한다. 왜냐하면 교회는 '반갑게 맞아 정성껏 후하게 대접함'이라는 환대

---

48. 참고. J. A. Pipa Jr., "The Lion roars: Thoughts on COVID-19" (https://gpts.edu/wp-content/uploads/2020/03/The-Lion-Roars.pdf; 2020년 4월 18일 접속).

49. 오클라호마대학교 종교학 교수 C. Kimball, *When Religion becomes Evil: Five Warning Signs* (HarperCollins, 2008). 박성철, "한국교회 내 기독교 파시즘에 대한 비판적 연구," 『한국기독교신학논총』 116 (2020), 321에서 재인용. 승리주의와 자본을 신성화하는 번영복음에 빠진 배타적인 기독교 근본주의는 배제와 혐오를 특징으로 하는 기독교적 파시즘에 빠지지만, 기독교인은 고통을 주는 사람들조차 사랑으로 품어야 한다(롬 12:14)는 주장은 박성철, "한국교회 내 기독교 파시즘에 대한 비판적 연구," 『한국기독교신학논총』 116 (2020), 308-310, 321을 참고하라.

를 실천해야 할 공동체이기 때문이다.[50] 따라서 A.C.에 교회의 급선무는 대사회 신뢰도를 회복하여, 교회와 복음의 공공성을 회복하는 일이다. 이를 위해, 교회는 공공성을 결여한 폐쇄적인 신천지 집단과 달리, 생명 존중, 개방성, 투명성, 공존과 소통, 그리고 봉사 정신에 입각한 공적 에토스(public ethos)를 갖춘 공동체임을 증명해야 한다.[51] 그러나 깊은 성찰과 구체적인 전략의 부족 그리고 실천의 취약함으로 인해 교회가 A.C.에도 B.C.로 회귀할 가능성은 적지 않은 듯하다. 또한 주기적인 재난에 노출된 재난사회에서 교회는 연대의 중요성을 인식하더라도, 자기 생존을 우선시하기 쉽다.

그리스도인은 공적 역량을 갖추기 위해 자기 성찰을 멈추지 말아야 한다. 기독교는 세속 국가에서 기득권을 내세우거나 군림할 수 없는데, 자유, 생명, 평등, 정의, 연대와 같은 공공의 가치를 강화하는데 협력해야 한다. 하나님의 완전한 형상이신 예수님은 범죄 타락하여 하나님의 형상을 상실한 인간을 구원하시는데, 그 구원의 대상에 인종과 계층과 성의 차별이 사라졌다(골 1:15).[52] 이런 공적인 복음과 구원은 그리스도인에게만 주어진 특별한 은혜이다. 따라서 그리스도인은 복음 진리와 가치를 견지하면서, 세상 변혁을 위한 소통과 공존에 마땅히 힘써야 한다. 그리스도인은 하나님의 생명과 사랑 그리고 평화를 퍼뜨리다가 재난을 당하는 전염병 같은 사람들이기 때문이다(행 16:23;

---

50. 신형섭 외,『재난과 교회: 코로나19 그리고 그 이후를 위한 목회적·교육적 성찰』, 46-47.

51. 참고. 박경수 외,『재난과 교회: 코로나19 그리고 그 이후를 위한 신학적 성찰』, 29; 이용주, "공공신학의 '탈사사화테제' 비판: 탈세속화 시대에 다시 보는 종교의 사사화의 공공성,"『기독교사회윤리』 45 (2019), 68, 83-88. 참고로 이용주는 자유민주주의를 매우 긍정하면서, 정교분리의 취지는 공론장(public sphere)에서 종교의 목소리를 퇴출하거나 내면화시키는 대신, 개인의 종교와 양심의 자유를 보장하고, 특정 종교가 국가권력을 정당화하거나 국가가 종교를 지배하지 못하도록 하는 데 있다고 본다.

52. 김종걸, "공공철학과 기독교의 공공성,"『복음과 실천』 56/1 (2015), 226.

24:5).[53] 코로나19는 스마트하고 건강한 사회(smart health society)의 중요성을 깨우쳤는데, 교회도 그러해야 한다.[54]

참고문헌

경동현. "한국 천주교회 영성의 공공성 회복을 위한 연구." 문학박사 학위논문. 가톨릭대학교, 2018.

고광욱. "코로나19 사회적 거리두기 신체활동수칙." 『보건교육건강증진학회지』 37/1 (2020): 109-112.

김병용. "중세 말엽 유럽의 흑사병과 사회적 변화." 『대구사학』 88 (2007): 159-82.

김재성. "코로나19와 누룩: 마태복음 13장 33절." 『신학사상』 188 (2020): 5-10.

김종걸. "공공철학과 기독교의 공공성." 『복음과 실천』 56/1 (2015): 217-42.

문현철. "해외 감염병재난 대응체계의 개선 방안에 관한 연구: 「감염병의 예방 및 관리에 관한 법률」의 대응규정을 중심으로." 『인문사회 21』 11/1 (2020): 155-70.

박경수 외 (ed.). 『재난과 교회: 코로나19 그리고 그 이후를 위한 신학적 성찰』. 서울: 장로회신학대학교출판부, 2020.

박성철. "한국교회 내 기독교 파시즘에 대한 비판적 연구." 『한국기독교신학논총』 116 (2020): 303-326.

---

53. 김재성, "코로나19와 누룩: 마태복음 13장 33절," 10. 참고로 A.C.에는 온라인과 오프라인 사역을 병행하는 '올라인'(all-line) 목회가 더 중요해진다. 박경수 외, 『재난과 교회: 코로나19 그리고 그 이후를 위한 신학적 성찰』, 232.

54. "AI인공지능을 활용한 미래 스마트 헬스 소사이어티(smart health society)를 구축하여 향후 국제적 해외 감염병 재난의 발생 시 보다 신속히 효율적으로 대응하여 감염병으로 부터 국민을 보호하는 체계를 강화해야 할 것이다. 이러한 스마트 헬스 소사이어티의 구축이 내국인 보호는 물론 재외국민과 북한 및 개발도상국의 국민들을 감염병으로 부터 보호, 지원하는 국제사회에서의 인도주의적 휴머니티(humanitarian humanity)역할을 수행해야 나가야 할 것이다." 문현철, "해외 감염병재난 대응체계의 개선 방안에 관한 연구: 「감염병의 예방 및 관리에 관한 법률」의 대응규정을 중심으로," 『인문사회 21』 11/1 (2020), 168.

배춘섭. "성경적 상황화를 위한 'Missio Dei'의 재고(再考)." 『개혁논총』 51 (2020): 247-86.

송영목. "코로나19시대에 생각해 보는 공교회성 강화." 한국동남성경연구원 여름특별세미나 발제 글. 진주삼일교회당. 2021년 7월 6일: 1-13.

신형섭 외 (ed.). 『재난과 교회: 코로나19 그리고 그 이후를 위한 목회적·교육적 성찰』. 서울: 장로회신학대학교출판부, 2020.

안명준 외. 『전염병과 마주한 기독교』. 서울: 도서출판 다함, 2020.

양현표. "교회의 원형으로서 '작은 교회'의 회복: 위기의 한국교회를 위한 대안." 『개혁논총』 51 (2020): 115-50.

이병옥. "재난에 대응하는 PCK의 선교신학과 지역교회의 선교적 실천." 『선교와 신학』 47 (2019): 351-85.

이용주. "공공신학의 '탈사사화테제' 비판: 탈세속화 시대에 다시 보는 종교의 사사화의 공공성." 『기독교사회윤리』 45 (2019): 63-93.

이종록. "재난(災難)의 해석학: 요엘 2장 1-17절 중심으로." 『성경연구』 9/8 (2003): 1-18.

임희모. "지역사회를 섬기는 생명봉사적 통전선교." 『선교신학』 31 (2012): 221-55.

장남혁. "지역사회의 탄력적인 재난 대처를 위한 교회의 선교적 역할." 『선교와 신학』 45 (2018): 411-40.

조용석. "츠빙글리의 역병가(Pestlied) 연구." 『장신논단』 46/2 (2014): 115-35.

Bauer, W. *BDAG*. Chicago: The University of Chicago Press, 2003.

Beekes, R. *Etymological Dictionary of Greek*. Volume 2. Leiden: Brill, 2009.

Brito, U. "A Response to Social Distancing/Social Distancing and the Real Danger in an Age of the Corona Virus." http://kuyperian.com. 2020년 4월 18일 접속.

_____. "Rituals in a Post Pandemic Age: 10 Notes on Food, Feasting and Friendship." http://kuyperian.com/10-notes-on-food-feasting-and-friendship/. 2020년 5월 8일 접속.

Butterfield, R. "Practice Hospitality: Especially during a Pandemic." https://www.the gospelcoalition.org/article/practice-hospitality-especially-pandemic/. 2020년 3월 28일 접속.

Clay, B. "COVID-19: A Biblical Plague?" https://answersingenesis.org/coronavirus/

covid19-biblical-plague/. 2020년 4월 19일 접속.

Dell, K. "No, the Coronavirus is not an Act of God." https://www.churchtimes. co.uk/articles/2020/24-april/comment/opinion/no-the-coronavirus-is-not-an-act-of-god. 2020년 4월 22일 접속.

De Wet, C. L. "Is Siekte 'n Straf van God?: Teologiese Perspektiewe uit die Bybel en die Apokriewe." https://www.litnet.co.za/is-siekte-n-straf-van-god-teologiese-perspektiewe-uit-die-bybel-en-die-apokriewe/. 2020년 4월 17일 접속.

Dreyer, W. A. "John Calvin as 'Public Theologian' in View of His 'Commentary on Seneca's de Clementia'." *HTS Teologiese Studies* 74/4 (2018): 1-8.

Fairbairn, D. M. "The Black Death." https://www.gordonconwell.edu/blog/the-black-death/. 2020년 3월 24일 접속.

Friedman, T. L. "Our New Historical Divide: B.C. and A.C.: The World Before Corona and the World After." https://www.nytimes.com/2020/03/17/opinion/coronavirus-trends.html. 2020년 4월 18일 접속.

Glaser, M. "The Impact of COVID-19 on Jewish Evangelism!" https://www.chosenpeople.com/site/. 2020년 4월 21일 접속.

Graham, L. K. "Pastoral Theology and Catastrophic Disaster." *Journal of Pastoral Theology* 16/2 (2006): 1-17.

Gupta, N. "Why Social Distancing is the Loving Thing to do Now." https://outreachmagazine.com/features/discipleship/53676-why-social-distancing-is-the-loving-thing-to-do-now.html. 2020년 3월 29일 접속.

Hahn, H-C. "Anger, Wrath." In *New International Dictionary of New Testament Theology*. Volume 1. Edited by C. Brown. Grand Rapids: Zondervan, 1986: 105-113.

James, N-O. "The Mission of the Church and Holistic Redemption." *Evangelical Review of Theology* 42/3 (2018): 196-211.

Jung, J. "Renewing the Church for Mission: A Holistic Understanding of Renewal for Korean Protestant Churches." *Missiology* 37/2 (2009): 237-63.

Leithart, P. "Is This a Judgment?" https://theopolisinstitute.com/leithart_post/is-thiss-a-judgment. 2020년 4월 16일 접속.

Nennox, J. C. 『코로나바이러스 세상, 하나님은 어디 계실까?』. *Where is God in a Coronavirus World?* 홍병룡 역. 서울: 아바서원, 2020.

Louw, J. P. and Nida, E. A. *Greek-English Lexicon of the New Testament based on Semantic Domains*. Volume 1. Cape Town: Bible Society of South Africa, 1993.

Montanari, F. *The Brill Dictionary of Ancient Greek*. Leiden: Brill, 2015,

Moss, C. R. "When Faith threatens Public Health." https://edition.cnn.com/2020/03/24/opinions/coronavirus-religious-freedom-faith-liberty-moss/index.html. 2020년 3월 26일 접속.

Mounce, W. D. (ed). *Mounce's Complete Expository Dictionary of Old & New Testament Words*. Grand Rapids: Zondervan, 2006.

Mussman, M. "Sickness and Disease." In *The Anchor Bible Dictionary*. Volume 6. Edited by D. N. Freedman. New York: Doubleday, 1992: 6-15.

Pipa Jr., J. A. "The Lion roars: Thoughts on COVID-19." https://gpts.edu/wp-content/uploads/2020/03/The-Lion-Roars.pdf. 2020년 4월 18일 접속.

Piper, J. *Coronavirus and Christ*. Wheaton: Crossway, 2020.

Scott, B-S. "Where's Your Church's Money?: Banking for the Common Good." *Christian Century* September 21 (2010): 22-27.

Scriba, G. "The 16th Century Plague and the Present AIDS Pandemic: A Comparison of Martin Luther's Reaction to the Plague and the HIV/AIDS Pandemic in Southern Africa Today." *Journal of Theology for Southern Africa* 126 (2006): 66-80.

Shelton, D. "Covid-19 & End Time Events: 3ABN Today Live." https://www.youtube.com/watch?v=rWXMwY-QVgI. 2020년 4월 22일 접속.

Shelton, D. and Shelton, Y. *After COVID-19: What's Next?* Westfrankfort: CABN Books, 2020.

Vorster, J. M. "A Reformed Perspective on the Concept of the 'Common Good' and Its Relevance for Social Action in South Africa Today." *In die Skriflig* 50/2 (2016): 1-9.

Witakowski, W. *Pseudo-Dionysius of Tel-Mahre: Chronicle. Part III.* Liverpool: Liverpool University Press, 1996.

Abstract

Covid-19 and the Role of the Church

Prof. Dr. Youngmog Song

(Faculty of Theology)

Christians who believe in the providence of God naturally ask various questions when a pandemic spreads and try to find out answers in the Bible. Is Covid-19 God's judgment? If the plage is judgment, what does God do? And what should the church repent of? How can the church participate in what God is doing through this pandemic? What lessons can the church learn from the Medieval black death? And what is the aspect of the reign of the Lord (Anno Domini) after Covid19(A.C.)? By keeping in mind these questions, firstly the article probes the causes and characteristics of Covid-19. Then the present researcher investigates the role of the missional and public church in this pandemic time.

Key words: Covid-19, the role of the church, pandemic, common good, missional church

팬데믹 시대를 위한
루터의 목회적 실천

우병훈(고신대학교 신학과 교수)

[초록]

흑사병이 만연했던 시대를 살았던 종교개혁자 마르틴 루터는 목회자로서 대역병에 적극적으로 대처했다. 그는 전염병이 심할 때 목사, 위정자, 공무원, 의사, 간호사 등 공적인 책임을 맡은 사람들은 자신의 위치를 지켜야 한다고 주장했다. 하지만 병에 걸린 사람들을 도울 수 있는 사람들이 충분히 있는 경우에는 피신할 수 있다고 말했다. 루터는 하나님을 신뢰하는 가운데 이웃을 신실하게 사랑하도록 독려했다. 그는 "왼손의 죄"와 "오른손의 죄"를 모두 비판했다. "왼손의 죄"를 짓는 사람들은 전염병을 너무 두려워한 나머지 혼자 살기 위해 도망쳐 버리는 사람들이다. "오른손의 죄"에 빠진 사람들은 만용에 빠져 약이나 의술의 도움을 받지도 않고, 방역수칙을 지키지도 않는 사람들이다. 루터는 이러한 비겁함과 무모함 모두를 경계했다. 루터는 개인 방역

뿐 아니라 공공의료기관 설립이나 공동묘지 이동과 같은 공적 정책에도 관심을 가졌다. 루터는 대역병의 시대에 교회가 하나 되기 위해 더욱 힘써야 하며, 예배를 지속적으로 드리고, 경건에 힘쓰며, 죽음을 준비하는 삶을 살도록 권면했다. 루터의 목회적 실천은 팬데믹 시대를 살아가는 우리에게 많은 적용점을 제시해 준다.

주제어: 코로나19, 루터, 흑사병, 팬데믹, 목회, 공공선

1. 중세와 초기 근대의 대역병

교회의 역사에서 대역병(大疫病)은 언제나 인간의 삶과 교회의 모습에 여러 가지로 영향을 끼쳤다. 옥스퍼드 대학에서 근대사를 가르쳤던 폴 슬랙(Paul Slack) 교수에 따르면, 대역병(plague)은 역사 속에서 인간이 겪는 근원적인 경험이므로 그 자체로 연구의 가치가 있다.[1] 2019년 말 중국에서 발병하여, 2020년 초에 한국에까지 전파된 코로나바이러스감염증-19(COVID-19; 이하 "코로나19"로 약칭)도 여러 면에서 한국사회와 교회에 영향을 미쳤다. 보통 질병을 그 전파되는 정도에 따라서, 풍토병인 엔데믹(endemic)과 전염병인 에피데믹(epidemic), 그리고 전지구적 대역병인 팬데믹(pandemic)으로 나눈다. 코로나19는 팬데믹으로서 2021년 7월 1일 오후 10시 기준, 전세계

---

1. Paul Slack, *The Impact of Plague in Tudor and Stuart England* (London: Routledge & Kegan Paul, 1985), 3. 폴 슬랙은 대역병이 사회와 교회에 미친 영향을 연구한 대표적인 학자이다. 본 서문은 그의 작품들에 빚지고 있다. 아울러, 필자에게 폴 슬랙의 작품들을 추천해 준 아버딘대학의 윌리엄 내피(William G. Naphy) 교수에게 감사한다(2020.3.6. 이메일 교환). 또한, 이 주제와 관련하여 필자에게 윌리엄 내피의 작품을 소개해 준 프린스턴신학교의 엘시 매키(Elsie McKee) 교수에게도 감사한다(2020.2.29. 이메일 교환).

적으로 183,189,999명이 확진되었고 3,967,154명이 사망하였으며, 우리나라의 경우 같은 시각을 기준으로 157,723명이 확진되었으며, 2,021명이 사망하였다.[2] 사정이 이렇게 심각하다 보니 코로나19가 한국교회에 미친 영향이 너무나 커서 어떤 사람들은 이 코로나19 사태가 한국교회의 역사에서 중요한 변곡점이 될 것이라고 예상하기도 한다.[3]

본 연구는 종교개혁자 마르틴 루터(1483-1546)가 자신의 시대에 있었던 흑사병이라는 대역병에 마주하여 어떤 목회론을 펼쳤는지 연구하고, 그것을 한국교회에 적용하고자 하는 역사신학적이고 실천신학적인 탐구이다. 이렇게 팬데믹과 관련하여 루터의 목회론을 살피는 이유는 간단하다. 이 시대 우리가 코로나19를 통해 겪은 사건들 중에 많은 일들이 이미 루터가 속했던 시대 속에서 이미 비슷한 양상으로 존재했었기에 대역병에 대한 이 종교개혁자의 반응으로부터 소중한 교훈을 얻을 수 있기 때문이다.

가령 중세와 초기 근대에 선(線)페스트(bubonic plague)가 유행했을 때 사람들은 다양하게 반응하였다.[4] 그들은 감염자들을 격리시키고 접촉자들을 추적하여 격리시키거나 심지어 감금 혹은 처벌을 행했다. 국가는 국경을 차단하고, 건강진단서를 가진 사람들만 통행시키고, 검역 및 격리규정들을 만들었다. 환자들이 지냈던 침대나 집은 소독하거나 불태웠다. 그러는 가운데 지역행정부의 권한이 점차 증대되었고, 국가의 행정력도 증대되었으며, 새로운 법률들이 제정되었다. 가난한 자들을 돌보기 위한 법률들이 특히 발전하였다.

---

2. https://coronaboard.kr/ 코로나19(COVID-19) 실시간 상황판. (2021.7.1. 접속)

3. 안명준 외 45인 공저, 『교회통찰: 코로나, 뉴 노멀, 언택트 시대 교회로 살아가기』 (서울: 세움북스, 2020)에 실린 여러 글들을 보라.

4. 이하에 기술된 내용들은 Paul Slack, "Responses to Plague in Early Modern Europe: The Implications of Public Health," *Social Research* 55/3 (1988): 433-53(특히 432-33)에서 발췌한 내용을 좀 더 보충한 것이다.

때로는 국가가 의학경찰(medical police)을 동원하여 강제력을 행사하기도 했다. 그리하여 개인의 자유가 상당히 제약을 받게 되었으며, 그에 대한 부작용도 적지 않았다. 개인 혹은 집단의 자유 및 이익이 공공의 안전 및 건강 문제와 충돌하기도 했다. 대표적으로 기독교회들은 예배를 제한받기도 하였는데, 이에 대해서 가톨릭교회와 성공회, 그리고 개신교회들은 반발하기도 하고 순응하기도 했다. 공적 질서가 무너지거나, 다양한 정치적 음모가 펼쳐지거나, 마녀사냥 혹은 희생양이 생겨나기도 했다. 교회 내에서도 예배뿐 아니라 성도들의 신앙관리가 타격을 입기도 하고, 목회자의 윤리의식이 느슨해지거나 사역에 대한 소명감이 약화되기도 했다. 이러한 다양한 현상들은 사실상 2020년 2월부터 코로나19를 겪었던 한국 사회와 교회에 여러 가지 모습으로 나타났다. 그렇기에 루터의 시대와 그의 목회적 실천에 대한 역사적 고찰과 신학적 성찰은 목회자들과 성도들에게 대역병 시대를 헤쳐 나가는 지혜를 줄 수 있을 것이다.

논문의 순서는 다음과 같다. 우선 루터의 흑사병 경험을 소개하고, 당시의 배경을 설명한다. 그 다음으로 루터가 특별히 흑사병이라는 주제와 관련해서 다룬 작품, 『죽음으로부터 도망칠 수 있을 것인지』를 자세히 분석한다. 그리고 마지막으로 대역병을 마주하여 루터가 제시했던 목회적 지침을 한국 교회의 상황에 맞게 적용한다. 본 연구는 이러한 주제를 역사적으로 다루면서도 한국 사회와 교회의 특수성을 무시하지 않고자 한다. 중세와 종교개혁기의 사회 및 국가 형태는 현재 대한민국의 그것과는 판이하게 다르기 때문이다. 그래서 본 연구는 루터로부터 교훈을 얻으면서도 역사적 간격과 차이를 또한 인지하면서 글을 전개하겠다.

2. 루터와 흑사병 경험

종교개혁자 루터는 흑사병이 만연한 시대를 살았다.[5] 중세는 기근, 흑사병, 전쟁, 자연재해 등으로 죽음이 늘 가까이 있던 시대였다. 그 시대 사람들은 라틴어로 이렇게 기도할 정도였다.

A fame, peste et bello, libera nos, Domine!
기근, 흑사병 그리고 전쟁으로부터 우리를 구하소서, 주님이시여![6]

아버지의 소원을 따라 법학을 공부하던 루터가 사제가 된 것 역시 죽음의 공포가 일정 정도 원인을 제공했다. 루터 인생의 중요한 전환점이 된 사건은 그가 22살이던 1505년 7월 2일 수요일에 발생했다. 그는 만스펠트에 있는 부모님 댁을 방문하고 에르푸르트로 돌아가면서 슈토테른하임(Stotternheim) 마을 근처에서 폭풍우를 만나게 된다.[7] 번개가 쳐서 그는 피하였는데 다리를 다치게 되었다. 청년 루터는 겁이 났다. 죽음의 공포가 그를 사로잡았다. "성(聖) 안나여, 도와주소서. 저는 수도사가 되겠습니다!"라고 기도하며 외쳤다. 많은 학자들은 루터가 사실 이 사건 이전부터 법학 공부에 회의를 느끼고 수

---

5. Martin Luther, *D. Martin Luthers Werke: Kritische Gesammtausgabe*, Weimar Ausgabe (Weimar: H. Bohlau, 1930), 40III:335. 바이마르 루터 전집 시리즈는 WA로 약칭한다. Martin Luther, *Luther's Works, First Lectures on the Psalms II: Psalms 76-126*, vol. 11, ed. Jaroslav Jan Pelikan, Hilton C. Oswald, and Helmut T. Lehmann (Saint Louis: Concordia Publishing House, 1955), 459. 이 시리즈는 LW로 약칭한다.

6. Vincenzo Alfano and Manuela Sgobbi, "*A fame, peste et bello libera nos Domine*: An Analysis of the Black Death in Chioggia in 1630," *Journal of Family History* (2021): 1-17.
7. Herman Selderhuis, 『루터, 루터를 말하다』(*LUTHER, A Man Seeking God*, 신호섭 역, 서울: 세움북스, 2016), 59에서는 루터가 자신이 하는 법학 공부에 대해 의구심이 들었고 이것을 부모님과 상의하기 위해 집으로 갔을 가능성이 제일 크다고 한다.

도사가 되고 싶다는 생각을 하고 있었을 것이라 본다.[8] 하지만 이 사건은 루터가 자신의 결심을 굳힐 수 있는 확고한 근거를 마련해 준 것이다. 중세인은 삶의 어려움을 하나님께서 주시는 일종의 표시로 해석하곤 했다. 루터 역시 중세 사람으로서 그때의 폭풍우 경험을 살아계신 하나님의 무시무시한 현존으로 받아들였다. 이 사건 이후 루터는 자신의 삶을 송두리째 하나님의 뜻에 굴복시켜야 한다는 의무감을 느끼게 되었다. 이렇게 하여 슈토테른하임 사건은 교회사에서 가장 유명한 소명(召命; calling) 사건 중 하나가 되었다.[9]

다른 중세인들과 마찬가지로 루터도 죽음을 자주 생각했다.[10] 루터는 1503년 혹은 1504년 부활절 어간에 에르푸르트에서 집으로 가는 길에 우연히 단도에 허벅지와 동맥이 찔리는 사고를 당한다. 아무리 해도 피가 멈추지 않자 동행한 친구가 에르푸르트로부터 의사를 불러와서 겨우 상처를 싸매었다. 하지만 그날 밤에 상처는 다시 터졌고 피가 계속 나서 죽을 지경까지 갔다. 루터는 약 27년이 지난 후인 1531년에도 그때의 경험을 생생하게 회상한다.[11] 죽음이 생각보다 가까이 와 있다는 것을 깨닫게 된 계기가 되었기 때문이다.[12]

루터에게 있어서 죽음에 대한 강박적인 생각은 "페스트"를 겪으면서 더욱 커졌다. 페스트는 피부에 검은색 종기를 생성시키기에 "흑사병"이라고도 불렸다.[13] 1505년 루터는 페스트로 인해 동생 하인츠(Heintz)와 바이트(Veit)를 잃는다. 1347년부터 1355년 사이에 페스트로 인해 유럽 인구의 3분의 1인 약

---

8. Selderhuis, 『루터, 루터를 말하다』, 59-60; Scott H. Hendrix, *Martin Luther: Visionary Reformer* (New Haven: Yale University Press, 2015), 25를 보라.

9. 보다 자세한 서술은 우병훈, 『처음 만나는 루터』 (서울: IVP, 2017), 51-53을 보라.

10. Selderhuis, 『루터, 루터를 말하다』, 57.

11. Selderhuis, 『루터, 루터를 말하다』, 53-54.

12. 이때 루터는 요양 중에 류트(lute)라는 악기를 배우며 시간을 보냈는데, 그 악기는 루터의 평생 동반자가 된다. Hendrix, *Martin Luther*, 24.

13. 이 글에서도 루터 시대와 칼빈 시대의 페스트를 흑사병과 동의어로 사용하겠다.

2천 5백만 명이 죽었다.[14] 1505년 여름, 에르푸르트 대학에서는 세 명의 교수가 흑사병으로 죽었다. 6월 13일 이들을 위한 장례식에서 루터는 세 명 가운데 두 명이 마지막으로 남긴 말을 듣고 충격을 받았다. 그들은 "아, 내가 수도사였다면 얼마나 좋았을까?"라는 말을 남기고 세상을 떠났던 것이다.[15] 수도사로 죽는 것이 법률학자로 죽는 것보다 더 분명한 구원의 확신을 줄 수 있다고 생각했기 때문이었다. 이런 경험들은 루터로 하여금 수도사가 되도록 하는데 중요한 계기들이 되었음에 틀림없다.

1505년 7월 17일, 루터는 에르푸르트의 수도원에 들어갔다.[16] 1507년에 루터는 사제로 안수 받는다. 그리고 에르푸르트 대학에서 신학 공부를 시작한다. 1511년에 루터는 비텐베르크에 있는 아우구스티누스 수도원으로 옮기게 된다. 그리고 이듬해인 1512년에 29세의 루터는 신학 박사 학위를 취득하고, 비텐베르크 대학의 강사가 된다. 그 대학은 1502년에 프리드리히 선제후(Friedrich III 혹은 Frederick the Wise 혹은 Friedrich der Weise, 1463-1525)에 의해 설립되었으니, 루터가 가르칠 때에는 설립된 지 10년이 조금 넘

---

14. Selderhuis, 『루터, 루터를 말하다』, 58.

15. WA Tr 1, no. 461; Selderhuis, 『루터, 루터를 말하다』, 58에서 재인용. WA Tr은 바이마르 전집의 『탁상담화』 묶음인 Tischreden (Weimar, 1912ff)을 뜻한다.

16. 많은 학자들은 이때부터 루터가 아우구스티누스의 영향을 받았을 것이라 추정한다. 이미 1509년경에 루터는 아우구스티누스 작품들에 많은 여백 주기들을 남기고 있기 때문이다. 아우구스티누스의 영향력은 그의 1차 시편 강의(1513-1515)와 로마서 강의(1515/1516)에도 그대로 반영된다. 1515년경 루터는 아우구스티누스의 반(反) 펠라기우스적 작품들을 연구했다. 이처럼 루터는 지속적으로 아우구스티누스를 연구했고, 그것은 그의 신학 형성에 큰 영향을 미쳤다. Bernhard Lohse, 『마틴 루터의 신학-역사적, 조직신학적 연구』(Luthers Theologie in ihrer historischen Entwicklung und in ihrem systematischen Zusammenhang, 정병식 역. 서울: 한국신학연구소, 2003), 44; Selderhuis, 『루터, 루터를 말하다』, 130; 아우구스티누스가 루터에게 미친 영향에 대해서는 Philip D. Krey, "Luther, Martin," ed. by Allan D. Fitzgerald, Augustine through the Ages: An Encyclopedia (Grand Rapids, MI: Eerdmans, 1999), 516-18을 보라.

은 때였다.[17] 이렇게 루터가 박사 공부를 하고 대학의 교수가 되는 동안에도 흑사병은 계속해서 사람들을 괴롭혔다. 예를 들어, 1511년과 1512년 독일 아우크스부르크에서는 흑사병으로 약 1,800명이 죽었다.[18] 다른 도시들도 흑사병으로 큰 피해를 입었다.

1527년 8월 2일 비텐베르크에도 흑사병이 퍼졌다.[19] 선제후 프리드리히의 후계자였으며, 그의 동생이었던 선제후 요한(Johann the Steadfast 혹은 Johann the Constant 혹은 Johann der Beständige, 1468-1532)은 8월 10일 루터와 그외 교수들에게 예나(Jena)로 피신하도록 명령했다.[20] 5일 후에 대학은 예나로 그리고 그 이후에는 슐리벤(Schlieben)으로 옮겨갔다. 슐리벤은 비텐베르크 근처의 도시였는데, 1528년 4월까지 비텐베르크 대학은 그곳으로 피신했다.[21]

루터는 선제후의 편지와 친구들의 권유에도 아랑곳하지 않고 부겐하겐(Bugenhagen)과 함께 비텐베르크에 남아서 흑사병 환자들과 그 가족들을 돌보았다. 루터는 심지어 자신의 집에서 환자들을 치료하기도 했다. 선제후 프리드리히로부터 하사받았던 루터의 집은 수도원을 개조한 것이었으며, 이미 많은 학생들의 기숙사로 활용되고 있었다.[22] 이제 루터는 자신의 이 집을 일종의 병원이나 요양소처럼 사용하여, 많은 환자들을 돌보게 했다. 1527년 8월

---

17. "선제후"란 신성로마제국의 황제에 대한 선거권을 가졌던 일곱 명의 제후를 뜻한다. 이상규, 『교양으로 읽는 종교개혁 이야기』 (수원: 영음사, 2017), 137-38. 그러나 공식적으로 신성로마제국의 황제는 선출되었으나, 16세기에는 이미 합스부르크 왕가에서만 왕이 나왔다.

18. 주도홍, "루터와 흑사병," in 『전염병과 마주한 기독교』, ed. by 노영상, 이상규, 이승구 (서울: 도서출판 다함, 2020), 126-27.

19. 이하의 내용은 Carl J. Schindler, "Introduction," LW 43:115-17을 많이 참조했다.

20. 루터는 선제후 프리드리히 때와 마찬가지로 선제후 요한과도 긴밀하게 협력했다. 루터는 1532년부터 1546년까지 선제후 요한에게 172통의 편지와 공식적인 의견을 보냈다. Hendrix, *Martin Luther*, 237.

21. Schindler, "Introduction," LW 43:115.

22. 우병훈, 『처음 만나는 루터』, 163.

19일, 자신의 친구 게오르크 슈팔라틴(Georg Spalatin)에게 보낸 루터의 편지는 당시 상황을 잘 말해준다.[23]

> 흑사병이 정말 이곳에서도 시작되었지만, 아직은 견딜 만하다네. 하지만 사람들 사이에서 이상한 두려움과 피난 행렬이 있다네. 지금까지 흑사병으로 18명의 장례를 치렀는데, 도시에 있는 사람들과 소녀들과 아이들과 그 외 모든 사람을 다 합친 숫자라네. 특히 아래쪽에 있는 어촌 마을이 매우 심각하다네. ... 오늘은 비텐베르크의 시장 틸로 데네(Tilo Dene)의 아내 장례를 치렀다네. 그녀는 어제 거의 내 품에서 임종했다네.[24]

당시에 루터의 아내 역시 임신 중이었다.[25] 다른 두 명의 여인이 루터의 집에서 병간호를 받고 있었다. 루터는 당시에 니콜라스 폰 암스도르프(Nicholas von Amsdorf, 1483-1565)에게 보낸 편지에서 자신이 당하고 있는 "시련(Anfechtungen)"에 대해 쓰고 있다. "안페히퉁(Anfechtung)"이란 루터 신학에서 매우 중요한 개념인데, 하나님께서 성경에서 말씀하신 바를 실제로 경험하기 위해 그리스도를 묵상하면서 자신에게 주어진 고난을 기꺼이 감내해 내는 태도를 말한다.[26] 이것은 교회와 신학과 삶 속에서 겪는 경건한 저항

---

23. 게오르크 슈팔라틴은 선제후 프리드리히의 고문관이자, 영적 상담가였는데, 루터의 절친한 친구였다. 우병훈, 『처음 만나는 루터』, 89.

24. Manfred Vasold, "Luther und Pest: Materialien zu Luthers Antisemitismus," in *Pest, Not und schwere Plagen* (München: C. H. Beck, 1991), 116-22. 이 자료는 아래 인터넷 사이트에서 볼 수 있다. https://www.sgipt.org/sonstig/metaph/luther/pest.htm(2021.6.29. 접속)

25. 루터의 아내는 이 아이를 그해 12월에 출산했다. 아이의 이름은 엘리자베트였다. 하지만 안타깝게도 엘리자베트는 태어난 지 8개월 만에 죽고 만다. 헤이코 오버만, 『루터, 하나님과 악마 사이의 인간』, 이양호 역(서울: 한국신학연구소, 1995), 411.

26. 우병훈, "루터의 '숨어계신 하나님' 개념에 대한 삼위일체적 해석과 적용," 「한국개혁신학」 51 (2016): 48-49를 보라. 1521년 작품인 『큰 시련 가운데 있는 사람을 위한 위로』라는 작품을 해설하면서 마

을 포함한다. 루터는 시련이야말로 하나님의 말씀을 진정으로 구하도록 만든다고 주장했다.[27]

루터에게는 흑사병이 시련의 중요한 요소였다. 암스도르프에게 보낸 편지에서 루터는 "바깥으로는 전쟁이요, 안으로는 공포가 있으며, 매우 모질다."고 솔직하게 고백한다.[28] 그는 계속해서 이렇게 적는다.

> 그리스도께서 우리에게 벌을 내리고 계신다오. 하지만 우리가 사탄의 광기를 하나님의 말씀으로 대적할 수 있다는 것이 위로라오. 우리에게는 말씀이 있으며, 우리의 육체가 비록 삼켜지더라도 여전히 말씀이 우리 영혼만큼은 구원하지요. 형제들과 당신은 우리를 위해 기도해 주시오. 우리가 주님의 손안에서 사탄의 능력과 궤계를 용감하게 견디며 물리치도록 말이오. 우리가 죽을 때나 살아 있을 때나 그렇게 이겨내야 할 것이오. 아멘.[29]

르틴 디이트리히(Martin O. Dietrich)는 "숨어계신 하나님"은 시련을 주시는 하나님이라고 설명한다(LW 42:181). "시련(tentatio, Anfechtung)"은 루터 신학에서 아주 중요한 개념이며, 이에 대해서는 많은 연구물들이 있다. 다음 문헌들이 중요하다. David P. Scaer, "The Concept of Anfechtung in Luther's Thought," *Concordia Theological Quarterly* 47/1 (1983): 15-30; Robert Kolb, Irene Dingel, and L'ubomír Batka, eds., *The Oxford Handbook of Martin Luther's Theology* (Oxford, UK: Oxford University Press, 2014), 8, 50, 72, 128, 136, 145-46, 165-66, 181-82, 189, 191, 194, 215, 231, 310, 313, 356-57, 394, 415-16, 450-52, 463, 468-69, 603; Horst Beintker, *Die Überwindung der Anfechtung bei Luther: Eine Studie zu seiner Theologie nach den Operationes in Psalmos 1519-1521* (Berlin: Evangelische Verlagsanstalt, 1954), 181-95(특히 192-195). Willem van't Spijker, 『기도 묵상 시련: 루터와 칼빈이 말하는 참 신앙의 삼중주』(*Bidden om te leven*, 황대우 역. 수원: 그책의사람들, 2012)도 참조하라.

27. WA 50,660,1-14; Hans-Martin Barth, 『마르틴 루터의 신학: 비평적 평가』(*Die Theologie Martin Luthers: eine kritische Würdigung*, 정병식·홍지훈 역. 서울: 대한기독교서회, 2015), 169.

28. Schindler, "Introduction," LW 43:116.

29. Julius Köstlin, *Martin Luther, Sein Leben und Seine Schriften*, 5th ed. (Berlin: Verlag Alexander Duncker, 1903), 2:174; Theodore G. Tappert, *Luther: Letters of Spiritual Counsel*, The Library

이처럼 루터의 생애는 청년기부터 사역하는 시기까지 늘 흑사병의 위험에 노출되어 있었다. 당시 사람들은 흑사병으로 인하여 시민적 삶과 교회적 삶 모두 큰 피해를 입게 되었다. 루터는 그러한 상황에서 자포자기하거나 적당히 방관하거나 도피하지 않고 적극적으로 대처했다.

3. 루터의 작품, 『죽음으로부터 도망칠 수 있을 것인지』 분석

3.1. 작품의 배경 및 특징 설명

1527년 8월 10일부터 그해 9월 19일까지 독일의 질레지아(Silesia)의 브레슬라우(Breslau) 지역에서 흑사병이 퍼졌다.[30] 그러자 그 도시의 성직자들 사이에서는 크리스천이 흑사병을 피해서 도망치는 것이 옳은지에 대한 질문이 생겨났다. 사람들은 당시 질레지아 지역의 중요한 종교개혁자였던 요한 헤스(Johann Hess)의 서신을 통하여 루터에게 질문했다. 헤스의 첫 번째 편지에 루터는 아무 답도 없었다. 루터는 당시에 뇌빈혈(cerebral anemia)과 심각한 우울증세로 대답할 여력이 없었던 것 같다.[31] 헤스는 다시 편지를 보냈다.[32] 그러자 루터는 그해 7월 말부터 3개월에 걸쳐 일종의 공개편지를 써서 14쪽의 팜플렛 형태로 인쇄하여 사람들에게 배급했다. 지금까지도 남아있는 편지의 원고를 보면 루터는 적어도 두 번 정도 편지를 중단했다가 다시 썼다. 그 사이

---

of Christian Classics 18 (Philadelphia: Westminster Press, 1955), 228-29, 244-46. Schindler, "Introduction," LW 43:116에서 재인용.

30. Schindler, "Introduction," LW 43:116. 참고로, 주도홍, "루터와 흑사병," 128에서는 "1525년 8월부터 11월까지"라고 쓰고 있는데 출처가 분명하지 않다.

31. LW 43:119n1.

32. Schindler, "Introduction," LW 43:116.

에 비텐베르크에 흑사병이 돌았기 때문인 것 같다. 그리고 라이프치히의 어떤 도미니쿠스회 수도사가 9월 초에 비텐베르크 사람들이 흑사병으로부터 도망치는 것을 조롱하는 사건도 있었다. 이러한 일들은 루터로 하여금 그 편지를 최종적으로 작성하도록 만들었다. 편지는 11월 초가 되기 전에 완성되었는데,[33] 그 제목은 "죽음으로부터 도망칠 수 있을 것인지"라는 것이었다.[34] 이후 이 작품은 19쇄나 인쇄되어 널리 읽혔다.[35]

이 작품의 특징은 다음과 같다. 첫째, 아주 균형감각을 갖추었다는 것이다. 루터는 단순히 역병을 피해 도망쳐야 한다거나 그러지 말아야 한다는 식으로 대답하지 않는다. 그는 거의 경우론(casuistry)에 가까울 정도로 다양한 사례들을 열거하면서 그때마다 적절한 최선의 권면을 제시한다.[36] "이 사람은 이러하고, 저 사람은 저러하다"는 식으로 최대한 각자의 형편을 헤아리면서 대답을 제공한다(고전 7:7을 참고).[37]

둘째, 최대한 성경을 가지고 논의를 풀어간다는 것이다. 루터는 성경에서

---

33. Schindler, "Introduction," LW 43:116.

34. 이 작품은 아래와 같이 원문과 번역본을 읽을 수 있다. Luther, "Ob man vor dem Sterben fliehen möge" in WA 23:339-79(주석은 WA 23:380-86에 나옴); Martin Luther, "Ob man vor dem Sterben fliehen moege" (1527) in *Martin Luthers Ausgewaehlte Schriften*, vol. II, ed. by K. Bornkamm and G. Ebeling (Berlin: Insel Verlag, 1983), 225-50; Martin Luther, "Whether One May Flee from a Deadly Plague," in LW 43:113-38.

35. 이 작품을 목회적으로 분석한 논문으로 아래를 보라. Johannes Schilling, "Gottvertrauen und Nächstenliebe: Luthers Empfehlungen und Ermutigungen in Zeiten der Pandemie," *Spiritual Care* 9/3 (2020): 283-88. 쉴링은 루터의 이 작품을 하나님을 신뢰(*Gottvertrauen*)하고 이웃을 사랑하는 것(*Nächstenliebe*)으로 요약한다.

36. 경우론(境遇論) 또는 결의론(決疑論)으로 번역하는 'casuistry'라는 단어는 '경우'를 뜻하는 라틴어 'casus'에서 유래했다. 이것은 특정한 경우에 어떤 행동이 더 윤리적인 행동인가 결정해 주는 것을 말한다. 우병훈, 『기독교 윤리학』 (서울: 복있는사람, 2019), 241을 보라.

37. 이것은 고린도전서 7장에서 바울이 결혼과 이혼과 재혼과 독신에 대한 문제를 다루면서 취했던 방식과 유사하고 하겠다. 원칙을 제시하면서도 상황에 따라 융통성을 발휘하는 것이다. 특히 고전 7에 대한 루터의 주석인 LW 28:1-56을 참조하라.

42구절 이상을 직간접적으로 인용한다.[38] 그는 성경에 나오는 구체적 사례를 논거로 제시한다. 구약과 신약을 골고루 인용한다. 외경도 한번 인용하는데 시락서 3:26이다.[39] 교부의 예도 한 번 제시하는데, 아타나시우스가 박해를 피해서 피신한 부분을 인용한다.[40]

셋째, 루터는 자신이 모든 분야에서 전문가인 양 행세하지 않는다. 목회자와 신학자로서 자신의 견해를 성경적으로 제시하되, 그 외의 부분에 대해서는 의료인들과 위정자들이 지혜롭게 판단할 것을 요청한다. 작품 제일 마지막에서 "불쌍한 죄인인 나를 위해 기도해 주십시오."라고 끝맺는 부분은 루터의 겸손을 보여준다.[41]

넷째, 루터는 매우 실천적이며 목회적인 관점에서 이 글을 썼다. 목회 현장에서 부딪히는 내용들을 다루고 있다. 또한 일반인들을 대상으로 하여 구체적이면서도 쉬운 사례들을 많이 제공하면서 자신의 논지를 펼친다. 라틴어로 쓰지 않고 독일어로 쓴 것 역시 일반 대중과 소통하기 위해서였다.[42]

다섯째, 루터는 기독교인의 기본적인 덕목들을 강조한다. 단지 어떤 행동지침을 제공하는 데 그치지 않고, 보다 근본적인 성경적 덕목들을 계속해서 강조한다. 그것은 하나님에 대한 신뢰와 이웃 사랑의 실천이다. 특히 루터는 두려워하지 말 것을 자주 당부한다. 성도들을 따뜻하게 돌보는 목회자의 심정이 엿보이는 대목이다.

이처럼 이 작품은 대역병이라는 구체적인 상황에서 루터가 한 사람의 목회

---

38. 이것은 LW 43:113-38에 나오는 인용을 기준으로 한 것이다.
39. LW 43:132.
40. LW 43:121.
41. LW 43:138, "Pray for me, a poor sinner."; WA 23:378, "Bittet fur mich armen sunder."
42. 루터는 신학적이고 학문적인 글을 쓸 때에는 라틴어로 작성했지만, 설교나 대중을 위한 팜플렛은 독일어로 작성했다. 이것은 당시 신학자들의 일반적인 모습이다. 우병훈, 『처음 만나는 루터』, 140-41.

자이자 신학자로서 교회를 사랑하고 사회를 보호하고자 하는 마음으로 쓴 목회적 편지이다. 이하에서는 위와 같은 특징들이 구체적인 지침들 안에서 어떻게 나타나는지 작품 전체를 살피면서 다루겠다.

3.1. 작품의 구조

루터는 먼저 자신이 편지에 일찍 답하지 못한 것에 대해 양해를 구한다. 그리고 교회가 하나가 되기를 권면한다.[43] 또한, 자신이 제시하는 이 내용은 하나의 의견이며 이 글을 읽는 기독교인들이 각자의 입장에서 판단하고 결론을 내리기를 부탁한다.[44] 루터는 위기에 처해 있는 교회가 자신의 글로 말미암아 더 소란스러워지거나 분열되지 않기를 겸손히 바라고 있다.

루터가 직접 나누지는 않았지만, 전체 글은 크게 네 부분으로 나눌 수 있다. 앞에서 말한 것처럼 루터는 두 번 정도 중단한 후에 최종적으로 이 글을 완성했는데, 그 중단한 지점들을 중심으로 주제가 약간씩 다르기 때문이다. 그리고 출간되기 전, 끝부분에 또 다른 글을 덧붙였다. 그래서 전체 글은 네 부분으로 나눠진다.

첫 번째 부분은 흑사병을 피해서 도망치지 말아야 할 사람과 피할 수 있는 사람에 대해 각각 다룬다.[45] 두 번째 부분은 이웃 사랑의 의무를 강조한다. 이 부분은 비텐베르크에 흑사병이 시작된 이후에 기록되었기에[46] 루터의 권면이 더욱 생생하게 느껴진다.[47] 세 번째 부분은 신자들이 죽음에 직면했을 때 어떻

---

43. WA 23:339의 여백에는 빌 2:2, 고전 1:10, 고후 13:11이 근거 구절로 제시되어 있다.
44. LW 43:119.
45. 첫 번째 부분은 LW 43:119-25와 WA 23:339-351.27에 해당하는 부분이다.
46. LW 43:125n15를 보면 그러한 설명이 나온다.
47. 두 번째 부분은 LW 43:125-34와 WA 23:351.28-371.4에 해당하는 부분이다.

게 해야 하는가에 대한 영적이며 목회적인 지침이다.[48] 네 번째 부분은 도시 바깥으로 공동묘지를 옮기는 것에 대한 실제적인 제언이다.[49]

3.2. 첫 번째 부분의 내용

첫 번째 부분(LW 43:119-25; WA 23:339-351.27)에서 루터는 역병 가운데 도망쳐서는 안 된다고 주장하는 사람들이 있음을 지적하면서 운을 뗀다. 그들의 주장에 따르면, 죽음이란 우리 죄에 대한 하나님의 형벌이기 때문에 우리는 죽음을 피해서는 안 되며 오히려 그것을 참되고 확고한 신앙으로 인내 가운데 기다려야 한다. 반면에, 다르게 생각하는 사람들도 있었는데, 우리가 공적 직분을 맡지 않는 한 얼마든지 죽음(역병)으로부터 도망칠 수 있다는 입장을 가진 이들이었다.[50] 루터는 앞의 견해 즉, 죽음을 기꺼이 맞이하고자 하는 사람들의 견해를 비난할 수 없다고 하며, 그런 견해를 가진 자들을 강한 믿음의 소유자들이라고 표현한다. 동시에 루터는 기독교인 중에서 강한 자는 많지 않고 오히려 약한 자들이 많기에 우리는 동일한 짐을 모든 사람에게 지워서는 안 된다고 권면한다.[51]

이어서 루터는 일반적이고 원칙적인 견해를 먼저 제시한다. 그에 따르면, 공적 직무를 맡은 사람들이 역병으로부터 도망쳐서는 안 된다.[52] 목회자들은 역병을 피해 도망치지 말고 자신의 자리를 지켜야 한다. 다만 충분한 목회자

---

48. 세 번째 부분은 LW 43:134-35와 WA 23:371.5-373.29에 해당하는 부분이다. LW 43:134n16을 보면 이 부분은 앞의 내용을 써 놓은 다음에 루터가 덧붙인 부분이라고 설명한다.

49. 네 번째 부분은 LW 43:135-38과 WA 23:373.30-379에 해당하는 부분이다. LW 43:135n18을 보면 이 부분은 출간되기 전에 루터가 첨가해서 넣은 부분이라고 설명한다.

50. LW 43:120.

51. LW 43:120.

52. LW 43:120-21.

들이 있는 경우에 불필요한 위험에 노출되지 않기 위해서 피신할 수는 있다.[53] 루터는 아타나시우스와 바울의 예를 든다. 아타나시우스는 박해 때에 목숨을 구하기 위해 피신했는데 그것은 죄가 되는 일이 아니었다. 바울도 역시 박해 자로부터 피신한 적이 있고(행 9:25), 위험을 피한 일이 있다(행 19:30).

마찬가지로 시장, 판사 등과 같은 사람들도 자신의 자리를 지켜야 한다. 그래야지만 마을과 도시가 통치받고, 보호받고, 보존되기 때문이다. 이들은 하나님의 사역자들이며(롬 13:4), 따라서 공익에 봉사하는 사람들이 되어야 한다.[54] 하지만 이런 경우에도 상황이 매우 좋지 못할 때에는 피신할 수 있다. 하지만 그럴 때에도 시민공동체가 충분히 통치되고 보호받도록 필요한 자원을 제공해야 한다.[55]

하인이나 하녀도 주인이나 안주인을 떠나서는 안 된다. 반대로 주인도 그들을 버려서는 안 되며, 적절한 생필품을 제공해 주어야 한다. 부모들 역시 자녀들을 도와주어야 하며, 반대로 자녀들도 부모를 돌보아야 한다. 마찬가지로 도시의 의사들이나 서기들이나 치안관들과 같이 공직을 맡은 자들도 역시 자신의 자리를 떠나면 안 된다.[56]

고아의 경우 책임을 맡은 자들이 함께 해 주어야 한다. 친구들이 병에 걸렸을 경우에도 병간호를 해 주어야 한다. 루터는 그들을 떠나는 것은 "내가 아플 때에 너희는 나를 방문하지 않았다."라고 하신 주님의 말씀(마 25:41-46)을 어기는 것이라고 주장한다. 루터는 남에게 도움받고자 하는 대로 남을 도우라는 황금률을 제시한다(마 7:12).[57]

---

53. LW 43:121.
54. LW 43:121.
55. LW 43:122.
56. LW 43:122.
57. LW 43:122.

이렇게 일반적이고 원칙적인 지침을 제시한 다음에 루터는 예외 사항들을 열거한다. 특별한 위급상황에는 피신할 수 있다. 그리고 환자를 돌볼 수 있는 충분한 사람들이 있을 때도 마찬가지로 피신할 수 있다. 이런 경우에 피신 여부는 본인의 선택에 달려있다.[58] 죽음을 피하고 생명을 구하는 것은 하나님께서 인간 안에 심어놓으신 자연적인 경향이기 때문이다(엡 5:29; 고전 12:21-26).[59] 우리가 하나님이나 이웃을 대적하지 않는 한 자기 생명을 구하기 위해 행동할 수 있다. 하지만 그런 상황에서도 역시 남아있는 이웃들과 환자들에게 적절한 생필품을 제공하는 조치는 취해야 한다.

민음이 강한 사람은 하나님을 시험하지 않는 한에서는 자발적으로 헐벗음, 굶주림, 결핍을 견딜 수 있을 것이다. 하지만 자신이 그렇게 할 수 있다고 해서 동일한 것을 실천하지 못하는 사람을 비난해서는 안 된다.[60] 죽음을 피해 도망가는 것 자체가 악한 일은 아니기 때문이다. 그러면서 루터는 아브라함(창 12:13), 이삭(창 26:7), 야곱(창 27:43-45), 다윗(삼상 19:10-17; 삼하 15:14), 선지자 우리야(왕상 19:3), 모세(출 2:15) 등을 예로 든다.[61] 이들은 이웃에게 그 어떤 것을 약탈하지 않으면서 자신들의 생명을 구했다. 칼, 기근, 사나운 짐승, 전염병(겔 14:21)을 피해서 도망하는 것과 박해를 피해 도망하는 것은 유사한 일로 간주할 수 있다.

루터는 자신의 주장을 좀 더 강화하기 위해서 구체적인 예들을 제시한다. 가령 집에 불이 났을 때에 도망치는 것은 당연하다. 물에 빠졌을 때에 헤엄쳐서 살아나오고자 하는 것 역시 당연하다. 다리를 다치면 약을 써야 하고, 추위

---

58. LW 43:122-23.
59. LW 43:123.
60. LW 43:123.
61. LW 43:123-24.

를 피하려면 불을 쬐어야 한다. 주님께서도 주기도문에서 "악에서 구하소서!"라고 기도하셨다. 따라서 우리 역시도 모든 종류의 악으로부터 지켜 달라고 기도할 수 있으며, 우리의 최선을 다해서 그런 것을 피할 수 있다. 이것은 악한 일이 아니다.[62] 하지만 계속해서 루터는 만일 우리가 벌을 받는 것이 진정으로 하나님의 뜻이라면 어떻게 해도 피할 수는 없을 것이라고 말한다. 도망친다고 해서 불행이나 위협이 완전히 사라지지는 않을 것이기 때문이다.[63]

이 첫 번째 부분에서 루터는 일반적인 원칙들을 제시한다. 도망쳐서는 안 될 공적 직무를 맡은 사람들과 도망칠 수 있는 일반인들에 대해 설명한다. 하지만 그는 일반적 원칙 외에도 예외 사항들을 다룸으로써 목회적인 세심함과 사려를 보여준다. 특히 그는 흑사병을 피해 떠나는 사람들은 반드시 남겨져 있는 사람들을 배려해야 한다고 당부한다. 이로써 루터는 서언에서 교회의 하나 됨을 강조했던 자신의 주장에 스스로 충실한 모습을 보여준다.[64]

3.3. 두 번째 부분의 내용

작품의 두 번째 부분(LW 43:125-34; WA 23:351.28-371.4)에서 루터는 이웃 사랑을 매우 강조한다. 사실상 이웃 사랑은 이 글 전체의 핵심 주제 가운데 하나이다. 우리는 이웃들이 어려움에 처했을 때 반드시 도와주어야 한다. 만일 이웃의 집에 불이 났을 경우에 사랑은 나로 하여금 그 불을 끄도록 만든다. 만일 불을 끌 수 있는 사람들이 많으면 나는 집에 가거나 남아서 도와주거나 선택할 수 있다.[65] 이웃을 돕느라 나 자신에게 손해가 생길 수도 있다. 만일 손

---

62. LW 43:124-25
63. LW 43:125.
64. LW 43:119.
65. LW 43:125.

해를 전혀 보지 않으려고 한다면 이웃을 돕지 못할 것이다.[66] 누군가가 의도적으로 이웃을 돕지 않는 사람이 있다면, 그리하여 이웃이 불행에 빠지는 것을 보고도 모른 척 한다면, 그것은 하나님의 눈에서는 살인이 된다(요일 3:15, 17).[67] 루터는 이것이 바로 소돔의 죄악이었다고 적고 있다(겔 16:49). 그리스도는 그러한 죄를 짓는 자들을 살인자로 정죄하실 것이다(마 25:43). 이처럼 루터는 사랑의 의무를 매우 강조한다.

이어지는 부분에서 루터는 개인적인 의무 외에도 다음과 같이 아주 중요한 공적 의무를 제시한다.

개인 가정에서 환자들을 보낼 수 있도록 도시와 국가마다 시에서 지원하는 집과 병원이 있고, 병자들을 돌봐주는 사람들이 배치되어 있다면 좋을 것이다. 이것은 우리 조상들이 그렇게 많은 경건한 유물들과 수용소들과 병원들과 진료소들을 운영했던 의도와 목적과 합치되는 것이다. 그렇게 해서 모든 시민들이 자기 개인 가정에서 병원을 운영하지 않아도 되도록 했던 것이다. 또한 모든 사람이 자비로운 도움과 기여를 제공하며, 특히 정부에서 그런 일을 한다면, 그것은 정말 훌륭하고, 칭찬할 만하며, 기독교적인 처사라고 할 것이다. 그러한 기관들이 없는 곳에서는 혹은 있더라도 아주 소수만 있다면, 우리는 극단적 상황이나 구원과 하나님의 은혜를 상실할 수 있는 위기의 상황에서 서로서로 구호(救護)와 진료를 제공해야 할 것이다.[68]

---

66. LW 43:126.
67. LW 43:126.
68. LW 43:126-27.

루터는 단지 그리스도인 개개인을 위한 행동지침만을 제공하는 것이 아니라, 공적 영역에 관해서도 관심을 가진다. 그는 국가와 도시마다 일종의 공공의료기관을 세워야 한다고 주장한다. 그것이 사람들의 자발적인 기부로 이뤄질 수 있겠지만, 국가가 나서서 그 일을 주도해야 한다고 말한다. 만일 그런 공공의료기관이 없다면 개인이라도 발 벗고 나서서 이웃을 도와야 한다고 주장한다.

루터가 이렇게 주장하는 이유는 "우리가 모두 상호 간에 결속되어 있기 때문"이다. 우리는 "서로를 버리거나 서로로부터 도망칠 수 없게" 되어 있는 존재들이다.[69] 루터는 악한 영들이 모든 전염병을 퍼뜨린다고 생각한다. 하지만 그와 동시에 그것은 하나님의 작정에 따른 일이며, 하나님께서 주시는 형벌이다. 따라서 우리는 인내하며 이웃을 섬겨야 한다(요일 3:16).[70]

특히 루터는 심리적이고 영적인 평안과 용기를 가지도록 권면한다. 환자 곁에서 누군가가 공포에 잠식된다면 그는 용기를 내고 힘을 내어야 한다. 사탄이 우리를 두렵게 만들지만 우리는 하나님을 붙들어야 한다. 루터는 아래와 같이 말한다.

그리하여 악마는 우리를 이 생애에서 배출해 버리고자 하며, 하나님께 절망하도록 만들며, 죽기 싫어하고 죽음에 준비되지 못하도록 애쓴다. 사탄은 두려움과 염려라는 폭풍이 불고 어두컴컴한 하늘 아래에서, 우

---

69. LW 43:127. 인간의 연대성에서 상호책임성을 강조하는 공공신학적 측면에 대해서는 아래 글들을 보라. B. Hoon Woo, "Pilgrim's Progress in Society-Augustine's Political Thought in *The City of God*," *Political Theology* 16/5 (2015): 430; 우병훈, "아우구스티누스의 공공신학에 대한 두 현대 이론 분석: 한나 아렌트와 진 엘슈테인의 대표적 연구서에 나타난 『신국론』해석을 중심으로," 「갱신과 부흥」 25 (2020): 103, 120, 125, 127, 133; 우병훈, 『기독교 윤리학』, 118, 152.
70. LW 43:127.

리가 우리의 빛과 생명이신 그리스도를 잊어버리고 상실하도록 만들며, 고통 중에 있는 우리 이웃을 떠나도록 만든다. 그렇게 하여 우리가 하나님과 인간에 대하여 죄를 짓게 하는데, 그것이 바로 사탄의 영광이며 기쁨이 되는 것이다.[71]

역병 가운데 우리로 하여금 두렵게 하고 떨게 만드는 것이 사탄의 장난질이다. 그렇기에 우리는 그것을 최소화시켜야 한다. 루터는 사탄이 우리를 두렵게 만들 때 사탄에게 그 모든 것을 되돌려 주라고 말한다. 그는 우리가 사탄에게 "너 사탄아, 두려움과 함께 사라져라!"라고 명령하도록 권면한다.[72] 무엇보다 그는 우리가 그러한 시기에 두 가지를 기억해야 한다고 말한다. 첫째는 이웃을 돕는 일은 하나님께서 정말 기뻐하시는 일이라는 사실이다. 둘째는 우리가 이웃을 도울 때 하나님의 위대한 약속을 경험하게 된다는 것이다. 그 약속이란 시편 41:1-3에 나오는 것처럼 가난한 자를 보살피는 자는 복이 있으며, 재앙의 날에 여호와께서 건져주시며, 병을 고쳐주신다는 약속이다.[73] 루터는 "사탄이 두렵게 하지만 그리스도는 강하게 하신다. 사탄은 죽이지만 그리스도는 살리신다. 사탄은 독을 주지만, 그리스도는 더 큰 약을 주신다."라고 말한다.[74] 사탄이 주는 공포나 두려움은 하나님의 위로나 약속과 보상보다 더 클 수 없다.[75]

루터는 "육체의 연단은 약간의 유익이 있으나 경건은 범사에 유익하니 금

---

71. LW 43:127.

72. LW 43:127-28.

73. LW 43:128. 이러한 부분에 대하여 주도홍, "루터와 흑사병," 133에서는 죽음을 두려워하지 않고 흑사병 환자들을 돌본 루터 본인의 이야기로 생각해도 틀리지 않을 것이라 추정한다.

74. LW 43:128.

75. LW 43:128.

생과 내생에 약속이 있느니라."라고 하는 성경 구절을 상기시킨다(딤전 4:8). 루터는 "경건이란 하나님에 대한 봉사 외에 다른 것이 아니다. 하나님에 대한 봉사는 사실상 우리 이웃에 대한 봉사이다. 사랑, 헌신, 신실함으로 병자를 돌보는 자들이 일반적으로 보호를 받는다는 사실은 경험으로 증명된다."라고 말한다.[76] 그러한 사람에게 하나님께서 간호사와 의사가 되어주실 것이다.[77]

루터는 역병 가운데 하나님을 신뢰하지 않는 사람들을 책망한다. "정말 부끄러운 줄 알아라. 이 철저한 불신자여! 그토록 큰 하나님의 위로를 무시하고, 그토록 작고 불확실한 위험에 벌벌 떨다니! 그토록 확실하고 신실하신 하나님의 약속을 믿지 않다니! 아무리 좋은 의사들이 있어도 하나님이 안 계시면 무슨 소용이 있나?"라며 독설을 퍼붓는다.[78] 반대로 하나님께서 함께 하시면 두려울 것이 없으며, 천사들의 보호를 받는다고 말한다.[79]

이렇게 루터가 역병 중에 성도들을 강하게 격려하고 하나님만 붙들도록 하는 이유는 사람들로 하여금 자신의 이웃을 계속해서 돌보도록 하기 위해서이다.[80] 루터는 자신의 이웃에 대한 의무를 내팽개치고 자신만 살겠다고 도망치는 사람들에게 거의 저주에 가까운 경고를 준다. 그런 자들은 회개하지 않는 이상 하나님께서 봐주지 않으실 것이다.[81]

이러한 주제를 루터는 그 특유의 기독론에 따라 전개한다. 루터 신학에

---

76. LW 43:128-29, "Godliness is nothing else but service to God. Service to God is indeed service to our neighbor. It is proved by experience that those who nurse the sick with love, devotion, and sincerity are generally protected."

77. LW 43:129.

78. LW 43:129. 이 부분은 어감을 좀 더 생생하게 전달하기 위해 의역했다.

79. LW 43:129.

80. LW 43:129-30.

81. LW 43:130.

서 기독론은 매우 중요하다.[82] 루터는 구약을 기독론적으로 옹호하였고, 십계명도 기독론적으로 이해했다.[83] 루터는 1535년에 펴낸 대(大)『갈라디아서 주석』의 서문에서 자신의 모든 신학적 사유들이 "그리스도에 대한 믿음(Fides Christi)"으로 흘러가고 흘러나온다고 말하였다.[84] "그리스도에 대한 믿음"이 루터의 신학적 사유들을 지배하고 있다는 뜻이다.[85]

---

82. 루터의 기독론에 대한 중요한 연구서 중에 아래의 책이 있다. Marc Lienhard, *Luther: Witness to Jesus Christ*, trans. Edwin Robertson (Minneapolis: Augsburg Publishing House, 1982). 프랑스 학자가 쓴 이 루터 기독론 연구서는 독일어권에서 표준적인 연구서로 인정받고 있다. 루터 신학에서 기독론의 중요성을 강조한 연구물은 아래의 것들이 있다. Albrecht Beutel, "Luther's Life," in *The Cambridge Companion to Martin Luther*, ed. Donald K. McKim (New York: Cambridge University Press, 2003), 3–19(특히 16); Notger Slenczka, "Christus," in Albrecht Beutel ed., *Luther Handbuch* (Tübingen: Mohr Siebeck, 2005), 428-39(특히 428).

83. Timothy F. Lull, "Luther's Writings," in *The Cambridge Companion to Martin Luther*, ed. Donald K. McKim (New York: Cambridge University Press, 2003), 39–61(57쪽에서 인용); Bernd Wannenwetsch, "Luther's Moral Theology," in *The Cambridge Companion to Martin Luther*, ed. Donald K. McKim (New York: Cambridge University Press, 2003), 120–35(121쪽에서 인용).

84. WA 40/1,33,7-11. Lohse, 『마틴 루터의 신학-역사적, 조직신학적 연구』, 310n146; Lienhard, Luther, 11n1도 보라. 학계의 관행을 따라, 1535년판 『갈라디아서 주석』을 대(大)『갈라디아서 주석』이라고 부르는데, 이 주석의 원문은 WA 40/1(갈 1-4장 주석)과 WA 40/2(갈 5-6장 주석)에 실려 있으며, 영어 번역은 LW 26(갈 1-4장 주석)과 LW 27:3-149(갈 5-6장 주석)에 실려 있다. 참고로 LW 27에는 1519년판 갈라디아서 주석도 실려 있다. 대(大)『갈라디아서 주석』 전체에 대한 우리말 번역은 아래와 같이 나와 있으나 절판되었다. Luther, 『말틴 루터의 갈라디아서 강해(상/하)』(*Lectures on Galatians*, 1535, 김선회 역. 용인: 루터대학교 출판부, 2003). 대(大)『갈라디아서 주석』의 축약본은 다음과 같이 번역되어 있다. Luther, 『갈라디아서 강해』(*Galatians*, 김귀탁 역. 서울: 복있는사람, 2019).

85. 헤이코 오버만에 따르면, 중세에는 "Fides Christi"를 "그리스도가 가진 믿음(혹은 신실함)"으로 이해하는 사람이 없었다. 따라서 루터 역시 여기에서 "그리스도에 대한 믿음"이라는 의미로 그 "Fides Christi"를 사용한 것이 분명하다. Heiko Augustinus Oberman, "Wir Sein Pettler. Hoc Est Verum. Covenant and Grace in the Theology of the Middle Ages and Reformation," in *The Reformation: Roots and Ramifications*, trans. Andrew Colin Gow (Grand Rapids, MI: Eerdmans, 1994), 91-115쪽 특히 110쪽을 참조하고, 아래 문헌들도 보라. J. S. Preus, *From Shadow to Promise. Old Testament Interpretation from Augustine to the young Luther* (Cambridge, MA: Harvard University Press, 1969), 226-33; J. S. Preus, "Old Testament promissio and Luther's new Hermeneutic", *Harvard Theological Review* 60 (1967), 145-61.

루터는 역병 중에 이웃을 도와야 한다는 권면도 역시 기독론적으로 설명한다. 그는 지극히 작은 자에게 한 것이 곧 그리스도에게 한 것이라는 그리스도의 말씀을 인용한다(마 25:40). 루터는 마 22:39에서 이웃을 사랑하라는 명령이 하나님을 사랑하라는 명령과 동일하게 다뤄진다고 주장한다. 그렇기에 이웃에게 행하거나 행하지 않는 것은 곧 하나님께 행하거나 행하지 않는 것이 된다.[86] 그는 계속해서 이렇게 적고 있다.

> 만일 당신이 그리스도를 섬기고 그에게 시중들고자 한다면, 아주 좋게도 당신에게는 병든 이웃이 이미 가까이 있다. 그에게 가서 그를 섬겨라. 그리하면 당신은 확실하게 그 사람 안에서 외형적으로가 아니라 그분의 말씀 안에서 그리스도를 발견하게 될 것이다. 만일 당신이 이웃을 섬기기를 원치 않고 신경 쓰지 않는다면 당신은 확실히 그리스도께서 그 대신에 그 자리에 계신다 해도 여전히 그리스도를 섬기지 않으며 그 자리에 그냥 누워 계시도록 내버려 둘 것이다. … 그리스도를 몸소 섬기고자 하는 사람은 확실히 자기 이웃도 역시 섬길 것이기 때문이다.[87]

루터는 전염병의 상황에서 사람들이 두려움으로 인해 이웃을 내팽개치고 혼자 도망치지 않도록 권면한다. 그것은 사탄의 유혹이며 하나님의 명령을 무시하는 행동이다. 루터는 이것이 바로 "왼손의 죄(sin on the left hand)"라고 표현한다.[88]

---

86. LW 43:130.
87. LW 43:130-31.
88. LW 43:131.

반면에 "오른손의 죄(sin on the right hand)"도 있다.[89] 이 죄는 너무 무모하고 대담한 사람들이 짓는 죄이다. 그들은 하나님을 시험하며 죽음과 역병을 막을 수 있는 모든 수단들을 무시한다. 약을 사용하지 않고, 전염병이 도는 지역이나 사람들을 피하지 않는다. 그들은 오히려 그런 것을 비웃는다. 그들은 전염병이 하나님의 심판이기에 약이나 우리들의 주의 없이도 하나님께서 우리를 지켜주실 것이라고 호언장담한다. 루터는 이런 행위에 대해서 "하나님을 신뢰하는 것이 아니라 시험하는 것"이라고 단언한다.[90]

역병에 대응하는 지식이나 약을 사용하지 않는 사람은 비록 이웃에게 해를 끼치지 않는다 해도 자신의 몸을 해칠 수 있으며, 그것은 하나님의 눈에 자살이나 다름없는 일이다.[91] 루터는 비유하기를 누군가가 먹지 않고 따뜻하게 하지 않아도 살 수 있다면서 음식을 거부하거나 의복을 거부한다면, 그것은 자살이 될 것이라고 주장한다. 역병이 도는 상황에서 자기를 돌보지 않고 병에 걸리는 자는 자살자와 같고, 이웃을 돌보지 않고 병을 옮기는 자는 살인자와 같다.[92] 루터는 그런 사람들에게 약을 먹거나 마시며, 집과 들과 거리에 연기를 피우며, 이웃을 돕는 일이 아니라면 역병이 도는 장소를 피하라고 권면한다. 화재가 났을 때 당연히 그에 대응하기 위해 행동해야 하는 것처럼, 역병도 마찬가지로 대응해야 한다. 루터는 자기 스스로는 다음과 같이 행동할 것이라고 선언한다.

---

89. 비록 루터가 아리스토텔레스를 언급하지는 않았지만 여기 나오는 "왼손의 죄"와 "오른손의 죄"를 아리스토텔레스의 용어로 설명한다면, 왼손의 죄는 "비겁함"으로, 오른손의 죄는 "무모함"으로 표현할 수 있을 것이다. Aristotle, 『니코마코스 윤리학』(Ethica Nicomachea, 이창우, 김재홍, 강상진 공역. 서울: 이제이북스, 2006), 제3권, 제7장을 보라.

90. LW 43:131.

91. LW 43:131.

92. LW 43:131.

나는 연기를 피워 공기를 정화할 것이다.[93] 나는 약을 만들며, 그 약을 먹을 것이다. 나는 반드시 내가 필요한 곳이 아니라고 한다면 장소와 사람을 피하여 오염되지 않게 할 것이며, 그리하여 다른 사람들이 감염되지 않도록 할 것인데, 그렇게 하여 나의 부주의로 그들이 죽지 않게 할 것이다. 만일 하나님께서 나를 데려가고자 하신다면 하나님은 분명히 나를 찾아내실 것이다. 그런데 나는 하나님께서 나에게 기대하는 바를 했기에 나 자신의 죽음이나 다른 사람의 죽음에 책임이 없다. 그러나 만일 내 이웃이 나를 필요로 하면, 나는 장소나 사람을 피하지 않고 앞에서 말한 것처럼 기꺼이 갈 것이다. 자, 이것이 바로 하나님을 두려워하는 신앙인데, 왜냐하면 이런 자세야말로 무모하거나 저돌적이지 않으며, 하나님을 시험하는 것이 아니기 때문이다.[94]

이처럼 루터는 방역의 기본 사항을 지킬 것을 강조한다. 또한 그는 병에 걸렸다가 회복된 사람들 역시 다른 사람들과 접촉하지 않도록 주의시킨다. 위험을 사랑하는 자는 그것으로 멸망할 것이다.[95]

루터는 너무 겁을 내면서 이웃을 돌보지 않고 도망치는 사람과 너무 어리석어서 주의하지 않고 전염을 더 유발시키는 자들을 모두 비판한다. 이런 사람들이 있다면 사탄은 날을 만난 것이고, 많은 사람이 죽게 될 것이다.[96] 두 가지 행위 모두 하나님과 사람에게 해를 끼치는 것이다. 전자는 하나님을 시험

93. 1348년 파리 대학 의학부는 흑사병이 공기를 통해서 전염된다고 연구결과를 제시했다. 그래서 그들은 향을 피우거나, 불을 피워서 집의 온도를 높이는 것이 흑사병을 막는 데 도움이 된다고 보았다. 박상봉, "불링거와 취리히 흑사병," in 『전염병과 마주한 기독교』, 168.
94. LW 43:132; Martin Luther, "Ob man vor dem Sterben fliehen moege" (1527), 240-42.
95. LW 43:132. 루터는 시락서 3:26을 인용한다.
96. LW 43:132.

하는 것이며, 후자는 인간에게 절망을 주는 것이다. 도망치는 자는 사탄이 쫓아갈 것이며, 뒤에 머무는 자들은 사탄의 포로가 될 것이다.[97]

루터는 이들보다 더 심각한 자들을 지적한다. 그들은 질병이 걸린 사실을 숨기고 돌아다니면서 사람들에게 의도적으로 질병을 퍼뜨리는 자들이다. 루터는 이러한 사람들이 있다는 것이 믿기지 않지만 소문으로 들었다면서, 이것이 사실이라면 독일인은 인간이 아니라 마귀라고 해야 할지도 모른다고 말한다. 그는 세상에는 정말 사악한 인간들이 있기 마련이며, 사탄이 결코 태만하지 않음을 지적한다. 루터는 이러한 사람들이 발견된다면 곧장 교수형에 처해야 하는데, 그들은 노골적이며 의도적인 살인자들과 진배없기 때문이다. 그런 사람들은 설교를 듣지 않을 것이다. 따라서 정부 당국자들은 그들이 의사의 도움을 받도록 할 것이 아니라 교수형의 도움을 받도록 해야 한다.[98]

이어서 루터는 격리규정을 언급한다. 구약에서 문둥병에 걸린 사람들은 공동체로부터 격리되었듯이(레 13-14), 역병에 걸린 사람들도 격리되어야 하며, 더는 병을 옮기지 않도록 해야 한다. 물론 그런 사람들을 적절히 도와주어야 한다. 그렇게 하면 언젠가는 역병이 멎게 될 것이다.[99]

루터는 이 두 번째 부분의 글을 맺으면서 자신의 의견은 이상과 같으며, 다른 견해를 가진 사람들에게는 하나님께서 지혜를 주시기를 바란다고 하면서 글을 마친다.

3.4. 세 번째 부분의 내용

편지의 세 번째 부분(LW 43:134-35; WA 23:371.5-373.29)에서 루터는 임

---

97. LW 43:132.
98. LW 43:133.
99. LW 43:133.

종이 다가오는 사람들의 영혼을 어떻게 돌볼 것인지에 대한 지침을 제공한다. 이 내용은 루터가 강대상에서 자주 강조했던 내용이었다.[100]

첫째로, 목회자들은 사람들이 교회에 계속 출석하여 어떻게 살고 어떻게 죽을지에 대한 하나님의 말씀을 설교를 통해 듣도록 해야 한다.[101] 건강할 때 하나님의 말씀을 무시하는 사람들은 회개하지 않는 한 병들었을 때에 목회적 도움을 주거나 성찬을 줄 수 없다고 루터는 단호하게 말한다. 그런 것은 거룩한 것을 돼지나 개들에게 던지는 것과 마찬가지라는 것이다(마 7:6). 루터는 살 때나 죽을 때 영혼에 대해 전혀 신경 쓰지 않고 살아가는 사람들이 있다는 사실에 통탄한다.

둘째로, 모든 사람은 죽을 때를 대비해야 하며, 신앙을 고백하고 매주 혹은 2주에 한 번은 성찬에 참여해야 한다.[102] 사람들은 이웃과 화해해야 하며, 세상을 떠나기 전에 유언도 남겨야 한다. 영혼을 돌봐야 하며, 후회되는 일이 없도록 해야 하며, 하나님께 자신을 의탁해야 한다. 병든 사람이 많은데 목회자가 부족한 경우에는 미리 대비해야 한다. 그렇지 않은 책임은 본인이 져야 한다.[103]

셋째로, 아픈 사람은 아직 의식이 있는 적절한 시기에 목회자의 심방을 받아야 하며, 너무 늦어서 의식불명인 상태에서 목회자가 심방하지 않도록 해야 한다.[104] 아무리 목회자가 부지런해도 몸과 영혼에 대해 너무 무관심하고 방관하는 사람들에게는 도움이 되지 못할 것이다. 특히 루터는 신앙이 없고 의도적으로 그것을 무시하는 사람들에게는 성찬을 줄 수 없다고 강조한다. 성찬은 불신자가 아니라, 신앙을 표현하고 고백하는 신자들에게만 주어야 하기

---

100. LW 43:134.

101. LW 43:134.

102. LW 43:134.

103. LW 43:134-35.

104. LW 43:135.

때문이다.[105]

세 번째 부분 마지막에서 루터는 이러한 지침을 브레슬라우 사람들에게 하는 것을 그들이 똑같이 행하라는 뜻이 아님을 덧붙인다. 그리스도께서 그들과 함께 계시고 루터의 도움이 없더라도 그리스도께서 그들을 자신의 기름부음과 함께 가르치실 것이기 때문이다. 다시 한번 루터의 겸손을 엿볼 수 있는 대목이다.[106]

3.5. 네 번째 부분의 내용

이 작품의 네 번째 부분(LW 43:135-38; WA 23:373.30-379)에서 루터는 공동묘지의 위치에 대해 다룬다. 그는 공동묘지가 도시 내에 있는 것보다 도시 바깥에 위치하는 것이 더 좋지 않겠냐는 의견을 내놓는다.[107] 물론 그는 의사나 그 외 자신보다 경험이 많은 사람들의 의견을 존중하겠다고 전제한 후에, 자신의 의견을 조심스레 꺼내놓는다. 자기는 무덤에서부터 나오는 증기나 안개 같은 것이 공기를 오염시키는 것인지 확실히 알지는 못하지만, 만일 그렇다고 한다면 공동묘지를 도시 바깥으로 옮기는 것은 충분한 근거가 있다고 말한다.[108] 독으로부터 사람들을 지키는 것이 우리의 최고의 책임이며, 하나님께서도 몸을 보호하라고 명령하셨기 때문이다. 루터는 "하나님의 뜻에 따라 살고 죽는 이 두 가지에 늘 준비되어 있어야 한다."고 주장한다(롬 14:7).[109]

그러면서 루터는 고대 사회에서 유대인이나 이방인 모두 도시 바깥에서 죽은 자를 묻었음을 지적한다. 그는 나인 성(城) 과부의 경우(눅 7:12), 그리스도

---

105. LW 43:135.
106. LW 43:135.
107. LW 43:135-36.
108. LW 43:136.
109. LW 43:136.

의 경우, 아브라함의 경우(창 23:9)의 예를 든다.[110] 또한 루터는 이 주제가 위생상의 문제뿐 아니라, 경건과 품위의 문제와도 관련된다고 말한다. 일반적으로 묘지는 조용한 장소여야 하는데, 당시 비텐베르크의 묘지는 도심 중앙에 있어서 가장 번잡스럽고 소란스러운 곳이 되었다. 루터는 튀르크인들(무슬림들)도 그 정도로 품위를 떨어뜨리는 일은 하지 않을 것이라며 비난한다. 하지만 루터는 이러한 내용은 자신의 충고에 불과하며, 원할 경우에 따르지만, 더 잘 아는 사람들은 알아서 판단하라고 한다. 루터는 "나는 그 누구의 주인도 아닙니다."라고 겸손히 말하면서 이 단락을 마친다.[111] 이처럼 루터는 단지 개인의 방역에만 신경을 쓴 것이 아니라, 공공의 제도도 역시 방역을 위해서 개선되어야 할 점이 있다면 적극적으로 제안했다.

전체 편지를 끝맺는 부분에서 루터는 사탄적이며 진정 영적인 페스트라고 할 수 있는 열광주의자(*Schwärmer*)로부터 자신을 지켜달라고 기도를 부탁한다.[112] 그리고 그리스도께서 그의 날까지 우리를 순수한 신앙과 뜨거운 사랑 안에서 흠 없이 순결하게 지키시기를 기도한다. 마지막으로 "불쌍한 죄인"에 불과한 자신을 위해 기도해 달라고 요청하면서 편지를 마친다.[113]

---

110. LW 43:136.

111. LW 43:136-37.

112. LW 43:137. 처음에 루터는 토마스 뮌처(Thomas Münzer), 니콜라우스 슈토르히(Nikolaus Storch), 가브리엘 츠빌링(Gabriel Zwilling), 안드레아스 칼슈타트(Andreas Karlstadt) 등을 열광주의자라고 불렀다. 이들의 급진적 운동을 저지하기 위해 1522년에 일련의 설교(Invocavit Sermons)를 했다(LW 51:69-100 참조). 루터는 이후에 성찬논쟁에서 츠빙글리 역시 열광주의자라고 부르기도 했다. 물론 츠빙글리는 그러한 표현을 매우 싫어했다. 이상의 내용은 LW 37:18n14를 참조함.

113. LW 43:137-38.

4. 팬데믹 시대를 위한 루터의 목회적 적용점

루터는 코로나19를 겪고 있는 오늘날 우리들과 마찬가지로 대역병으로 인한 신앙적, 사회적 위기 속에서 살았다. 하지만 그는 목회자이자 한 사람의 그리스도인으로서 지혜롭게 시대의 위기에 대처할 줄 알았다. 루터가 쓴 공개편지인 『죽음으로부터 도망칠 수 있을 것인지』라는 작품이 코로나 시대를 사는 우리들에게 주는 목회적 적용점은 아래와 같다.

첫째, 우리는 하나님을 신뢰하면서 살아야 한다. 루터는 사탄이 우리로 하여금 빛과 생명이신 그리스도로부터 멀어지게 만드는 가장 큰 무기 중에 하나가 바로 두려움과 염려라고 주장한다. 그렇기에 루터는 대역병의 상황에서 개인적으로, 공적으로 안전하게 방역을 하면서도, 예배를 꾸준히 드리면서 신앙이 약해지지 않도록 권면했다.

마찬가지로 우리는 코로나 상황에서 개인 경건과 공적 예배에 더욱 힘써야 한다. 하나님에 대한 신뢰가 무너지면 외적 위기보다 더 큰 내적, 영적 위기가 올 수 있기 때문이다. 반대로 하나님을 신뢰하면 우리는 마음의 평안을 얻고, 위기 가운데 지혜롭게 행동할 수 있을 것이다.

둘째, 우리는 이웃 사랑에 힘써야 한다. 루터가 역병 중에도 성도들이 하나님만 신뢰하도록 권면한 이유는 그리스도인들이 자신의 이웃을 계속해서 돌보도록 하기 위함이었다. 그는 하나님에 대한 봉사와 이웃에게 대한 봉사를 긴밀하게 연결시켰다. 위기에 처한 이웃을 돕는 자는 그리스도를 섬기는 자와 마찬가지이다. 그 섬김을 통하여 말씀 안에서 그리스도를 만날 것이기 때문이다.

마찬가지로 기독교인들은 팬데믹 상황에서 이웃 사랑에 더욱 힘써야 한다. 안타깝게도 코로나를 지나면서 교회에 대한 신뢰도가 크게 떨어졌다. 목회데이터연구소, [넘버즈] 82호(2021.1.29.)에 따르면, 2020년에 코로나19를 겪으면서, 한국 교회 신뢰도는 32%에서 21%로 급락했다.[114] 그 이유에는 언론의 편파적 보도가 일정한 몫을 차지하기도 했지만, 교회가 공공의 유익에 큰 관심을 가지지 못하고 자기 교회 중심주의에 빠져 있기 때문이기도 하다. 앞의 [넘버즈]의 조사에서 한국 교회의 사회적 책임과 관련, '지역사회와 한국 사회를 섬기는 공적 역할을 강화시켜야 한다'는 주장에 대해 '개신교인'의 80%, '비개신교인'의 83%가 '그렇다'고 응답해 '개신교인'과 '비개신교인' 대부분이 한국 교회의 공적 역할을 기대하고 있음을 알 수 있다. 한국교회의 실추된 신뢰도를 회복하려면 한국교회가 이전보다 더 적극적으로 이웃 사랑에 힘써야 한다.

셋째, 우리는 서로를 함부로 판단해서는 안 된다. 루터는 교회의 하나 됨을 매우 강조하였다. 역병을 피해 달아나는 자들과 역병 가운데 꿋꿋이 환자들을 돌보는 자들 모두 각자의 상황에서 하나님 앞에서 판단할 문제라고 주장했다. 이웃이 도와달라고 소리칠 때 우리는 그 외침을 무시해서는 안 된다. 하지만 그들에게 필요한 의사와 봉사자들이 함께 있을 때에는, 나 자신의 건강을 위하여 피신하는 것 역시 필요할 수도 있다. 루터는 자신의 견해들을 제시하면서도 어디까지나 자신의 의견일 뿐이라며 단서를 다는 겸손함을 보여준다. 교회가 혼란에 빠지지 않도록 주의하면서 글을 쓴다.

코로나19를 지나면서 한국교회 역시 서로에 대해서 여러 가지 비판을 퍼부었다. 대면예배와 비대면예배, 방역수칙 준수, 정치적 입장에 따라 의견들이 크게 나뉘었다. 이러한 갈등은 서로의 상황을 이해하려는 정신이 부족해서 더욱 안 좋은 쪽으로 증폭되었다. 이럴 때 겸손과 온유함으로 자신의 입장을 제

---

114. http://www.mhdata.or.kr/bbs/board.php?bo_table=koreadata&wr_id=133&page=1(2021.7.8. 접속)

시한 루터의 모습은 큰 모범이 될 것이다.

넷째, 우리는 비겁함과 만용 모두를 경계해야 한다. 비겁함에 빠진 사람들은 "왼손의 죄"를 짓는 사람들이다. 이들은 도움을 요청하는 이웃의 요구에도 아랑곳하지 않고 자신만 살기 위해 도망치는 자들이다. 반대로 만용에 빠진 사람들은 "오른손의 죄"를 짓는 사람들이다. 이들은 전염병을 전혀 두려워하지 않는 나머지 약을 사용하지도 않고 방역수칙을 지키지도 않는다. 그리하여 이들은 오히려 전염병이 확산되는데 기여하는 자들이다. 루터는 전자의 사람들은 하나님의 돌보심을 믿지 않는 불신자라고 비판하며, 후자의 사람들은 이웃을 해치는 살인자라고 비판한다. 루터는 믿음에서부터 나오는 평안과 용기를 가지고 환자들을 돌보며, 또한 역병에 대응하는 적절한 지혜와 지식을 가지고 방역수칙과 위생건강을 지킬 것을 권면한다.

루터의 이러한 권면은 오늘날 우리들에게도 역시 도움이 된다. 그리스도인은 자신을 위해 살지 않고 하나님과 이웃을 위해 사는 사람들이다. 팬데믹의 상황에서 우리는 이웃을 방관하거나 이웃에게 해를 끼치는 일 모두를 피해야 한다. 자신과 이웃의 생명을 보호하기 위해 할 수 있는 노력을 기울여야 한다.

다섯째, 우리는 개인 방역에 철저해야 한다. 루터는 방역에 필요한 일이라면 적극적으로 협조할 것이라고 말한다. 그는 약을 먹거나 의술을 활용하는 것을 적극적으로 장려한다. 그는 역병의 상황에서 불필요하게 사람들을 만나거나 사람이 많은 장소에 가는 것을 경계한다. 그렇게 함으로써 자신의 부주의로 다른 사람에 피해가 가지 않도록 해야 한다고 말한다. 루터는 하나님을 시험해서는 안 된다고 주장한다. 그는 특히 의도적으로 전염병을 옮기는 사람들을 가장 강한 어조로 비판하는데, 그런 자들이 발견되면 즉시 교수형에 처해야 한다고 말할 정도이다. 루터가 보기에, 그런 사람들은 노골적이며 의도적인 살인자와 마찬가지이기 때문이다.

코로나19 상황에서도 마스크 착용을 철저하게 하는 등의 개인 방역에 힘쓴 사람들은 코로나의 위험이 적을 뿐 아니라, 호흡기감염병의 위험도 대폭 줄이는 것으로 나타났다. 루터는 자신의 솔선수범을 통해 기독교인들이 누구보다도 앞장서서 개인 방역에 힘써야 함을 보여주었다. 팬데믹 상황에서 기독교인이 의술을 활용하거나 현대 기술을 활용하는 것은 하나님의 일반은혜의 측면에서 볼 때에 당연한 일이다.

여섯째, 우리는 공공선을 증진시키고 공공정책을 개선시켜야 한다. 루터는 공적 직무를 맡은 사람들 즉 목회자들, 위정자들, 관료들, 의사와 간호사들의 책임을 매우 강조한다. 이들은 결코 도시를 떠나서는 안 되며, 자신에게 맡겨진 소임을 다해야 한다. 루터는 특히 병자들, 어린아이들, 노부모들이 도움받아야 한다고 주장한다. 그는 도움이 필요한 사람들을 방관하는 것은 하나님의 눈에서 살인이 된다고 말할 정도이다. 루터는 환자들의 격리를 강조하는데, 개인 가정보다는 공적인 의료기관에서 그 일을 담당해야 한다고 주장한다. 특히 루터는 국가와 도시마다 공공의료기관을 세워서 무료로 병자들을 치료해줄 것을 제안한다. 그 비용은 자발적인 기부를 통해 충당되면 좋겠지만, 그것으로는 부족할 수 있으므로 무엇보다 국가가 책임지고 감당해야 한다고 주장한다. 우리가 그렇게 해야 하는 이유는 우리 모두가 상호 결속되어 살아가기 때문이다. 인간의 연대성에서 상호간 책임성이 나오는 것이다. 루터는 또한 공동묘지에서 독성 물질이 나올 수도 있으므로 그것을 도시 바깥으로 옮길 것을 제안했는데, 이 또한 공적 제도 개선에 관심을 가진 모습을 보여준다.

루터의 태도는 코로나19를 지나고 있는 우리 기독교인들이 공공선과 공공정책에도 관심을 가지며, 더욱 나은 제도를 만들기 위해 노력해야 함을 보여준다. 특히 사회의 취약계층을 더 효과적으로 도울 수 있는 제도들을 만들기 위해 기독교인들은 지혜를 모으며, 교회적으로 사회적으로 실천해야 할 것이다.

일곱째, 우리는 죽음을 미리 준비해야 한다. 루터는 하나님께서 우리를 치시고자 한다면 그 누구도 피할 수 없을 것이라 말한다. 그는 우리가 어떻게 살며 어떻게 죽을지에 대해 하나님의 말씀을 들어야 한다고 주장한다. 그는 우리가 죽을 때를 대비해야 하며, 신앙을 고백하고, 이웃과 화해할 것을 가르친다. 병자들은 의식을 잃기 전에 미리 목회자의 심방을 받아야 한다. 우리가 죽음을 생각하는 것은 올바르게 살기 위해서이다(전 12:1-2). 죽음에 대한 묵상은 삶의 지혜를 준다(시 90:12).

그리스도인에게는 죽음을 넘어선 소망이 있다. 그리스도인에게 죽음은 끝이 아니라, 주님께로 나아가는 관문일 뿐이기 때문이다. 특히 팬데믹 상황에서 우리는 하나님의 섭리를 생각해야 한다. 하나님은 악조차도 더 큰 선을 위해 사용하시는 분이시다. 이런 상황에서 불평하기보다는 오히려 나와 함께 하시는 하나님을 묵상할 때에 우리는 '코로나 블루'(코로나로 인한 우울증)를 이겨내고 감사의 삶을 살 수 있을 것이다.

전염병을 대하는 루터의 기본자세를 두 어구로 요약한다면 "하나님에 대한 신뢰"와 "이웃에 대한 사랑"으로 표현할 수 있다. 그런데 이 두 가지는 서로 긴밀하게 연결되어 있다. 하나님을 진심으로 의지하는 자는 위기의 순간에도 하나님의 말씀에 따라 이웃을 자신의 몸처럼 사랑할 수 있기 때문이다. 대역병의 상황에서도 루터는 사탄의 궤계에서부터 우리를 지키시는 하나님을 신뢰하도록 권면한다. 그의 신학의 핵심이라고 할 수 있는 이신칭의가 여기에서도 빛난다. 루터가 이신칭의론에서 선행을 결코 무시하지 않고 그것과 연결시켰듯이, 그는 또한 역병 가운데 하나님을 신뢰하는 사람은 이웃에 대한 사랑을 몸소 실천한다는 사실을 강조하고 있다.[115] 그 실천 속에서 신자는 말씀 가운데 계신 그리스도를 만나기 때문이다.

참고문헌

박상봉. "불링거와 취리히 흑사병." In 『전염병과 마주한 기독교』. Edited by 노영상, 이 상규, 이승구. 군포: 도서출판 다함, 2020.

안명준 외 45인 공저. 『교회통찰: 코로나, 뉴 노멀, 언택트 시대 교회로 살아가기』. 서울: 세움북스, 2020.

우병훈. 『처음 만나는 루터』. 서울: IVP, 2017.

———. 『기독교 윤리학』. 서울: 복있는사람, 2019.

———. "루터의 하나님—루터의 '숨어계신 하나님' 개념에 대한 해석과 적용." 「한국개 혁신학」 51 (2016): 8-56.

———. "루터의 소명론 및 직업윤리와 그 현대적 의의." 「한국개혁신학」 57 (2018): 72- 132.

———. "루터의 칭의론과 성화론의 관계: 대(大)『갈라디아서 주석』(1535년)을 중심으 로." 「개혁논총」 46 (2018): 69-116.

———. "아우구스티누스의 공공신학에 대한 두 현대 이론 분석: 한나 아렌트와 진 엘슈

---

115. 루터의 이신칭의론과 성화론의 관계, 그리고 그의 이신칭의론이 가지는 다양한 신학적 함의에 대해 서는 아래 글들을 보라. 우병훈, "루터의 칭의론과 성화론의 관계: 대(大)『갈라디아서 주석』(1535년) 을 중심으로," 「개혁논총」 46 (2018): 69-116; 우병훈, "루터의 소명론 및 직업윤리와 그 현대적 의 의," 「한국개혁신학」 57 (2018): 72-132.

● 이 논문을 작성하는 동안 아버지께서 소천하셨습니다. 선친께서는 늘 아들을 위해 기도해 주시고, 진 심으로 격려해 주셨습니다. 그 사랑과 은혜를 기억하면서, 이 논문을 선친이신, 고(故) 우재용 집사님 (1943-2021)께 바칩니다. In the loving memory of my father, Jae Yong Woo (1943-2021), who always prayed for me and heartily encouraged me.

테인의 대표적 연구서에 나타난 『신국론』 해석을 중심으로." 「갱신과 부흥」 25 (2020): 65-144.

이상규. 『교양으로 읽는 종교개혁 이야기』. 수원: 영음사, 2017.

주도홍. "루터와 흑사병." In 『전염병과 마주한 기독교』. Edited by 노영상, 이상규, 이승구. 군포: 도서출판 다함, 2020.

Alfano, Vincenzo, and Manuela Sgobbi. "*A fame, peste et bello libera nos Domine*: An Analysis of the Black Death in Chioggia in 1630." *Journal of Family History* (2021): 1-17.

Aristotle. 『니코마코스 윤리학』. *Ethica Nicomachea*. 이창우, 김재홍, 강상진 공역. 서울: 이제이북스, 2006.

Barth, Hans-Martin. 『마르틴 루터의 신학: 비평적 평가』. *Die Theologie Martin Luthers: eine kritische Würdigung*. 정병식·홍지훈 역. 서울: 대한기독교서회, 2015.

Beintker, Horst. *Die Überwindung der Anfechtung bei Luther: Eine Studie zu seiner Theologie nach den Operationes in Psalmos 1519-1521*. Berlin: Evangelische Verlagsanstalt, 1954.

Beutel, Albrecht. "Luther's Life." In *The Cambridge Companion to Martin Luther*. Edited by Donald K. McKim, 3-19. New York: Cambridge University Press, 2003.

Bornkamm, K. and G. Ebeling, eds. *Martin Luthers Ausgewaehlte Schriften*. Vol. II. Berlin: Insel Verlag, 1983.

Hendrix, Scott H. *Martin Luther: Visionary Reformer*. New Haven: Yale University Press, 2015.

Kolb, Robert, Irene Dingel, and L'ubomír Batka, eds. *The Oxford Handbook of Martin Luther's Theology*. Oxford, UK: Oxford University Press, 2014.

Köstlin, Julius. *Martin Luther, Sein Leben und Seine Schriften*. 5th ed. Berlin: Verlag Alexander Duncker, 1903.

Krey, Philip D. "Luther, Martin." In *Augustine through the Ages: An Encyclopedia*.

Edited by Allan Fitzgerald, 516-18. Grand Rapids: Eerdmans, 1999.

Lienhard, Marc. *Luther: Witness to Jesus Christ.* Translated by Edwin Robertson. Minneapolis: Augsburg Publishing House, 1982.

Lohse, Bernhard. 『마틴 루터의 신학-역사적, 조직신학적 연구』. *Luthers Theologie in ihrer historischen Entwicklung und in ihrem systematischen Zusammenhang.* 정병식 역. 서울: 한국신학연구소, 2003.

Lull, Timothy F. "Luther's Writings." In *The Cambridge Companion to Martin Luther.* Edited by Donald K. McKim, 39-61. New York: Cambridge University Press, 2003.

Luther, Martin. D. *Martin Luthers Werke: Kritische Gesammtausgabe.* Vol. 23. Weimar Ausgabe. Weimar: H. Bohlau, 1901.

———. D. *Martin Luthers Werke: Kritische Gesammtausgabe.* Vol. 40III. Weimar Ausgabe. Weimar: H. Bohlau, 1930.

———. *Luther's Works. First Lectures on the Psalms II: Psalms 76-126.* Vol. 11. Edited by Jaroslav Pelikan, Helmut T. Lehmann, and Hilton C. Oswald. St. Louis, MO: Concordia Publishing House, 1955.

———. *Luther's Works. Devotional Writings II.* Vol. 43. Edited by Jaroslav Pelikan, Helmut T. Lehmann, and Hilton C. Oswald. St. Louis, MO: Concordia Publishing House, 1999.

———. 『말틴 루터의 갈라디아서 강해(상/하)』. *Lectures on Galatians,* 1535. 김선회 역. 용인: 루터대학교 출판부, 2003.

———. 『갈라디아서 강해』. Galatians. 김귀탁 역. 서울: 복있는사람, 2019.

Oberman, Heiko Augustinus. *The Reformation: Roots and Ramifications.* Translated by Andrew Colin Gow. Grand Rapids, MI: Eerdmans, 1994.

Preus, James Samuel. *From Shadow to Promise. Old Testament Interpretation from Augustine to the Young Luther.* Cambridge, MA: Harvard University Press, 1969.

———. "Old Testament Promissio and Luther's New Hermeneutic." *Harvard*

Theological Review 60 (1967): 145-61.

Scaer, David P. "The Concept of Anfechtung in Luther's Thought." *Concordia Theological Quarterly* 47/1 (January 1983): 15-30.

Schilling, Johannes. "Gottvertrauen und Nächstenliebe: Luthers Empfehlungen und Ermutigungen in Zeiten der Pandemie." *Spiritual* Care 9/3 (2020): 283-88.

Selderhuis, Herman. 『루터, 루터를 말하다』. *LUTHER, A Man Seeking God.* 신호섭 역. 서울: 세움북스, 2016.

Slack, Paul. *The Impact of Plague in Tudor and Stuart England.* London: Routledge & Kegan Paul, 1985.

――――. "Responses to Plague in Early Modern Europe: The Implications of Public Health." *Social Research* 55/3 (1988): 433-53.

Slenczka, Notger. "Christus." In *Luther Handbuch.* Edited by Albrecht Beutel, 428-39. Tübingen: Mohr Siebeck, 2005.

Spijker, Willem van't. 『기도 묵상 시련: 루터와 칼빈이 말하는 참 신앙의 삼중주』. *Bidden om te leven.* 황대우 역. 수원: 그책의사람들, 2012.

Tappert, Theodore G. *Luther: Letters of Spiritual Counsel.* The Library of Christian Classics 18. Philadelphia: Westminster Press, 1955.

Vasold, Manfred. "Luther und Pest: Materialien zu Luthers Antisemitismus." In *Pest, Not und Schwere Plagen.* München: C. H. Beck, 1991.

Wannenwetsch, Bernd. "Luther's Moral Theology." In *The Cambridge Companion to Martin Luther.* Edited by Donald K. McKim, 120-35. New York: Cambridge University Press, 2003.

Woo, B. Hoon. "Pilgrim's Progress in Society-Augustine's Political Thought in *The City of God.*" *Political Theology* 16/5 (2015): 421-41.

목회데이터연구소. [넘버즈]. 82 (2021.1.29.)

http://www.mhdata.or.kr/bbs/board.php?bo_table=koreadata&wr_id=133&page=1

Abstract

Luther's Pastoral Practice in the Age of Pandemic

Prof. Dr. Byung Hoon Woo

(Faculty of Theology)

The Reformer, Martin Luther (1483-46), who lived in an era when the Black Death was rampant, actively dealt with the plague as a pastor. He insisted that people with public responsibilities, such as governors, public officials, medical doctors, nurses, and pastors, should not leave their positions during epidemics. However, he said that one can escape from the plague if there are enough people who can help the sick. Luther encouraged faithful love of neighbor while trusting in God. He criticized both "the sin on the left hand" and "the sin on the right hand." The sinners of the left hand are those who are so afraid of the plague that they run away to make sure they survive. The people who fall into the sin on the right hand are those who have reckless courage and do not take medicine or receive medical treatment, nor do they follow the quarantine rules. Luther was wary of both cowardice and recklessness. He is not only interested in personal quarantine, but also public policies such as the establishment of public medical institutions and the movement of cemeteries. Luther exhorted the church to work harder to become one in the age of the plague, to continue to worship, to devote to godliness, and to live a life in preparation for death. Luther's pastoral practice suggests many applicable points for us in the age of pandemic.

Key words: COVID-19, Luther, Pandemic, Ministry, Common Good

기독교교육학

"그들은 무엇을 요구하고 있는가?": 한국교회 내 코로나 블루(Corona Blue) 청소년의 요구 분석[1]

이현철(고신대학교 기독교교육과 교수)

[초록]

본 연구는 코로나 블루를 경험한 기독청소년들을 대상으로 그들이 교회 내 신앙생활 및 신앙양육으로 요구하고 있는 요인을 실증적으로 분석하고, 이를 바탕으로 한국교회의 교회교육 전략과 사역방안을 제시하고자 하였다. 이를 위해 본 연구에서는 학생신앙운동(SFC)의 「코로나19에 따른 한국교회 청소년 사역방안 기초조사」 데이터를 활용하였으며, 전국 16개 시도(제주도 및 울릉도 포함)에 거주하고 있는 교회에 출석하는 청소년(중·고등학생) 1,753명(남: 850명, 여: 903명) 중 코로나 블루를 경험한 300명을 추출하여 분석하였다. 분석방법으로는 Borich 요구도 분석과 The Locus for Focus Model을 적용

---

1. 이 논문은 2021년 한국기독교교육학회 춘계학술대회(2021년 4월 10일, 서울신학대학교)에서 발표한 원고를 수정·보완한 것임.

하여 분석하였으며, 이를 통해서 기독청소년들의 신앙생활 및 신앙양육 요구 분야를 확인하였다. 연구결과 기독청소년들은 '성경 읽기, 성경공부 참여하기, 기도하기, (오프라인 대면)예배 참여하기, (온라인 비대면)예배 참여하기'의 5개 분야에 대한 우선적인 요구를 가지고 있었으며, 이를 바탕으로 코로나 블루 기독청소년을 위한 교회 사역의 방향을 제안해보았다.

주제어: 한국교회, 청소년, COVID-19, 코로나 블루, 교회교육, 사역 전략

1. 들어가며: 팬데믹, 코로나 블루, 그리고 기독청소년

2020년 세계적인 팬데믹(pandemic) 으로서 COVID-19는 기존 사회와 질서의 체제를 무력화시켰으며, 21세기 인류에게 한 번도 경험해보지 못한 일상을 살아가게 했다. 여기에 한국사회도 예외가 아니었으며, 다른 국가들에 비하여 상대적으로 일찍 COVID-19를 경험하게 된 나라가 되기도 하였다. 한국 정부 및 지자체는 사회적 거리두기와 같은 강력한 방역 및 대응책들을 발표하고 있으며, 개인들은 개인 수준에서의 위생 강화와 집단 활동 자제와 같은 생활 방식의 변화를 감내하며 살아가고 있다. 한국사회에서의 COVID-19 현황은 2020년 1월 3일 이후부터 현재까지(2021년 3월 18일 00시 기준) 누적 확진자 97,294명, 사망자 1,688명에 이르고 있으며, 누적 검사수 7,218,087건, 누적 검사 완료수 7,128,365건, 누적 확진율 1.4%를 보이고 있다.[2] 세계적으로 볼 때 우리나라는 초기 대응과 철저한 방역 활동으로 인해 효과적으로 대응하였다고 평가가 내려지고 있으며, 확진자와 사망자의 수준도 다른 국가들에

---

2. 질병관리청, 코로나바이러스감염증-19(COVID-19) 환자 현황, http://ncov.mohw.go.kr/ 2021년 3월 18일 검색.

비해 상대적으로 심각한 수준으로 보기는 어려울 것이다. 코로나와 관련된 근본적인 위기 극복을 위해서 필수적으로 요청되는 것은 안정적인 백신의 공급이다. 이미 여러 나라에서 mRNA나 DNA를 이용한 백신, 바이러스 벡터 백신 및 불활성화 백신, 재조합 백신, 바이러스 유사입자 백신 등이 개발 중에 있으며, 우리나라에는 mRNA백신(화이자·모더나社), 바이러스 벡터(아스트라제네카·얀센社) 백신, 불활성화 백신(노바백스社) 등을 통한 백신 접종이 진행 중이거나 진행이 예정되어 있는 상황이다.

하지만 백신 접종이 이루어지고 있음에도 불구하고 집단면역 형성 시기까지의 정확한 실증자료가 확보되지 못한 실정이며, 집단별, 접종 백신별, 접종 우선순위 등 다양한 요인에 의해서 집단면역 획득에 필요한 접종률이 영향을 받고 있어[3] 장기적인 차원에서 코로나 팬데믹의 영향은 지속될 가능성이 예상된다. 이는 COVID-19와 관련된 근본적인 해결의 단계까지는 여전히 가야 할 길이 힘겨울 것임을 시사하는 대목이며, 실제로 다양한 전문가들의 견해도 향후 몇년 간은 COVID-19로 인한 삶의 제약들이 많을 것으로 예상을 하고 있다.

전술한 맥락과 상황은 우리들의 사회적, 경제적, 문화적 삶의 영역들을 급속하게 변화시켰으며, COVID-19 이전의 일상적 삶의 모습을 송두리째 바꾸어 버렸다. 이 과정에서 예상치 못한 역기능적인 측면들도 나타나고 있는데, 그 중 대표적인 사항이 바로 '코로나 블루(Corona Blue)'와 같은 심리적인 영역의 문제와 딜레마일 것이다.

'코로나 블루'는 '코로나(Corona)' 바이러스와 우울한 기분을 뜻하는 '블루

---

3. 질병관리청, 코로나19 백신 개요, http://ncv.kdca.go.kr/menu.es?mid=a12205000000 2021년 3월 17일 검색.

(blue)'가 합쳐져서 만들어진 용어인데,[4] COVID-19의 확산으로 일상에 큰 변화가 생기면서 개인들이 경험하고, 느끼는 '불안, 우울, 무기력감'등을 의미한다. 이를 우리말로는 '코로나 우울'로 살펴볼 수 있을 것이다.[5] 이러한 코로나 블루는 연령층과 상관없이 나타나고 있으며, 한국교회의 미래세대인 청소년들에게도 심각하게 나타나고 있어 교회의 집중적인 관심과 신앙적인 지도가 강력하게 요청되고 있다.

실제로 청소년 전문 기관 및 상담 현장에서는 청소년들의 우울, 불안 등의 호소가 높아지고 있는데, 청소년사이버상담센터(이하 상담센터)의 상담이 2020년 당시 30% 이상 늘었다고 보고하였다. 구체적으로 상담센터의 상담 건수는 2020년 1월부터 2020년 11월까지 29만5천227건으로, 예년의 같은 기간(22만4천347건)보다 31.6% 증가하였음을 제시하였다.[6] 이러한 측면은 코로나로 인해 청소년들이 심각한 심리적인 문제를 겪고 있음을 시사하는 것이며, 위기에 직면한 청소년들을 위한 체계적인 안정망과 지원의 필요성을 강력하게 요청하는 것으로 볼 수 있다.[7] 특별히 해당 맥락에서는 기독청소년들도 예외가 아니며, 교회를 통한 신앙형성과 교육적 활동의 측면에서도 외면할 수 없는 중요한 영역으로 볼 수 있다.

이에 본 연구는 코로나 블루를 경험한 기독청소년들을 대상으로 이들이 신앙생활 및 교육으로 요구하고 있는 요인을 분석하여 이들을 향한 한국교회

---

4. 박기영, "코로나블루 시대에 필요한 목회적 돌봄," 「복음과 실천」 57(2020), 49.

5. 대한민국정책 브리핑, 코로나 블루(Corona Blue), 2020년 8월 14일 KTV기사. 2021년 3월 18일 검색.

6. 매일경제, "코로나19로 청소년의 가족 갈등·우울 상담 31.6% 증가," 매일경제 2020년 12월 17일 기사, https://www.mk.co.kr/news/politics/view/2020/12/1294716/ 2021년 3월 20일 검색.

7. 조연용, "위기청소년에게 기회를 제공하는 플랫폼, '청소년 안정망'," 한국청소년상담복지개발원 (KYCI) 2020.5월호(2020), https://www.kyci.or.kr/news/2020_05/contri01.asp 2021년 3월 20일 검색.

의 교회교육 전략과 사역 방안 도출을 위한 기초자료를 제시해보고자 한다.

2. 연구방법

2.1. 분석자료 및 연구대상

본 연구에서 활용된 분석자료는 학생신앙운동(SFC)의 「코로나19에 따른 한국교회 청소년 사역방안 기초조사」 데이터를 활용하였다. 해당 조사는 전국 16개 시도(제주도 및 울릉도 포함)에 거주하고 있는 교회에 출석하는 청소년(중·고등학생) 1,753명(남: 850명, 여: 903명)을 대상으로 실태 조사를 실시하였다. 표집방법은 기본적으로 모집단을 중심으로 한 지역별 유층표집(stratified sampling)이 적용되었으며, 동시에 모집단의 비례를 고려하여 하위집단을 할당 배정하여 무선적으로 표본을 추출하였다.[8] 「코로나19에 따른 한국교회 청소년 사역방안 기초조사」 데이터에 기초하여 본 연구의 목적에 부합하는 코로나 블루 청소년들은 '코로나19로 인해 우울감이 들었다(코로나 블루 현상)'에 대하여 적극적인 긍정('매우 그렇다'와 '그렇다')으로 응답한 남 102명(34.0%), 여 198명(66.0%)이 다시 추출되어 최종 연구대상으로 300명이 구성되었다. 구체적인 연구의 분석대상의 특징은 다음과 같다.

---

8. 이현철·문화랑·이원석·안성복, 『코로나시대 청소년신앙 리포트』(서울: SFC, 2021), 52. 「코로나19에 따른 한국교회 청소년 사역방안 기초조사」 데이터의 설문 내용은 개인적 배경과 관련된 12문항, 코로나 19와 개인생활 관련 4문항, 코로나19 이전과 이후의 생활변화 관련 12문항, 코로나19와 학교생활 관련 13문항, 코로나19와 신앙생활 관련 28문항의 총 69문항으로 구성되었다. 해당 문항의 도출과정은 선행 연구를 바탕으로 기초 문항을 구성하였으며, 현장전문가와의 4차에 걸친 타당화와 사전 논의를 통해 개발되었다. 해당 데이터에서 활용된 문항의 영역별 신뢰도 Cronbach α계수는 .824~.938 수준이었다.

<표 1> 본 연구의 분석대상: 코로나 블루 청소년

구분		빈도	%
성별	남자	102	34.0
	여자	198	66.0
	합계	300	100.0
학교급	중학교	114	38.0
	고등학교	172	57.3
	기타(홈스클링, 대안학교)	14	4.7
	합계	300	100.0
신급	원입(새신자)	43	14.3
	학습	29	9.7
	세례	63	21.0
	유아세례-입교	165	55.0
	합계	300	100.0

*1,753명(남: 850명, 여: 903명) 중 코로나 블루 청소년 추출

2.2. 분석방법: Borich의 요구도 및 The Locus for Focus Model[9]

본 연구에서는 코로나 블루 청소년의 교회에 대한 신앙활동 및 교육적 활동에 대한 요구와 필요가 어떠한가를 분석하고자 하였다. 이를 위하여 본 연구에서는 코로나 블루 청소년들의 현재선호도('내가 현재 좋아하며 자주하는 것')와 미래중요도('현재 좋아하거나 자주하지 않더라도 미래에는 중요하다고 생각하는 것')를 각각 1) (오프라인 대면)예배 참여하기, 2) (온라인 비대면)예배 참여하기, 3) (온라인 비대면)신앙양육 프로그램, 4) (온라인 비대면)신

---

9. 본 절에서 기술된 '분석방법: Borich의 요구도 및 The Locus for Focus Model'은 이현철·문화랑·이원석·안성복, 『코로나시대 청소년신앙 리포트』 내 분석방법(57-60쪽)의 내용을 수정·보완하였음을 밝혀둔다.

앙공동체 활동, 5) (온라인 비대면)신앙 상담활동, 6) 기도하기, 7) 성경읽기, 8) 성경공부 참여하기, 9) 기독서적 읽기, 10) 교회 외 종교모임 참여하기, 11) 전도활동하기로 구분하여 '⑤ 매우 높다 ④ 조금 높다 ③ 보통이다 ② 조금 낮다 ① 매우 낮다'의 5단계로 분석하였다. 분석방법은 SPSS 23.0 프로그램을 활용하여 Borich의 요구도 및 The Locus for Focus Model을 적용하여 분석하였다. 먼저 Borich의 요구도 값은 현재 수준과 바람직한 수준 간의 차이에 바람직한 수준에 대한 가중치를 부여함으로써 두 수준 간 차이에 대하여 우선순위 결정의 방향성을 제공한다. 이를 수식으로 나타내면 다음과 같다.[10]

$$\frac{\sum_{n=1}^{N} (RL_n - PL_n) \times \overline{RL}}{N}$$

RL(Required Level): 미래 중요도 수준

PL(Perceived Level): 현재 선호도 수준

$\overline{RL}$: 미래중요도 수준의 평균

N: 전체 사례 수

Borich 요구도 공식은 바람직한 수준에 가중치를 둔 방식으로 요구도 값에 따라서 우선순위를 결정할 수 있다. 그러나 어느 순위까지를 최우선적으로 고려할 것인지에 대한 판단기준은 없다는 단점이 있다. 다음으로 이러한 단점을 보완하기 위해 The Locus for Focus Model을 사용하였다.[11]

---

10. 이현철·문화랑·이원석·안성복, 『코로나시대 청소년신앙 리포트』, 58.

11. Borich 요구도와 The Locus for Focus Model에 관하여서는 다음의 자료를 참고하라. Borich, G. D. "A needs assessment model for conducting follow-up studies," *The Journal of Teacher*

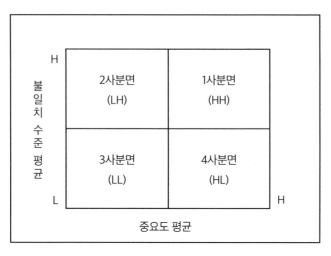

[그림 1] The Locus for Focus Model

The Locus for Focus Model은 바람직한 수준의 평균값을 x축으로, 바람직한 수준과 현재 수준 간의 차이(불일치 수준)의 평균값을 y축으로 하는 좌표평면으로 [그림 1]과 같다. [그림 1]에서 보이듯 제1사분면(HH)은 중요성이 평균보다 높고 두 수준의 차이(불일치 수준)가 평균보다 높은 최우선순위군으로 분류할 수 있다. 다음으로 제2사분면(LH)은 중요성이 평균보다 낮고 두 수준의 차이가 평균보다 높고, 제4사분면(HL)은 중요성이 평균보다 높고 두 수준의 차이가 평균보다 낮아 차우선순위군으로 분류할 수 있다. 제3사분면(LL)은 중요성이 평균보다 낮고 두 수준의 차이(불일치 수준)가 평균보다 낮아 우선순위가 가장 낮은 영역이라고 할 수 있다.[12]

Education, 31(3)(1980), 39-42. Mink, O. G., Shultz, J. M., & Mink, B. P. _Developing and managing open organizations: A model and method for maximizing organizational potential_ (Austin: Somerset Consulting Group, Inc, 1991).

12. 현영섭·권대봉·신현석·강현주·장은하·최지수, 『지역인적자원개발 정책 과제 발굴 및 추진계획마련』 (서울: 고려대학교 HRD 정책연구소, 2017), 67.

Borich 공식과 마찬가지로 바람직한 수준으로 우선순위 결정의 방향성을 갖는 The Locus for Focus Mode의 결과는 Borich 공식에서 도출된 우선순위에서 어느 순위까지를 1차적으로 고려할지에 대한 정보를 제공해 준다. 마지막으로 The Locus for Focus Mode에서 HH분면에 포함된 항목과 그 개수를 파악한다(차순위도 포함). 그리고 The Locus for Focus Mode에서 HH분면에 속한 항목의 개수만큼 Borich의 요구도 상위 순위에 포함된 항목들을 결정한다(차순위도 포함). 그리고 두 방법을 통해 상위 우선순위로 제안된 항목들의 중복성을 확인한다. 두 방법으로부터 공통으로 상위 우선선위에 해당되는 항목을 최우선 순위 항목들로 결정한다. 또한 두 방법 중 하나에만 해당되는 항목을 차순위 항목들로 결정한다.[13]

3. 연구결과

코로나 블루 청소년의 신앙생활에 대한 요구도를 분석하기 위해서 대응표본 t검정을 실시하였다. 현재 선호 수준과 미래 중요 수준에서 모두 (오프라인 대면)예배 참여하기의 평균이 가장 높았으며, 대응표본 t검정 결과, 11개 분야에서 모두 $p < .001$ 수준에서 통계적으로 유의미한 차이를 보였다.

본 연구에서 요구는 현재 선호 수준과 미래 중요 수준 간의 차이로 정의되기 때문에 모든 분야에서 격차(gap)로서의 요구가 존재하였다. 다음으로 Borich의 요구도 값을 산출한 결과 가장 높은 요구도 값은 전도활동하기(3.15)였으며 그 다음 순으로 성경 읽기(2.78), 기독서적 읽기(2.49) 등의 순이

---

13. 조대연. "설문조사를 통한 요구분석에서 우선순위결정 방안 탐색," 「교육문제연구」, 35(2009), 177.

었다. Borich의 요구도 값과 t값을 비교해 보면 t값의 순위와 요구도 순위가 거의 일치하였다. 코로나 블루 청소년의 신앙생활에 대한 요구도에 대한 우선순위 분석방법을 정리하면 다음 <표 2>와 같다.

<표 2> 코로나 블루 청소년의 신앙생활에 대한 요구도 분석

구분	현재선호도		미래중요도		차이		요구도	순위
	평균	순위	평균	순위	평균	t값		
(오프라인 대면) 예배 참여하기	3.81	1	4.01	1	-.207	-3.391***	.80	11
(온라인 비대면) 예배 참여하기	3.05	3	3.50	5	-.453	-7.172***	1.58	8
(온라인 비대면) 신앙양육 프로그램	2.84	6	3.31	9	-.467	-7.464***	1.56	9
(온라인 비대면) 신앙공동체 활동	2.81	8	3.30	10	-.487	-7.488***	1.62	7
(온라인 비대면) 신앙 상담활동	2.84	6	3.29	11	-.453	-6.855***	1.48	10
기도하기	3.22	2	3.77	2	-.550	-8.492***	2.07	5
성경읽기	2.96	4	3.71	3	-.747	-10.628***	2.78	2
성경공부 참여하기	2.87	5	3.52	4	-.657	-10.094***	2.29	4
기독서적 읽기	2.57	10	3.32	8	-.750	-10.730***	2.49	3
교회 외 종교모임 참여하기	2.76	9	3.35	6	-.590	-8.325***	1.98	6
전도활동하기	2.41	11	3.35	6	-.943	-12.135***	3.15	1

*** $p < .001$

한편, 코로나 블루 청소년 신앙생활을 The Locus for Focus Model을 활용하여 우선순위를 분석한 결과는 [그림 2]와 <표 3>과 같다. 청소년들이 인식하고 있는 신앙생활의 미래 중요 수준 평균은 3.49이며, 불일치 수준(미래 중요 수준-현재 선호 수준)의 평균은 0.57로 나타났다. 미래 중요 수준의 평균을 x축으로, 불일치 수준의 평균을 y축으로 하여 사사분면으로 나타냈을 때, 제1사분면의 영역에 속하는 신앙생활들은 청소년들이 중요하게 생각하고 미래 중요 수준과 현재 선호 수준 간의 불일치 수준이 높은 것들로 최우선적으로 요구되는 신앙생활들이다.

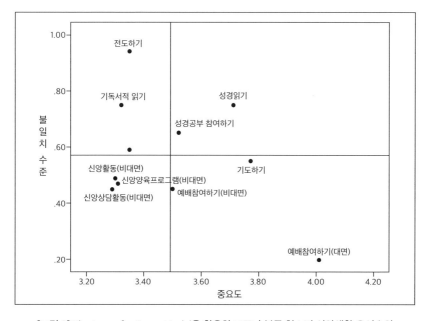

[그림 2] The Locus for Focus Model을 활용한 코로나 블루 청소년 신앙생활 우선순위

분석 결과에 따르면 제1사분면에 포함되는 신앙생활은 성경 읽기와 성경 공부 참여하기였고, 제2사분면에는 전도활동하기, 기독서적 읽기, 교회 외 종교모임 참여하기였으며, 제3사분면에는 (온라인 비대면)신앙상담활동, (온라인 비대면)신앙공동체활동, (온라인 비대면)신앙양육프로그램이었고, 제4사

분면에 포함되는 (온라인 비대면)예배 참여학기, (오프라인 대면)예배 참여하기, 기도하기였다.

<표 3> The Locus for Focus Model을 활용한 코로나 블루 청소년 신앙생활 우선순위

분면	신앙생활 우선순위
1사분면 (HH)	성경 읽기, 성경공부 참여하기
2사분면 (LH)	전도활동하기, 기독서적 읽기, 교회 외 종교모임 참여하기
3사분면 (LL)	(온라인 비대면)신앙상담활동, (온라인 비대면)신앙공동체활동, (온라인 비대면)신앙양육프로그램
4사분면 (HL)	(온라인 비대면)예배 참여하기, (오프라인 대면)예배 참여하기, 기도하기

The Locus for Focus Model 결과는 제1사분면(HH)에 대한 우선순위 결정은 비교적 용이하나 2순위 분면의 결정은 사실상 어렵다. 이러한 The Locus for Focus Model의 장점과 단점을 고려하여 1순위 분면(HH)에 몇 개의 항목이 포함되었는지 확인한 후 이들 개수만큼 Borich 요구도 순위를 상호 비교하여 최우선순위 항목들과 차순위 항목들을 결정할 수 있다(차순위 포함). 결과적으로 The Locus for Focus Model을 활용한 우선순위 영역에 포함된 항목 개수와 Borich의 요구도 우선순위와 비교한 결과는 <표 4>와 같다.

<표 4> 코로나 블루 청소년 신앙생활 우선순위 결정

Borich 요구도 순위	신앙생활	우선순위 도출법	
		Borich 요구도	Locus For Focus
1	전도활동하기	●	
2	성경읽기	●	●
3	기독서적 읽기	●	
4	성경공부 참여하기	●	●
5	기도하기	●	●
6	교회 외 종교모임 참여하기	●	
7	(온라인 비대면)신앙공동체 활동	●	
8	(온라인 비대면)예배 참여하기	●	●
9	(온라인 비대면)신앙양육 프로그램	●	
10	(온라인 비대면)신앙 상담활동	●	
11	(오프라인 대면)예배 참여하기	●	●

Borich 요구도와 The Locus for Focus Model의 우선순위 도출 방법에 따라 공통적으로 요구가 높은 분야로 나타난 것은 성경 읽기, 성경공부 참여하기, 기도하기, (오프라인 대면)예배 참여하기, (온라인 비대면)예배 참여하기의 5개 분야이다. 이는 11개 분야 중 우선적으로 고려해야 할 요구라고 할 수 있다.

4. 나가며: 코로나 블루 기독청소년을 위한 교회 사역 방향 제안

본 연구는 학생신앙운동(SFC)의「코로나19에 따른 한국교회 청소년 사역 방안 기초조사」데이터를 활용하여 코로나 블루를 경험한 기독청소년의 교회를 향한 신앙생활 요구와 교육적 필요를 확인하고자 하였다. 이를 위하여 전국 16개 시도(제주도 및 울릉도 포함)에 거주하고 있는 교회에 출석하는 청소년(중·고등학생) 1,753명(남: 850명, 여: 903명) 중 코로나 블루를 경험한 300명을 추출하였으며, 이에 대하여 Borich 요구도와 The Locus for Focus Model을 적용하였다. 우선순위 도출 방법에 따라 공통으로 요구가 높은 분야로 나타난 것은 '성경 읽기, 성경공부 참여하기, 기도하기, (오프라인 대면)예배 참여하기, (온라인 비대면)예배 참여하기'의 5개 분야였다. 이는 연구에서 설정한 11개 분야들 중에서 우선적으로 고려해야 할 요구임을 시사하는 것이다. 이를 바탕으로 한국교회의 코로나 블루 기독청소년을 위한 교회교육과 사역 방향을 제안하면 다음과 같다.

첫째, 코로나 블루 기독청소년들이 참여할 수 있는 내실 있는 성경 관련 프로그램 및 활동이 이루어질 필요가 있다. 신·구약 성경은 정확무오한 하나님의 말씀으로서 하나님께서는 자기 백성들에게 자기 뜻을 계시하시고, 교회를 확실하게 세우고 위로하실 목적으로 이를 기록하셨다.[14] 성경과 하나님의 말씀은 그리스도인의 삶에 있어서는 절대적인 것이며, 신앙과 생활의 유일한 법칙이다. 이러한 성경에 대한 기독청소년들의 요구와 강력한 요청은 '하향 평준화'되고 있는 청소년 신앙교육에 대한 경고이기도 하며, 말씀이 중심된 본

---

14. 대한예수교장로회 고신총회, 『헌법』(제1부 교리표준: 웨스트민스터 신앙고백서 제1장 성경) (서울: 대한예수교장로회 총회출판국, 2011), 39.

질적인 신앙양육과 활동이 시급하게 이루어질 필요가 있음을 시사하는 대목이다. 이에 교회 교육기관에서는 청소년들의 눈높이에 맞는 성경 접근과 전략을 구성하여 의미 있게 성경 읽기와 성경공부 활동을 구성할 필요가 있을 것이다.

둘째, 코로나 블루 기독청소년들을 위한 기도생활 강조와 영성 활동이 이루어질 필요가 있다. 하이델베르크 문답 116문(45번째 주일)에서 기도는 하나님께서 우리에게 요구하시는 감사의 주요 부분[15]으로서 그리스도인에게는 꼭 필요한 내용임을 강조하고 있다. 코로나 블루로 인해 삶의 균형이 무너진 청소년들은 기도를 통해 하나님과의 인격적인 관계와 깊은 영성을 갈망하고 있음을 예상케 한다. 이에 교회 교육기관에서는 청소년들을 위한 실제적인 기도 활동 및 수행을 위한 접근들이 이루어질 필요가 있으며, 이 과정에서 신학적으로 건강한 기도에 대한 개념과 교육도 수행될 필요가 있을 것이다.

셋째, 코로나 블루 기독청소년들에 대한 예배 회복에 대한 강조가 이루어질 필요가 있다. COVID-19는 전통적인 예배의 형식을 변화시켰으며, 대면에 기초한 예배 진행 자체를 힘들게 하였다. 이로 인해 사역현장에서는 예배와 그 속에 포함된 성례에 대한 의미가 약화되고 있음을 우려하고 있다. 하지만 예배는 찬양, 기도, 성경봉독, 하나님의 말씀 선포와 같은 방편을 통해 하나님께 드리는 존경과 경의[16]이며, 그리스도인으로서 하나님의 은혜에 보답하는 대표적인 행위로서 소홀히 다루어질 수 없는 소중한 사항이다. 이러한 예배는 무소부재한 하나님 앞에서 언제 어디서든지 예배할 수 있으나 성별된 장소와 주님이 부활하신 주의 날에 함께 모여 예배하는 것이 마땅하다. 그러므로 코

---

15. 황대우 편역, 『문답식 하이델베르크 신앙교육서』(부산: 개혁주의학술원, 2013), 155.
16. Malcolm H. Watts, *What is a Reformed Church?* (윤석인 역. 『개혁교회란 무엇인가』. 서울: 부흥과 개혁사, 2013), 65.

로나 블루 청소년들이 예배 참여에 대한 열망이 있음을 기억하고, 그들이 합당한 예배자로서 회복될 수 있도록 교회 교육기관들은 예배를 소홀히 여기지 말고 예배 사역에 더욱 집중해야 할 것이다. 이 과정에서 필요하다면 한시적/제한적으로 비대면을 활용한 접근들도 적극적으로 다루어질 수 있을 것이다. 또한 대면적인 측면도 정부와 당국의 지침에 최대한 협력하면서 기독 신앙의 핵심으로서 예배에 대한 분명한 인식을 잊지 말고 사역해 나가야 할 것이다. 이와 관련하여 청소년들을 위한 예배 매뉴얼과 지침들이 심도 있게 연구될 필요가 있을 것이며, 더불어 예전(Liturgy)과 관련된 논의도 교육적인 측면을 고려하여 더욱 심층적으로 다루어질 필요가 있을 것이다. 특히 예배참여를 통한 전인적인 신앙형성의 의미[17]를 기억할 때 이는 더욱 시급히 요청되는 것이며, 다음세대의 신앙형성을 위한 예배의 회복과 참여는 양보할 수 없는 요소이다.

참고문헌

대한민국정책 브리핑. 코로나 블루(Corona Blue), 2020년 8월 14일 KTV기사. 2021년 3월 18일 검색
대한예수교장로회 고신총회.『헌법』. 서울: 대한예수교장로회 총회출판국, 2011.
매일경제, "코로나19로 청소년의 가족 갈등·우울 상담 31.6% 증가," 매일경제 2020년 12월 17일 기사, https://www.mk.co.kr/news/politics/view/2020/12/1294716/ 2021년 3월 20일 검색
문화랑. "개혁주의 교육 방법: 교리교육과 예배참여를 통한 전인적 신앙 형성."「개혁논총」 53(2020), 147-170.

---

17. 문화랑, "개혁주의 교육 방법: 교리교육과 예배참여를 통한 전인적 신앙 형성,"「개혁논총」 53(2020), 147-170.

박기영. "코로나블루 시대에 필요한 목회적 돌봄." 「복음과 실천」 57(2020), 48-81.

이현철·문화랑·이원석·안성복. 『코로나시대 청소년신앙 리포트』. 서울: SFC, 2021.

조대연. "설문조사를 통한 요구분석에서 우선순위결정 방안 탐색." 「교육문제연구」 35(2009), 165~187.

조연용. "위기청소년에게 기회를 제공하는 플랫폼, '청소년안정망'." 한국청소년상담복지개발원(KYCI) 2020.5월호(2020), https://www.kyci.or.kr/news/2020_05/contri01.asp 2021년 3월 20일 검색

질병관리청. 코로나19 백신 개요, http://ncv.kdca.go.kr/menu.es?mid=a12205000000 2021년 3월 17일 검색

질병관리청. 코로나바이러스감염증-19(COVID-19) 환자 현황, http://ncov.mohw.go.kr/ 2021년 3월 18일 검색

현영섭·권대봉·신현석·강현주·장은하·최지수. 『지역인적자원개발 정책 과제 발굴 및 추진계획마련』. 서울: 고려대학교 HRD 정책연구소, 2017.

황대우 편역. 『문답식 하이델베르크 신앙교육서』. 부산: 개혁주의학술원, 2013.

Malcolm H. Watts, *What is aReformed Church?*. 윤석인 역. 『개혁교회란 무엇인가』. 서울: 부흥과 개혁사, 2013.

Borich, G. D. "A needs assessment model for conducting follow-up studies," *The Journal of Teacher Education*, 31(3)(1980), 39-42.

Mink, O. G., Shultz, J. M., & Mink, B. P. *Developing and managing open organizations: A model and method for maximizing organizational potential*. Austin: Somerset Consulting Group, Inc(1991).

Abstract

"What Are They Asking?":
Needs Analysis for the Corona Blue Youth in Korean Church

Prof. Dr. Hyunchul, Lee

(Faculty of Christian Education)

The purpose of this study was to analyze the factors demanded by Christian youth who have experienced Corona Blue in their faith and life, and to present basic direction for deriving church educational support and ministry plans for them. To this end, data from the Korean Church Youth Survey in COVID-19 of the Student For Christ(SFC) were used, and I selected and analyzed 300 participants who experienced Corona Blue from 1,753 (middle and high school students, male: 850, female: 903) attending churches/Christian youth living in 16 provinces nationwide (including Jejudo and Ulleungdo). As an analysis method, the needs of the Borich and The Locus for Focus Model were applied and analyzed, and through this, the needs of Christian youth in church were derived. As a result of this study, Christian youth have priority demands in five areas: reading the bible, participating in bible study, praying for God, worship participation(Offline), and worship participation(Online). Based on the results, I proposed ministry directions for Corona Blue Christian youth in Korean Church.

Key words: Korean Church, Youth, COVID-19, Corona Blue, Church Education, Ministry Strategy

나실인의 규례(민 6:1-21)

신득일(고신대학교 신학과 교수)

[초록]

나실인의 서약은 레위인이나 제사장이 아니라도 마치 제사장과 같은 금기 사항을 지키면서 하나님을 섬기도록 하는 보완된 직분적 제도이다. 나실인의 율법은 서원을 통하여 한시적으로 헌신하도록 규정한다. 사무엘과 삼손은 나실인이지만 이 서원과 아무런 상관이 없고 그들은 평생 자신을 드리는 예외적인 경우로 봐야 한다. 나실인 제도는 이스라엘이 명실상부한 제사장 나라가 되도록 하는 역할을 한다. 나실인이 지키는 세 가지 금기 사항을 지키는 것은 거룩하신 생명의 하나님의 속성에 부합하는 것으로서 부패한 이스라엘에 경고를 주면서 그 나라가 이상적인 신앙공동체를 유지하도록 돕는 역할을 한다. 이 서원의 메시지는 자발적으로 하나님께 자신을 드리는 삶을 살도록 격려한다.

주제어: 나실인, 서약(서원), 포도주, 부정, 머리(털),

1. 서론

나실인의 규례는 그리스도인에게는 친숙한 내용이지만 그 구체적인 의미를 이해하기는 쉽지 않다. 이 고대의 제도는 현대인에게는 이상한 관행으로 여겨지지만 구약시대에도 무슨 의미가 있는지도 궁금하게 여겨진다. 마치 금욕주의적 생활을 하겠다고 서약하는 것 같은 이 제도가 어떻게 하나님께 헌신하는 서약이 되는가라는 질문도 생긴다. 본고에서는 나실인의 기원과 성격, 실행 등에 관한 학자들의 다양한 견해를 소개하고 본문주석을 통해서 이 서원의 의미를 밝히고자 한다.

1.1. 정경의 상태

비평가들은 나실인의 서원이 하나의 독자적인 문헌으로 기록되었지만 이것은 다양한 전승이 결합되었다고 한다. 특별히 이 규정을 포로 후기의 문헌으로 보고 두 전승이 결합되어 수정되었다고 본다. 즉 나실인이 카리스마적이고 종신이었던 것이 한시적인 서약이 되었다고 한다.[1] 전체적으로 제사(민 9-12; 레 12-14)와 제사장의 역할(민 10-11, 16-17, 19-20)을 비중 있게 언급하기 때문에 전체적으로 이 내용이 레위기에 의존하고 있다고 본다. 금기사항과 관련해서는 머리에 삭도를 대지 않는 것이 제일 이른 요소이고, 포도주를 마시지 않는 것은 레갑의 영향으로 보고, 시체를 가까이 하지 않아서 부정을 면하는 것은 '성결법'(레 21:10-15)에 근거를 두고 있기 때문에 가장 늦은 것으로 본다.[2] 여기서 머리에 삭도를 대지 않는 규정은 가징 이른 본문에 속한다는 드

---

1. J. de Vaulx, *Les Nombres* (Sources Bibliques, Paris: J. Gabalda et Cie Éditeurs, 1972), 102.
2. Cf. Phillip J. Budd, *Numbers*, vol. 5, WBC (Dallas: Word, Incorporated, 1984), 70-71.

보라의 노래에서 언급되기 때문이다. 그것은 '나실인의 전사'가 언급되었다는 것이다(삿 5:2).[3] 삼손이나 사무엘의 경우도 카리스마적인 요소가 있는데 이것이 원래의 나실인의 모습이었다고 한다. 그러나 이들은 서원의 규정과는 무관한 자들인데 이 직분이 본인의 서원으로 바뀌었다는 것이다.

이 단락에서 비평적 문제를 본격적으로 논하기는 어렵지만 이 전체 주장에 대한 한 가지 질문은 왜 예루살렘 제사장 그룹에서 실제로 존재하지도 않았던 규정을 광야시대에 있었던 것처럼 작성해서 민수기에 배치했는가하는 것이다. 그렇다면 이스라엘 역사에서 나실인의 서약을 한 사람은 하나도 없어야 할 것이다. 사무엘의 어머니 한나의 경우는 어머니가 대신 서약을 했는데 물론 이것이 자신의 서약이 아니라 할지라도 사사시대에도 하나님이 지정하신 경우가 아니라 서약의 규정이 있었다는 것을 암시해준다. 오히려 "이스라엘의 나실인은 정확하게 정해진 기간이 있는 한시적인 성격을 지녔는데 거기서 특별한 상황의 긴급성 때문에 종신 나실인으로 쉽게 발전할 수 있었다"고 말하는 것이 옳을 것이다.[4]

1.2. 본문의 상태

마소라 본문(*BHS*)은 전체적으로 원래의 내용을 별 문제 없이 잘 전해주는 것으로 보인다.

2절, *yaflī* (히필)은 레위기 27:2의 모음표기를 따랐지만 레 22:1, 민 15:3은 피엘로 모음부호를 붙였다. 의미는 똑같이 '(서원을) 이행하다'가 된다.

---

3. Roland de Vaux, *Ancient Israel: Its Life and Institutions* (New York: McGraw-Hill Book Company, 1961), 467.

4. A. Noordtzij, *Het boek Numeri*, Korte Verklaring (Kampen: Kok, 1941), 83.

명사 *nāzīr*는 칠십인역, 시리아역, 탈굼에서 '정화하다'는 의미로 번역했다.

5절, *nēder*는 8절과 비교할 때 중복표기로 보인다.

13절, BHS는 *yābī* (히필)을 칼(*yābō*)로 읽으라고 하지만 수정할 필요가 없다. 이것은 본문의 문제가 아니고 번역문제이다.

14절, 수사 *'eḥād* (하나)는 *kebes* (어린 숫양) 다음에 오는 것이 수식관계가 명확해질 것이다.

21절, *nizrō (그의* 서약)는 4절에 의하면 *nidrō* 로도 읽을 수 있다. 이것은 셈어의 공통적인 현상인데 특히 히브리어 z는 아람어에서 d로 읽는다.

1.3. 본문의 개요 및 분류

나실인의 규례는 시내 광야에서 이스라엘이 건강한 공동체를 이루는 규례를 마무리하는 내용으로 주어졌다. 나실인은 개인이 제사장과 같은 금기사항을 지키면서 하나님을 섬기고, 제사장 사역은 이스라엘이 어떻게 살아가는가를 보여준다. 하나님께서 명하신 나실인의 규례는 이스라엘 역사에서 중요한 요소로 나타난다. 나실인은 삼손과 사무엘의 삶과 관계가 있고(삿 13, 16; 삼상 1:11) 선지자 아모스는 이 서약을 훼방하는 것을 종교적 타락으로 지적했다(암 2:11-12). 또한 신약에서도 나실인의 서약에 대한 암시가 나타난다(눅 1:15; 행 18:18; 21:23-24).

나실인의 규례는 성경에서 유일하게 이 본문에만 기록되었다. 이 규정을 고려할 때 나실인의 대표처럼 여겨지는 삼손과 사무엘은 본문의 규정과 상관없는 예외적인 경우로 보아야 할 것이다. 이들은 나실인의 특징은 지녔지만 그 규정과는 달리 본인이 서원하지 않았고, 종신토록 나실인으로 섬겼기 때문이다.[5] 이 규정은 레위인이 아니라 할지라도 모든 사람이 제사장과 같은 금기사항을 지키면서 특별한 방법으로 하나님께 헌신할 수 있는 길을 열어놓았다. 이스라엘 백성이 자발적으로 제사장과 같은 규율을 지키면서 이 제도에 참여하는 것은 이스라엘 공동체가 제사장 나라인 것을 반영하고 있다. 이 본문은 주제를 따라서 내용을 다음과 같이 간단하게 분류할 수 있다.

1. 나실인의 기원과 성격(민 6:1-2)
2. 나실인의 임무(6:3-8)
3. 나실인의 규정을 범할 경우(6:9-12)
4. 나실인의 법(6:13-21)

2. 본론: 주석적 설명

2.1. 나실인의 기원과 성격(민 6:1-2)

나실인의 서원은 하나님께서 명령하신 것이라고 초두부터 명시되었다. "여호와께서 모세에게 말씀하여 이르시되 이스라엘 자손에게 전하여 그들에게 이르라 남자나 여자가 특별한 서원 곧 나실인의 서원을 하고 자기 몸을 구별하여 여호와께 드리려고 하면"(6:1-2). 이 구절은 나실인의 기원을 보여준다.

---

5. 한(Hahn)은 나실인은 제사장에 가깝지만 제사장이 아니고, 선지자에 가깝지만 선지자도 아니고, 사사에 가깝지만 사사도 아니라고 하면서 사무엘은 제사장, 선지자, 사사로서 활동을 하면서도 나실인이라고 불린 적이 없다고 한다. Christine Hahn, "The Understanding of the Nazirite Vow," in *A God of Faithfulness: Essays in Honour of J. Gordon McConville on His 60th Birthday*, ed. Library of Hebrew Bible/Old Testament Studies (Lhbots), 538, ed. by J. McConville and others (New York; London: T & T Clark, 2011), 60.

여러 학자들이 이 제도를 이스라엘 주변의 고대근동의 관습에서 그 기원을 찾으려고 하지만 나실인의 기원은 어떤 문화권의 영향에서 설명할 수 없고, 거기에 대한 어떤 증거도 없다.[6] 또 포도나무의 소산을 금하는 내용이 가나안 정착의 환경을 거부하는 것에서 나왔다고 주장하는 학자들도 있다.[7] 그러나 포도를 재배하는 환경은 가나안에 국한되지 않기 때문에 그 주장은 별로 설득력이 없다. 왜냐하면 이집트에서는 고대로부터 포도나무를 재배하고 포도주를 담아서 마시는 것이 일상화되어 있었기 때문이다(창 40:9-11).[8] 이 제도는 광야에서 이스라엘의 헌신을 위해서 여호와의 규례로 주어진 것이다.

본문에 '나실'(*나지르*)이란 말의 의미를 알려주는 설명이 없는 것은 이 말이 이스라엘 백성에게 잘 알려진 내용이라는 것을 암시한다. 원래 '나실'이란 일상생활에서 벗어나서 특별한 관습을 따라 헌신하는 것을 말한다.[9] 이 특별한 관습을 두고 부르띤(Boertien)은 "나실인 제도는 '성전'에 참여하는 전사들을 봉헌하는 의식에 근거를 두고 있다. '성전'의 특징이 변해서 나실인 제도는 예언자와 제사장적 요소에 흡수되었다"고 했다.[10] 그러나 민수기 6장은 나실인에 대해서 그런 전투적, 군사적 성격에 대한 증거를 주지 않는다. 물론 그

---

6. 스펜서(Spencer)와 미카엘리스(J. D. Michaelis)와 같은 학자들은 나실인의 규례가 이집트에서 차용한 것이라고 한다. Cf. W. H. Gispen, *Numeri* I, Commentaar op het Oude Testament (Kampen: Kok, 1959), 105.

7. Budd, *Numbers*, 74. 아이히로트(Eichrodt)는 나실인 제도가 이스라엘 국가가 가나안 문화와 타협하지 않는 기여를 했다고 함으로써 그 기원이 가나안에 있는 것을 보도록 한다. Walther Eichrodt, *Theologie Des Alten Testaments* I (Leipzig: J.C. Hinrichs, 1933), 160.

8. 이집트인들은 처음부터 포도주를 마셨겠지만 포도주에 대한 가장 이른 기록은 제2왕조 때의 것이다. 이집트의 고대문헌에는 "포도주는 신에게 드리는 제물과 죽은 자를 위한 제물, 음료, 공물로 자주 언급되고, 가끔 약의 성분으로 언급되었다." A. Lucas and John Harris, *Ancient Egyptian Materials and Industries* (London: E. Arnold, 1962), 16.

9. Ernst Jenni and Claus Westermann, *Theological Lexicon of the Old Testament* (Peabody, MA: Hendrickson Publishers, 1997), 727.

10. H. M. Ohmann, *Tellingen in de woestijn* (Bedum: Scholma Druk, 1983), 38.

뒤에 나실인이 전쟁에 연루된 경우는 추정할 수는 있다. 그것은 사무엘과 삼손의 사역 그리고 드보라의 노래에 나타난 헌신된 자들과 관련된다(삿 5:2). 그렇지만 성도가 세상에서 살아가는 것 자체가 세상의 유혹과 자신의 육신에 대항해서 영적인 전투를 하는 과정이다. 그래서 나실인의 헌신에 군사적 성격이 있다면 그것은 영적인 전투가 될 것이다.

조건법(casuistic law)으로 제시된 이 서원의 규정은 '남자나 여자'라고 표현하면서 비레위인이나 비제사장계 사람들이 누구든지 자발적으로 참여할 수 있도록 제시되었다. 이것은 누구의 강요도 없이 자발적으로 섬기는 것이 옛 언약이나 새 언약의 공동체에서 이루어지는 헌신의 특징이라는 것을 보여준다. 여자도 나실인의 서원을 할 수 있지만 그 경우에는 남편의 승낙이 있어야 하고, 만일 그 여자가 미혼이라면 아버지의 허락을 받고 그 서약을 지켜야 한다(민 30:3-7).[11] 여성의 나실인 서약이 일반화된 것은 제2성전시대에 '여나실인'(nezirah)이라는 전문용어가 쓰인 것을 보면 알 수 있다.[12] 한 유대전승은 아비아베네(Abiabene)의 여왕 헬레나(Helene)가 자기 아들이 전쟁에서 무사히 돌아오면 칠 년을 나실인으로 섬기겠다고 서원하고는 그 기간을 연장하여 이십일 년을 나실인으로 살았다고 한다(Mishina, Nazir 3:6). 유대전통은 나실인의 서원 기간을 보통 삼십 일로 정했다(Mishina, Nazir 1:3).

이스라엘이 제사장 나라가 된다고 했을 때(출 19:6) 레위지파가 아닌 다른 사람들은 아마도 제사장의 직분을 가진 사람만 생각했을 것이다. 그러나 레위지파에 속하지 않아도 누구든지, 여자들도 나실인의 서원을 함으로써 마치

---

11. 이 관점에서 한나가 아니라 엘가나가 사무엘을 나실인으로 드렸다고 한다. Joshua Backon, "Prooftext that Elkanah rather than Hannah consecrated Samuel as a Nazirite," *Jewish Bible Quarterly* 42/1 (2014), 52-53

12. Jacob Milgrom, *Numbers*, The JPS Torah Commentary (Philadelphia: Jewish Publication Society, 1990), 44.

제사장과 같이 섬길 수 있다는 것은 파격적인 제안으로 들릴 수 있을 것이다. 이것은 '만인제사장' 개념이 적용되는 것이다. 만인제사장이란 개념은 종교개혁 시대에 비로소 발견된 것이 아니고 광야시대에 주어진 나실인 규정에서 이미 나타났다고 할 수 있다. 나실인의 서원을 하는 것은 자유로 결정할 일이지만 일단 서원을 하면 그것을 반드시 지켜야 한다. 그들의 서원은 특별하고 분명한 것이다. 히브리어 동사 팔라는 원래 기적과 같은 일을 의미하지만 맹세와 관련해서 히필형으로 '명백하게 서원하다'란 뜻으로 쓰인다(레 27:2). 또 "자기 몸을 구별하여 여호와께 드린다"는 말은 '여호와께 자신을 봉헌한다'로 번역된다.

이와 관련하여 "자기 몸을 구별하는 모든 날 동안"이란 표현이 금기사항마다 나타난다(6:4-6). 여기서 "자기 몸을 구별하는"이라 표현은 '그의 봉헌'(니즈로)으로 번역해야 한다. 즉 '자신을 드리는 모든 날 동안'이라는 뜻이다. 이 표현의 강조점은 나실인의 서원이 일정기간 동안 제한되었다는 것이다. 하나님은 모든 백성이 이 특이한 헌신을 평생 동안 하도록 명령하지 않으셨다. 이 서원은 본인이 스스로 결정할 뿐만 아니라 한시적인 성격이 강조되었기 때문에 사무엘이나 삼손이 나실인으로 활동한 것이 나실인의 표준이 될 수 없다. 이런 나실인의 한시적인 성격 때문에 카트리지(Cartledge)는 나실인의 서원은 이타적인 조건 없는 헌신의 약속이라기보다는 응답받는 기도를 기대하면서 하나님께 드리는 조건적인 약속일 것이라고 생각한다.[13] 그러나 그것은 유대전승에서 볼 수 있는 백성의 관행이지 본문에 나타난 나실인의 취지에서 그런 요소를 확인할 수 없다. 만약 나실인의 서원의 정신이 이기적이라고 할 때 그것은 참된 헌신이 아니고 헌신을 빙자한 세속적 욕구를 충족시키는 합법적

---

13. Tony Cartledge, *Vows in the Hebrew Bible and the Ancient Near East, Journal for the Study of the Old Testament*, Supplement Series 147 (Sheffield: JSOT Press, c1992), 23.

인 규정이 될 것이다.

나실인의 서원이 강조하는 것은 자발성이기 때문에 이 규정이 사무엘이나 삼손이 나실인이 된 것과는 무관하다. 하나님은 그런 특별한 서원을 하는 사람에게 평생 그 서약에 매이도록 하는 과도한 짐을 부과하지 않으셨다. 그분은 인간의 연약성을 아시기 때문에 나실인에게 금욕주의적 삶을 요구하지 않으셨다. 나실인의 서원은 자발적으로 하기 때문에 특별히 온 마음으로 그 서약을 지킬 것을 요구한다. 현대인을 위한 이 율법의 의미는 "구약 나실인 제도는 우리에게 여호와께 삶의 전부를 드리는 우리의 값진 임무를 상기시킨다"는 것이다(롬 12:1; 벧전 2:9, 10; 계 1:6).[14]

2.2. 나실인의 임무(6:3-8)

1) 나실인은 포도나무의 소산과 독주를 삼가야 한다. "포도주와 독주를 멀리하며 포도주로 된 초나 독주로 된 초를 마시지 말며 포도즙도 마시지 말며 생포도나 건포도도 먹지 말지니 자기 몸을 구별하는 모든 날 동안에는 포도나무 소산은 씨나 껍질이라도 먹지 말지며"(6:3-4). 나실인은 알코올의 지배를 받도록 해서는 안 된다. 이것은 음주에 대한 위험을 경고하고 있다. 하나님께 자신을 봉헌하는 자세가 술에 취해 있다면 온전한 헌신이라고 할 수 없을 것이다. 술 취하는 것은 영적인 무장해제가 된 상태를 말한다. 그 상태에서는 성도가 모든 종류의 악에 노출되어서 세상과 죄성을 지닌 육신에 대한 영적인 전투를 할 수 없을 것이다. 바울은 술 취하는 것을 경고했다: "술 취하지 말라 이는 방탕한 것이니 오직 성령으로 충만함을 받으라"(엡 5:18). 베드로가 "근신하라," "깨어라"라고 충고한 것은 술에 취하지 않고 눈을 뜨고 경계하

---

14. Gispen, *Numeri* I, 107.

는 상태를 말한다(벧전 5:8). 나실인은 이 영적인 전투를 위해서 포도나무 산물은 어떤 형태든 금해야 했다. 이것은 포도주에 대한 유혹을 근원적으로 차단하기 위한 것이다. 포도주 자체는 악하지 않지만 그것이 악한 결과를 낳을 수 있기 때문에 여호와 하나님은 백성 가운데서 나실인이라고 하는 살아있는 증표를 사용하셨다.[15]

특별히 나실인에게 포도주와 독주를 멀리하고 포도나무에서 생산된 어떤 형태의 열매든지 금한 규정은 제사장들에게 주어진 것보다 더 엄격하다. 제사장은 성막에 들어갈 때 포도주와 독주를 금해야 했다(레 10:9-11). 나실인은 서원한 기간 동안 제사장보다도 더 엄격한 금지규정을 지켜야 하지만 일상생활을 떠나서 은둔생활을 한다든지 금욕생활을 하는 것은 아니다.[16] 이 규정이 수도원생활을 정당화시킬 수는 없다. 나실인의 삶과 마찬가지로 성숙한 성도는 치열한 삶의 현장에서 하나님을 섬기고 그분이 허락하신 즐거움을 누릴 줄 아는 사람이다(전 5:19).

2) 나실인은 삭도를 그 머리에 대어서는 안 된다: "그 서원을 하고 구별하는 모든 날 동안은 삭도를 절대로 그의 머리에 대지 말 것이라 자기 몸을 구별하여 여호와께 드리는 날이 차기까지 그는 거룩한즉 그의 머리털을 길게 자라게 할 것이며"(6:5). 머리를 길게 자라게 하는 것은 나실인이 항상 외적으로 자신의 헌신을 나타낼 수 있는 유일한 표시이다. 이 규정은 술을 권하는 자리에서 거절함으로써 자신이 나실인이 된 것을 알리는 것과는 달리 머리로써 자신이 나실인이라는 것을 사람들이 알아볼 수 있도록 한 것이다.

---

15. Ohmann, *Tellingen in de woestijn*, 40.
16. 한 논문은 시리아 기독교의 금욕적인 이상이 나실인에 대한 해석에서 왔다고 소개하고 있다. Jason Scully, "The Exaltation of Seth and Nazirite Asceticism in the Cave of Treasures," *Vigiliae Christianae* 68/3 (2014), 310-328.

머리에 삭도를 대지 않는 이유는 머리와 관련된 이교도의 의식과 관련이 있을 수 있다. 머리를 미는 것은 종교적인 배경이 있다. 가끔 그것은 슬픔을 표하는 의식과 관련된다. 다른 경우는 머리를 깎아서 드리는 '머리 제사' 같은 것도 있다. 그러나 가장 설득력이 있는 설명은 머리털은 어떤 상황에서도 자라기 때문에 그것이 생명력과 관련된다는 것이다. 그래서 나실인은 자신을 살아계신 하나님께 드리는 사람으로서 생명의 능력을 상징하는 그의 무성한 머리를 보여주어야 했다.[17] 또 머리가 자라도록 두는 것은 자발적인 헌신의 표시이기도 하다. 노예는 머리를 밀어야 하고, 또 머리를 미는 것은 이방인의 관습과 관련된다. 그래서 이스라엘 사람들은 머리를 미는 것이 금지되었다(신 14:1). '삭도를 머리에 대지 말라'는 단순한 표현은 칼로써 머리를 손질하는 삭발, 단발, 변발을 포함한 어떤 형태의 두발도 금지하는 것이다. 이 나실인의 규정도 제사장의 규례와 유사한 점이 있다. 그들도 머리를 깎을 때 주의해야 했다: "제사장은 머리털을 깎아 대머리 같게 하지 말며 그 수염 양편을 깎지 말며 살을 베지 말라"(레 21: 5). 이것은 나실인이 제사장 차원의 금기규정을 지키면서 하나님을 섬기는 또 다른 실례가 된다.

3) 나실인은 시체를 가까이 함으로써 자신을 부정하게 하지 말아야 했다: "자기의 몸을 구별하여 여호와께 드리는 모든 날 동안은 시체를 가까이 하지 말 것이요"(6:6). 본문에서 '~을 가까이 하다'로 번역된 히브리어 동사 보 알은 '~로 들어가다'란 말로서 '~에 이르다'란 뜻이다. 이어서 '더럽히지 말라'(로-잇타마)는 명령이 나온다. 이 말은 내용적으로 시체를 접촉해서는 안 되는 이유를 설명하고 있다. '더럽다'는 말은 다른 본문에서 '부정하다'고 번역되었다(레 11:24). 이 더러움이나 부정은 현대인이 이해하는 비위생적인 개념이 아니

---

17. Noordtzij, *Het boek Numeri*, 79.

라 인간학적인 이해를 요구한다. 오히려 한국에서 '부정한 일로 인해서 해를 당한다'란 뜻을 가진 '부정탄다'는 말이 훨씬 더 가깝게 여겨진다. 물론 이것은 온 우주의 기운이 인간의 삶에 영향을 미친다는 사고에서 나온 것이다. 본문에서 말하는 '더러움'이나 '부정'은 하나님의 속성에서 이해할 수 있다. 영적으로 죽음은 죄의 결과이고 물리적으로 주검은 부패를 가져온다. 무엇보다도 "살아계신 하나님의 속성은 주검과는 정반대다. 하나님의 임재와 육신의 부패 간에는 일치점이 전혀 없다. 하나님은 살아계시고 생명은 그분의 것이다. 다른 신들은 죽음에 속하고 부패를 전염시킨다."[18] 이런 차원에서 이 주검을 접촉하는 것은 산 사람이 죽음의 영향을 받아서 부정하게 되는 것이다. 그것은 생명의 하나님의 표준에 맞지 않다는 말이다.

나실인은 제사장과 마찬가지로 서원한 기간 동안 시체를 가까이 해서는 안 된다. 그런데 제사장에게는 예외가 있다. 즉 그들의 가장 가까운 친족인 부모, 자녀, 형제, 시집가지 않은 자매는 가까이 해도 더럽혀지지 않는다는 것이다. 대제사장에게는 더 엄격한 규정이 적용되었다: "어떤 시체에든지 가까이 하지 말지니 그의 부모로 말미암아서도 더러워지게 하지 말며"(레 21:11). 나실인은 비록 그 주검이 자기 부모 형제자매와 관련될지라도 그렇게 해서는 안 되었다(6:9). 이 점에 있어서 나실인은 제사장이 아니라 대제사장과 동등한 수준의 규율을 지켜야 했다. 그런데 나실인이 한시적으로 자신을 하나님께 봉헌하는 동안 갑작스런 가족의 죽음을 당할 때 이 규정을 따르기가 쉽지 않을 것이다. 이방인들은 죽은 자를 애도할 때 머리를 깎는 관습이 있었고, 그렇게 애도를 표하는 내용도 소개 되었다(렘 7:29; 욥 1:20). 애도의 상황에서 그렇게 머리를 밀려는 유혹이 왜 '자신을 하나님께 드리는 표가 그의 머리에 있

---

18. Mary Douglas, *In the Wilderness*: The Doctrine of Defilement in the Book of Numbers, Journal for the Study of the Old Testament, Supplement Series 158 (Sheffield: JSOT Press, 1993), 34.

다'(6:7)고 하는지를 설명해준다.[19]

나실인은 서원한 기간 동안 하나님께 드려진 거룩한 사람이다(6:8). 그가 거룩한 것은 한시적이긴 하지만 거룩하신 하나님께 자신을 드렸기 때문이고, 또 그에게 적용된 금지사항이 제사장과 가깝기 때문일 것이다. 하나님의 성막에서 섬기는 제사장은 거룩한 사람이다(출 29:44; 30:30). 나실인은 거룩한 사람으로서 하나님께 영광을 돌리는 헌신적인 삶을 살게 된다. 그런데 나실인은 실제적인 사역은 하지 않는데 그것이 헌신이라고 할 수 있느냐는 질문이 나온다. 그러나 그가 세 가지를 금하는 자체가 중요하다. 즉 나실인의 침묵의 증언을 통해서 이스라엘에 만연된 타락과 부패에 대한 경각심을 준다는 것이다. 하나님은 선지자들을 일으키듯이 나실인을 일으키셨다(암 2:11).[20] 그러나 이스라엘 지도자들이 나실인들에게 포도주를 마시게 함으로써 그 헌신의 효력을 무효화시켰다(암 2:12). 이것은 이스라엘의 죄에 포도주가 한 몫을 했다는 것을 보여준다. 특별히 신전에서 벌금으로 얻은 포도주를 마시는 것은 가나안화된 이스라엘의 모습을 보여주는 것이다. 그래서 나실인의 삶 자체가 이런 관행에 반대하는 살아있는 항거의 표시였다. 또한 머리에 삭도를 대지 않는 것도 같은 의미가 있다. 이교도들은 그들의 신을 섬길 때 면도를 하고 몸의 털을 밀어야 했다.[21] 나실인의 삶은 이런 이교도의 관행에 저항하는 침묵의 증언이다.

---

19. T. Ashley, *The Book of Numbers*, The New International Commentary on the Old Testament (Grand Rapids: Eerdmans, 1993), 143.

20. 드 보(De Vaux)는 '나실인을 일으켰다'는 말은 서원과 무관하게 하나님이 직접 임명하신 것으로 이해했다. 그러나 개인의 서원을 통해서 헌신하는 것도 하나님이 세우셨다고 말할 수 있을 것이다. De Vaux, *Ancient Israel*, 467.

21. James Bennett Pritchard (ed), *The Ancient Near Eastern Texts Relating to the Old Testament*, 3rd ed. with Supplement (Princeton: Princeton University Press, 1969), 339.

2.3. 나실인의 규정을 범할 경우(6:9-12)

나실인의 서원을 한 자가 지켜야 할 것은 절제가 필요하지만 그렇게 힘든 일이 아니다. 그러나 나실인의 헌신이 가정생활과 격리된 수도원 생활을 하는 것이 아니라 가족관계를 유지하면서 이루어지는데서 문제가 생길 수 있다. 시체를 가까이 하지 말라는 규정의 경우에는 전혀 예상치 못한 상태에서 '갑자기' 또는 '순식간에'(페타 피트옴) 가족 중에서 죽음을 맞이할 수 있을 것이다. 예기치 않은 가족의 죽음으로 전혀 고의성이 없이 주검을 접촉하거나 가까이 하는 것도 자신이 봉헌한 머리를 더럽힌다고 한다(6:9; 레 5:14-16). 즉 책임이 상황에 있는 것이 아니라 나실인에게 있다는 것이다. 여기서 "스스로 구별한 자의 머리"로 번역된 히브리어 단어, *로쉬 니즈*로는 '그의 봉헌된 머리(털)'라고 번역한다.[22] 나실인이 주검을 접촉한다면 손이나 다른 신체의 부분이 사용될 텐데 본문은 머리(털)를 더럽혔다고 한다. 그 이유는 나실인이 자신을 드리는 표가 머리에 있기 때문이다. 사망은 권세가 있기 때문에 생명을 위협하고 속박한다(시 18:4-6; 116:3; 호 13:14). 나실인이 죽음의 영향을 받으면 생명을 드리는 나실인의 헌신은 무효로 돌아간다. 더러워진 상태에서 자신의 서원을 수행할 수가 없기 때문이다. 칠일 내에 그는 다른 사람과 구분되는 영예로운 신분을 잃을 것이다(9절). 그러나 속죄를 통해서 생명이 죽음을 극복하는 길이 주어졌다. 이것은 나실인의 생활과 그의 몸을 통하여 죽음이 우연한 것이 아니라 죄의 결과라는 것을 보여준다(롬 5:12).

부정하게 된 나실인은 네 단계의 조치를 통해서 회복된다. 첫째, 몸을 정결케 하는 칠 일째 머리를 민다(레 14:9). 부정하게 된 것을 제거하는 절차로 보인다. 부정한 머리털이 다른 것도 오염시킨다고 생각했는지는 몰라도 유대전

---

22. Ludwig Koehler et al., *The Hebrew and Aramaic Lexicon of the Old Testament* (Leiden: Brill, 1994-2000), 684.

승은 이때 잘린 머리털은 땅에 묻었다고 한다(M. Temurah 7:4 A). 둘째, 여덟 째 날에 자신의 죄를 속해야 했다(6:10). 그는 산비둘기 두 마리나 집비둘기 새끼 두 마리를 회막문으로 가져가야 했다. 그 제물은 가장 값싼 것이다(레 5:7; 12:8). 이때 제사장은 제물 하나로 속죄 제물로, 다른 한 제물로 번제물로 드려서 시체로 인하여 얻은 죄를 속한다(6:11). 여기서 강조하는 것은 이것이 단순한 실수나 실패의 문제가 아니라 죄의 문제라는 것이다. 그가 하나님의 요구사항을 어겼기 때문에 그는 속죄제를 드려야 했다.[23] 셋째, 그 날에 머리를 성결하게 한다. 그런데 '거룩하게 할 것이라'(*키다쉬*, 피엘, 완료형 와우계속법, 삼인칭, 남성, 단수)의 주어는 명시되지 않았는데 서원자가 아니고 제사장이 되어야 할 것이다. 그 의미는 제사장이 정결하게 된 서원자의 머리를 거룩하다고 선언하는 것이다.[24] 이것은 재서원을 위한 절차이다. 넷째, 서원할 날짜를 새로 정하고 일 년 된 숫양을 가져다가 속건제물로 드린다. 이것은 제물에 대한 규정은 다르지만 부지중에 성물을 더럽히고 속하는 절차와 같다(레 5:14-16). 이 속건제는 거룩한 물건에 대한 보상은 아니고 자신의 거룩한 맹세에 대한 보상의 의미가 있다.[25] 나실인은 이 절차를 통해서 지나간 헌신은 무효화되지만 새롭게 헌신할 수 있는 기회를 얻는다. 이 절차는 죄의 문제가 얼마나 심각한 것인지를 보여준다.

---

23. 중세 유대인 주석가 베코르 쇼르(Bekhor Shor)는 "바른 의미에서 이것은 죄에 대한 제사가 아니라 '실패'에 대한 제사이다. 그의 부정은 그가 맹세에 실패했다는 것을 의미한다."고 설명했다. Michael Carasik (ed), *Numbers*: Introduction and Commentary, trans. Michael Carasik, First edition, The Commentators' Bible (Philadelphia, PA: The Jewish Publication Society, 2011), 6:11.

24. Noordtzij, *Numeri*, 80.

25. Ashley, *The Book of Numbers*, 145.

2.4. 나실인의 법(6:13-21)

이 나실인의 법(תּוֹרַת הַנָּזִיר, 토라트 하나지르)은 나실인으로 헌신하는 기간, 즉 규정된 맹세의 기간이 만료된 때에 이행하는 의식과 절차를 보여준다. "그 사람을 회막 문으로 데리고 갈 것이요"라는 개역개정은 애매한 번역이다. 히브리어 본문은 문자적으로 "그는 그것을 회막문으로 가져갈지니라"로 번역된다.[26] 어쨌든 그 나실인은 남에 의해서가 아니라 스스로 회막문으로 가야 한다. 그가 회막문으로 가야할 이유는 헌신할 동안 무성하게 자란 머리를 다른 곳이 아니라 회막문에서 밀어야 하기 때문이다(6:18).

나실인은 서약으로 헌신된 기간을 종료하고 일상으로 돌아가기 위해서 소제물과 전제물을 동반한 세 가지 동물 제사를 드려야 한다. 그는 세 마리의 양을 준비해서 제사를 드림으로써 나실인의 대가와 거룩함을 상기시킨다. 그는 번제물로 일 년 된 흠없는 수양 하나를 드린다(6:14). 그는 레위기 1장에 규정된 절차를 따라서 짐승을 잡고 피를 단 사면에 뿌리고, 제단에서 모든 것을 태워서 하나님께 화제로 드린다. 이 제사는 하나님께 자신의 전부를 드린다는 것을 의미한다. 나실인으로서 헌신된 기간이 만료된 이후에도 그는 여전히 하나님께 자신을 드린다는 것이 인상적이다. 속죄제물로는 일 년 된 흠 없는 어린 암양 하나를 드린다. 이것은 이스라엘의 보통 사람을 위한 규정과 같다(레 4:32-35). 이 제사는 나실인이 서약을 한 기간 동안 부지중에 지은 죄에 대한 희생을 의미한다.

화목제와 그와 관련된 소제와 전제는 하나님과의 관계가 방해받지 않고 지

---

26. KJV, NKJV, NIV, ESV: "he shall be brought unto the door of the tabernacle of the congregation (or meeting)." 개역판: "그를 회막문으로 데려갈 것이요." NASB: "그가 회막문으로 제물을 가져갈 것이요." 히브리어 본문은 능동(히필형)으로 되었는데 주어와 목적어가 명확하지 않다고 해서 대부분의 영어 번역같이 수동으로 번역하는 것은 이해하기 어렵다.

속된다는 것을 보여준다(6:17). 화목제 제물은 동물밖에 없다. 그런데 제물로 수양에다 무교병 한 광주리로 소제와 전제를 드리는 것은 나실인의 서원은 하나님을 섬겨서 자신을 드리는데 더 많은 헌신을 한다는 것을 의미한다. 소제와 전제에 대한 상세한 규정은 없지만 민수기 15장에 의하면 수양일 경우 고운 가루 십 분의 일 에바에 포도주 사분의 일 힌을 준비하라고 한다(민 15:6). 나실인은 제사장이 화목제물을 준비한 후 회막문에서 나실인의 머리를 밀고 그 머리를 화목 제물 밑에 있는 불에 태운다(6:18). 물론 그 위치는 번제단이 될 것이다. 그렇지만 그 머리는 제물이 아니기 때문에 이것이 또 다른 제사가 될 수 없다.[27] 나실인의 서약을 마치고 머리털을 태우는 것은 그것을 깨끗하게 정리하여 더러워지지 않도록 하기 위함이다. 이것은 머리는 거룩하기 때문에 마치 남은 제물이 부정해지지 않도록 불사르는 것과 유사하다(레 7:17; 민 19:6). 화목제의 마지막은 제사장에게 돌아가는 화목제 제물을 나누는 것이다(6:19-20). 일반적으로 가슴과 넓적다리는 제사장의 몫이다. 여기서는 수양의 어깨와 무교병과 무교전병도 각각 하나씩 제사장에게 돌아간다. 그 전에 제사장은 가슴은 여호와 앞에서 좌우로 흔들고, 넓적다리는 상하로 흔들어서 하나님께 드리는 의식을 치른다. 여기서 이 행위는 나실인이 특정한 기간 동안 거룩한 봉사를 마칠 수 있도록 하나님께서 신실하게 돌보셨다는 것을 나타내는 상징적인 의식이다. "그 후에는 나실인이 포도주를 마실 수 있느니라"는 선언은 하나님과 백성의 화목을 상징하는 교제의 식사부터 적용될 것이다. 나실인이 자신의 서원의 임무를 벗어난 것을 나타내는 표시로서 포도주의 즐거움을 누리게 될 것이다.[28]

---

27. 그레이는 머리털을 태우는 것을 제사의 종류로 본다. George B. Gray, *Numbers*, ICC (Edinburgh: T&T Clark, 1903), 68.
28. Gispen, *Numeri* I, 116.

마지막으로 요약하는 구절은 13절과 같은 문장으로 시작한다: '이것이 나실인의 법이다.' 앞에서 나실인의 임무를 마치는 규정으로 제시된 것은 최소한의 임무라고 한다: "이외에도 힘이 미치는 대로 하려니와." 그가 더 많은 서원을 했다면 더 많은 것으로 서원을 지켜야 할 것이다(민 30:3; 신 23:22). 그러나 기본적으로 하나님께 대한 헌신은 다함이 없는 것이다.

3. 결론

본문은 나실인에 관한 유일한 규정이고 이 서원의 기원은 고대근동 문화권에서 유래한 것이 아니고 시내 광야에서 하나님께서 이스라엘 공동체에 주신 계시이다. 그 목적은 이스라엘의 직분의 불공정한 부분을 보완하여 레위인이나 제사장이 아니라도 대제사장의 수준에 버금가는 금기사항을 지킴으로써 하나님께 자신을 드리도록 하기 위함이다. 나실인은 거룩한 사람으로서 하나님의 영광에 부합하는 삶을 사는 자다. 이 제도의 특징은 남녀구분 없이 자발적인 헌신을 하도록 하는 것이다. 이것은 만인 제사장이라는 제사장 나라의 한 측면을 보여준다. 나실인의 역할은 세 가지 금지사항을 지키는 것이 전부이지만 그 자체가 부패한 이스라엘에 경고를 주는 중요한 사역이 된다. 이미 왕같은 제사장이 된 새 언약의 성도는 옛 언약 시대의 규정을 따를 필요가 없지만, 이 제도가 보여주는 전체적인 메시지는 합당하게 자신을 생명의 하나님께 드리는 값진 헌신을 하도록 일깨운다(롬 12:1-2).

참고문헌

Ashley, T. *The Book of Numbers*, NICOT. Grand Rapids, Mich.: Eerdmans, 1993.

Backon, Joshua. "Prooftext that Elkanah rather than Hannah consecrated Samuel as a Nazirite." *Jewish Bible Quarterly* 42/1 (2014): 52-53

Budd, Phillip J. *Numbers*. WBC. Dallas: Word, Incorporated, 1984.

Carasik, Michael (ed). *Numbers*: Introduction and Commentary, trans. Michael Carasik, First edition, The Commentators' Bible, Philadelphia: The Jewish Publication Society, 2011.

Cartledge, Tony. *Vows in the Hebrew Bible and the Ancient Near East, Journal for the Study of the Old Testament*. Supplement Series 147. Sheffield: JSOT Press, 1992.

Douglas, Mary. *In the Wilderness*: The Doctrine of Defilement in the Book of Numbers, Journal for the Study of the Old Testament. Supplement Series 158. Sheffield: JSOT Press, 1993.

Eichrodt, Walther. *Theologie Des Alten Testaments* I. Leipzig: J.C. Hinrichs, 1933.

Gispen, W. H. *Numeri* I. Commentaar op het Oude Testament, Kampen: Kok, 1959.

Gray, George B. *Numbers*. ICC. Edinburgh: T&T Clark, 1903.

Hahn, Christine, "The Understanding of the Nazirite Vow." In *A God of Faithfulness*: Essays in Honour of J. Gordon Mcconville on His 60th Birthday, Library of Hebrew Bible/Old Testament Studies (Lhbots), 538. Edited by J. McConville et als. New York; London: T & T Clark, 2011: 46-60.

Jenni Ernst and Claus Westermann. *Theological Lexicon of the Old Testament*. Peabody: Hendrickson Publishers, 1997.

Koehler Ludwig et al.. *The Hebrew and Aramaic Lexicon of the Old Testament*. Leiden: E.J. Brill, 1994-2000.

Lucas A., and John Harris. *Ancient Egyptian Materials and Industries*, London: E. Arnold, 1962.

Milgrom, Jacob. *Numbers*, The JPS Torah Commentary. Philadelphia: Jewish Publication Society, 1990.

Noordtzij, A. *Het boek Numeri*. Korte Verklaring, Kampen: Kok, 1941.

Ohmann, H. M. *Tellingen in de woestijn*. Bedum: Scholma Druk, 1983.

Pritchard, James Bennett (ed). *The Ancient Near Eastern Texts Relating to the Old Testament*. 3rd ed. with Supplement. Princeton: Princeton University Press, 1969.

Scully, Jason. "The Exaltation of Seth and Nazirite Asceticism in the Cave of Treasures." *Vigiliae Christianae* 68/3 (2014): 310-28.

Vaulx, J. de. *Les Nombres*. Paris: J. Gabalda et Cie Éditeurs, 1972.

Vaux, Roland de. *Ancient Israel: Its Life and Institutions*. New York: McGraw-Hill Book Company, 1961.

Abstrcact

An Exegesis of the Nazirite Vow (Num 6:1-21)

Prof. Dr. Duke Shin

(Faculty of Theology)

The Nazirite vow is a supplementary official system that allows people who are not Levites or priests to serve God while obeying the same taboos as priests. This law stipulates temporary devotion through vows. Samuel and Samson are Nazirites, but they have nothing to do with this vow, and they should be seen as exceptional cases of lifelong Nazirites. The Nazirite system serves to make Israel a true priestly nation. Observing the three taboos of the Nazarite is in keeping with God's attribute of holy life, and serves to warn corrupt Israel and help the nation maintain an ideal community of faith. The message of this vow encourages us to live a life of voluntarily giving ourselves to God.

Key words: Nazirite, oath(vow), wine, defilement, hair

일반논문

김용섭 교수의 생애와 개혁주의 기독교교육사상

조성국(고신대학교 기독교교육과 교수)

[초록]

　김용섭(1929-2021) 교수는 고신대학교의 첫 번째 개혁주의 기독교교육학
자였다. 그는 고려신학대학의 첫 번째 교육학 교수로 교육학을 가르쳤고, 네
덜란드계 기독교대학교에서 개혁주의 교육철학으로 박사학위를 받은 첫 번
째의 한국인 박사였다. 그는 고신대학교에 기독교교육과가 설치된 이후, 전공
교육과 학문연구에서 개혁주의 교육학을 확립하는 과제를 수행하여, 기독교
교육과가 개혁주의 교육학 교육과 연구에 특화된 기관이 되는 일에 기여하였
다. 그의 저서 『기독교교육철학』은 우리나라 교육학자가 네덜란드계 개혁주
의 관점의 기독교교육철학을 논의한 의미 있는 저서여서, 이후 기독교교육자
들에게 개혁주의 교육학을 체계적으로 이해하는데 도움을 주었다.

　김용섭 교수는 칼빈의 신학과 개혁주의 기독교철학의 기초에서, 교육학적

인간론, 교육이론, 교육심리, 한국교육역사 연구에 관심을 집중하였다. 그는 개혁주의 교육학자인 네덜란드의 바터링크와, 특히 미국의 야르스마의 대표적인 연구자가 되어, 우리나라에 이 학자들의 교육이론을 상세하게 소개하였다. 개혁주의 기독교교육학은 하나님 중심의 규범적 교육학이다. 개혁주의 교육학은 하나님의 권위와 역사를, 교육을 가능하게 하는 기초로 간주한다. 성경과 성령의 역사가 교육과정에서 중심으로 인정되어야 하고, 교육은 인간 마음의 변화를 통한 전인적 발달과 성숙을 도모해야 하며, 문화적 사명의 범위와 과제를 다루어, 학생이 하나님의 영광과 인류사회의 복리에 기여할 수 있게 해야 한다는 말로 그의 기독교교육사상은 요약될 수 있다.

주제어: 김용섭, 고신대학교, 개혁주의 교육학, 기독교교육철학, 기독교교육, 개혁교육학, 포쳅스트 룸대학교

1. 들어가면서

코로나19로 모임이 자제되어 온지 거의 1년 된 2021년 2월 11일, 설날 전날, 김용섭(金龍燮, 1929-2021) 교수는 노환으로 하나님의 부르심을 받았다. 코로나19 사회적 거리두기 정책으로 모두가 조심하는 시기여서, 김 교수의 자녀들은 많은 제자들과 지인들에게 부고 전하는 일을 걱정하였다. 더욱이 명절연휴 기간이어서 조문 오는 일로 부담을 준다고 여겼다. 그래서 부고는 교회 외에는, 막내아들 김승학 장로가 근무하는 고신대학교 교직원들에게 교직원 부친상의 짧은 공지 메일로만 전달되었다. 상주들은 김 교수가 오랜 기간 장로로 섬겨왔던 역사 깊은 교회에서, 규례에 따른 교회장도 축소하여 가족장으로, 조용한 장례의식을 진행하였다.

김용섭 교수는 고신대학교가 고려신학교에서 고신대학으로 확립되던 시기에 교육학 교수로 임용되었다. 첫 번째의 교직과목 교수로 시작하여 기독교교육과 설립과 발전의 역사에서 주요한 개척자 역할을 했다. 고신대학교가 신학교에서 기독교대학교로 발전하는 과정에서 대학행정의 확립에 기여한 바가 컸다. 비슷한 연령대임에도 불구하고 선임교수로서 동방박사로 일컬어졌고 총장직을 중임했던 역사적 인물 이근삼, 오병세 교수에 비할 때, 언제나 스스로 한걸음 뒤에 서 있었다. 정년퇴임 시점까지도 학문 활동을 하는 제자들이 충분한 역량을 발휘하기에는 여전히 학과 역사가 짧아, 학과 동료교수들과 제자들이 김용섭 교수의 교육활동과 학문적 기여를 정리할 기회를 갖지 못하였고, 그 일을 미래의 과제로 남겼다.[1]

수년 후 김용섭 교수가 명예교수 역할도 마무리해야 할 시점에, 필자는 김 교수가 오랫동안 강의하였던 교과목 중에서 기독교교육철학과 성격심리학 강의를 위촉받았다. 김 교수는 필자의 석사과정 지도교수여서, 일찍이 그의 박사학위 논문과 저서들을 선물 받은 일이 있던 차에, 위의 2과목 강의를 위촉받은 후, 김 교수로부터 손 글씨의 성격심리학 강의노트, 기초자료의 논문들, 그리고 교육심리 참고교재 몇 권도 넘겨받았다. 필자는 기독교 교육철학자였으므로 몇 년 후 성격심리학 과목을 상담심리학자에게 넘겨주었고, 김 교수에 이어 기독교교육철학을 지속적으로 발전시켜왔다. 필자는 김 교수에 이어 개혁주의 기독교교육학 전공교육을 더욱 심화, 발전시켜가야 할 책임을 느끼며 보냈다.

김용섭 교수는 고신대학교에서 25년을 근무했고, 정년퇴임 이후 다시 29년을 더 보냈다. 이미 김 교수의 제자들이 정년퇴임하는 나이에 이르렀고, 새

---

1. 필자는 김용섭 교수가 정년퇴임 할 시점(1994.2.)에 해외 유학 중이었다.

로운 세대는 벌써부터 김 교수를 문헌으로만 만나왔다. 더욱이 코로나19 시대로 모든 집합 행사를 통제받던 시기에 소천 하였으므로, 이번에도 정년퇴임 때처럼 조용한 마무리를 요구받았다. 조용함은 김 교수의 성품과도 닮았다.

필자는 김용섭 교수가 우리나라 개혁주의 기독교교육학 교육과 연구 역사에 대단히 주요한 위치에 있었고, 대단히 비중 있고 의미 있는 기여를 해 왔다고 본다. 그의 연구 문헌들에 반영된 기독교교육사상은 우리나라 기독교교육자들에게 20세기 중반 개혁주의 교육 전통의 지식과 의미 있는 통찰을 제공하고 있다. 필자는 후속 기독교교육 연구자들이 김 교수의 학문적 기여와 그 가치를 알고, 그의 문헌들을 찾을 수 있도록, 단서를 만들어 둘 필요가 있다고 보았다. 그리고 그 단서를 만들어두어야 할 과제가 필자에게 남겨져 있다고 판단하여 이 글을 작성하였다.

2. 김용섭 교수의 생애와 교육활동

김용섭(金龍燮, 1929-2021)은 1929년 2월 19일, 전라북도 전주시 화산읍 148번지에서, 아버지 김경문과 어머니 오현숙의 4남 중 세 번째 아들로 출생하였다. 해방직후인 1945년 9월부터 1948년 7월까지 공립학교인 전주상업고등학교에서 수학하였다.

김용섭은 6.25한국전쟁 시기인 1951년, 전북대학교 철학과에 입학하여 1955년 학사학위를 받았다. 이어 동 대학의 대학원에 진학하여 서양철학을 전공하고, 「칸트에 있어서의 도덕과 종교」라는 제목의 논문으로 1957년 문학석사 학위를 취득하였다. 석사과정에서는 서양철학 영역 안에서 '종교'의 본질에 대한 연구에 관심을 보였고, 이 관심은 이후 지속적으로 발전하였다.

1961년 전원배 교수 환력기념학술연구발표회에서 김용섭은 "종교의 본질"이라는 제목의 논문을 발표하였다. 김용섭은 대학원에서 계속 학문연구에 몰두하고자 하는 열망을 가지고 있었지만, 당시대의 어려운 상황에서, 경제적 이유로 진로를 변경하여 고등학교 교사가 되었다. 김용섭은 동일 연령의 오덕자와 결혼하여, 종곤, 수진, 승학의 2남 1녀를 두었다.

김용섭은 1955년부터 1957년까지, 미국 남장로교 선교사들이 설립하였던 미션스쿨인 전주기전여자고등학교에서, 그리고 1957년부터 1966년까지는 역시 미국 남장로교 미션스쿨인 순천매산고등학교에서, 약 11년간 영어와 철학 교사로 일했고, 교무행정을 맡아 일하였다. 그는 영어교사로 일하면서 오랜 기간 영자신문과 미국시사 잡지를 숙독하는 방법으로 영어를 익혔고, 정부의 유학 장학생 지원자 시험에 합격하였다. 1966년 정부 장학금 지원을 받아 미국 텍사스 주의 산 안토니오에 소재한, 미국 남장로교 전통의 트리니티대학교(Trinity University) 대학원에 유학하여 교육심리학을 공부하였다. 1969년 "학습에 있어서 동기의 역할"이라는 주제의 학위 논문을 발표하고 교육학 석사학위를 취득하였다.[2] 장학금 지원 기간에 맞추어 석사학위를 취득한 후 귀국한 김용섭은 순천매산고등학교에 복귀하여 잠시 동안 일했다.

고등학교 교사에서 대학교 교수로의 진로변경은 1969년에 이루어졌다. 해방직후 한국 장로교회 지도자들 중 일부는 1946년 9월, 일제강점기에 신사참배강요로 폐교되었던 평양장로교신학교를 대체하려는 의도에서 고려신학교를 개교하였다. 고려신학교는 세속정부의 학교통제에 대한 불신감이 깊어 오랫동안 신학교 지위를 유지하였다. 이후 고신교회의 교단 신학교로 확립된 고려신학교는 1968년에야 교육부에 학교법인 인가를 신청하여, 각종학교 지위

---

2. 1968년 봄, "The Role of Motivation in Learning"("학습에서의 동기의 역할")이라는 제목의 논문을 트리니티대학교 교육학학술지(Educational Journal)에 발표하였다.

를 인정받았다. 고려신학교는 1969년 대학학력인정 수준에서 대학승인 조건을 갖추어가면서 교직과 교양 교과 교수를 모집하였다.

김용섭 교수는 일찍이 철학과에서 종교(기독교)를 연구하였고, 미국 남장로교 미션스쿨에서 오랫동안 교사로 일했으며, 미국에서는 남장로교 대학교에서 교육학을 공부하였으므로, 우리나라 장로교회의 대표적인 신학교 중 하나인 고려신학교가 교육학 교수를 모집하자 소명으로 알고 기쁜 마음으로 지원하였다. 김용섭 교수는 고려신학교 임용이 결정되자 부산에 이주하여 학교와 교회에 가까운 영도에 정착하였고, 줄 곧 영도에서 살았다.

1969년부터 1976년까지 고려신학교와 고려신학대학 시기에 김용섭 교수는 신학과 교수로서 교육학 교직과목과, 교양교과인 영어, 독일어, 철학을 강의하였다. 그는 신학과 외의 첫 번째 학과인 기독교교육과 신설을 주도하였다. 1977년 기독교교육과 신설과 더불어 기독교교육과의 첫 번째 교수로서, 신생 학과인 기독교교육과의 전공교육과정과 개혁주의 기독교교육학 토대를 확립하는 선구적인 일을 수행하였다. 김용섭 교수는 기독교교육과 전공교육에서 교육심리 영역을 맡아 교육심리학과 성격심리학을 가르쳤고, 사범학과 전공교직인 중등학교 윤리교과와 교생실습을 지도하였다.

김용섭 교수는 1978년, 49세의 많이 늦은 나이에, 교수 박사학위취득 지원 연구년을 허락받아 남아공화국 네델란드계 포쳅스트룸대학교(Potchefstroomse Universiteit vir Christelike Hoër Onderwys) 대학원 박사과정에 유학하였다. 그는 교육철학 전공에서 1981년 「한국에서의 교육에 대한 성경적 접근 개관」이라는 제목의 논문으로 박사학위를 받았다.[3] 김용섭 교수는 포쳅스트룸

---

3. 김용섭 교수는 남아공화국 포쳅스트룸대학교(Potchefstroomse Universiteit vir Christelike Hoër Onderwys)의 첫 번째 한국인 유학생이면서 첫 번째 한국인 박사학위 취득자였다. 우리나라와 남아공화국 양국 간 국교체결 이전이었으므로, 그의 유학은 남아공화국 현지 미디어에 소개되었고, 김용섭 교

대학교 대학원의 첫 번째 한국인 유학생이었으므로, 포첩스트룸대학교 교육학대학 교수들은 한국교육에 대하여 알고 싶어 했고, 김용섭 교수는 네덜란드 개혁주의 기독교대학에서 발전시켜온 성경적인 접근의 기독교교육철학을 깊이 연구하고 싶어 했다. 그래서 김용섭 교수는 박사학위 논문에서 한국의 교육역사와 상황에서 개혁주의 기독교교육원리를 어떻게 적용할 수 있는지의 문제를 깊이 논의하였다. 김용섭 교수는 포첩스트룸대학교의 첫 번째 한국인 박사학위 취득자가 되었고, 이후 고신대학교 기독교교육과 전공교육에서 기독교교육철학 교과를 개발하여 지속적으로 발전시켰다.

김용섭 교수는 고려신학교에서 고등학교 교무행정 경험을 가진 유일한 교수였다. 오랫동안 교회행정에 익숙한 신학교에서, 대학으로 인가받은 후 교육부와의 관계에서 대학교육행정에 적응해가야 했던 고려신학대학은, 학교행정 전반에서 그의 실제적인 기여를 필요로 했다. 김용섭 교수는 고신대학교에서, 대학행정의 기초에 해당하는 학생처장직과 교무처장직을 감당하였다. 처음에는 학생처장직으로, 특히 오랫동안 교무처장직을 역임하였고, 나중에는 대학원장직을 수행하였다. 교회에 익숙한 신학 교수들이 중심이었던 신학대학교로부터 기독교대학교로 확립되는 과정에, 그는 주요한 실무 지도적 행정가 역할을 직접 해야만 했다.

김용섭 교수는 고려신학교의 발전과 학교명칭 변화에 따라, 고려신학교의

수는 인터뷰를 통해 남아공화국 시민들에게 한국을 소개하였다. 포첩스트룸대학교는 남아공화국의 네덜란드계 개혁교회 신학 및 기독교 대학교이며, 네덜란드 암스테르담 자유대학교와 동일한 지위와 특성을 가진 기독교대학교였다. 포첩스트룸대학교는 고신대학교와 동일한 신학적 기초를 가지고 있었으므로, 고신대학교 교수(후보자)들의 대학원 유학 지원 프로그램에 따라, 여러 한국유학생들이 신학과 교육학을 공부한 후 교수가 되었다. 김용섭 교수의 박사학위 논문의 제목 다음과 같다. "Contours of a Scriptural Approach to Education in the Republic of Korea" (Ed.D. Thesis, Potchefstroomse Universiteit vir Christelike Hoër Onderwys, 1980).

조교수(1969.9-1970), 고려신학대학의 조교수(1971-1975), 고신대학 부교수 (1975-1983), 고신대학교 교수(1983-1994)로 일하였다. 고신대학교에서 정년 퇴임(1994.2) 때까지 25년 동안 일했고, 이후에는 명예교수로 수년간 강의하였다. 김용섭 교수는 정년퇴임 시에, 고등학교와 대학교 교육에서 수행한 약 38년의 교육공로를 인정받아 국민훈장 석류장을 받았다.

김용섭 교수는 교회장로였으므로, 고신교단의 목사들이 주도하는 교회교육에 기여하는 일에는 한계가 있었다. 그러나 부산지역의 해양선교와, 특히 해외선교사들의 통역사가 되어, 교회에서 설교를 통역하고 국내선교를 지원하는 방법으로 오랫동안 선교사역에 봉사하였다. 그는 부산에서 한국인이 최초로 설립하였고, 고신교회의 중심 위치에 있어 온 제일영도교회에서, 1977년 장로로 임직하여 1999년 은퇴할 때까지, 22년 5개월 동안 장로로 봉사하였고, 이후 원로장로로 추대되었다.

김용섭 교수는 1997년, 교회 100주년 역사책인 『제일영도교회 100년사: 1896-1996』를 집필하여 출간하였다. 이 책은 한 교회의 역사책이지만, 실제로는 한국교회와 부산교회, 고신교회의 역사를 개관한 역작으로, 특히 개별교회 역사서술의 역작으로 인정받았다. 김용섭 교수는 그의 만 92세 되는 2021년 2월 11일, 구정 전날, 평안하게 소천하였다.

3. 김용섭 교수의 기독교교육사상

김용섭 교수의 연구범위는 대학원의 학문 전공이력에 따라 분야와 방법이 확장되었으나 그 모든 것들을 기독교교육사상으로 수렴해왔다. 서양철학 전공에서는 처음 칸트철학의 윤리와 종교, 종교의 본질에 대한 철학적 탐구에 관심을 가졌다. 고신대학교에서 학문 활동하는 동안 그는 자신의 종교인 개신교 장로교회와 개혁교회의 개혁주의(칼빈주의) 철학과 신학에 관심을 집중하였다. 기독교교육철학자로서 그는 인간과 인간형성 이론인 교육이론에서, 주로 인간의 종교적 본질과 계시의 규범에 따른 교육사상을 정교화 하였다. 그리고 한국의 문화적 상황에서 기독교교육학을 탐구하는 학자로서, 한국교육역사, 근대 미션스쿨의 역사, 그리고 신앙교육공동체인 교회역사 서술의 과제를 수행하였다.

김용섭을 교육학자로 만든 것은 11년의 교사경력에 이어 미국 유학 중 교육심리학을 전공으로 공부한 이력이었다. 사회과학으로서 교육심리학은, 인간의 현재 경험적 행동과 특성, 그리고 그것들의 교육과의 관련성에 대한 과학적 연구영역이므로, 성장발달 과정 중에 있는 인간과 그의 정서, 효과적인 교수학습이론에 관심을 둔다. 김용섭 교수는 교육심리학 연구 활동에서, 전통적 주제인 동기(motivation), 그리고 대학생들의 '적응'에 대한 경험적 연구방법의 논문을 발표하였다. 그러나 고신대학교에서 그는 주로 철학적 연구방법론에 따라, 인간의 심리학적 '인성(personality)'과 교수학습의 '이론'을 논의하는 이론적 연구물들을 발표하였다. 그리고 기독교적 관점에서 교육심리학을 구축하는 대안을 제안하는 연구에 관심을 집중하였다. 이러한 연구사의 흐름에서, 김용섭 교수가 관심을 가졌던 주제별로 기독교교육사상의 내용을 서술해보는 것이 좋을 것이다.

3.1. 신학과 기독교철학에서의 개혁주의 인간론

김용섭 교수는 기독교교육이론의 기초를 칼빈주의(개혁주의) 세계관과 인간관에 두었다. 기독교교육의 철학적 기초에 대한 논의에서 그는, 우리나라에서는 대단히 이른 시점인 1985년에 '세계관'이라는 표현을 사용하였다.[4] 세계관을 기독교철학에서처럼 카테고리에 따라 혹은 철학의 범주에 따라 구조적으로 논하지는 않았고, 신학적 칼빈주의와 동일시하였으므로 미터(Henry Meeter), 맥닐(John McNeil)의 개혁신학 문헌들을 기초로 논의하였다. 그에게 기독교 세계관은 칼빈 신학에 따라, 하나님 중심, 주권, 영광에 주목하는 신학적 관점을 삶의 모든 영역에 확장시키려는 시도로서, 개혁주의와 동일한 의미였다.[5]

기독교세계관에서 가장 주요한 관심은 주권자 하나님의 존재와 창조에 두어졌다. 김용섭 교수의 세계관 논의에서 하나님은, 궁극적인 실재로서, "영원 자존하시고, 삼위이면서도 분리할 수 없는 하나의 본질로 실존하시는 주권자 하나님이다."[6] 하나님은 세계를 창조하시고 보존하시는 창조주로서, 모든 실재하는 것들의 존재적 근거이다. 기독교세계관에 대한 그의 논의는 이후 기독교철학자들인 도예베르트(H. Dooyeweerd), 스피르(J. M. Spier), 딸야르트(J. A. L. Taljaard)의 문헌들로 확장되었지만, 기독교세계관 주제들의 철학적 논의에는 소극적이어서 아주 제한되었다.

김용섭 교수가 칼빈주의(개혁주의)에서 집중된 관심을 가졌던 주제는 인간관이었다. 교육학의 주된 관심이 인간 형성이므로, 인간관이 핵심 주제인 것은 자연스러운 일이었다. 인간에 대한 신학적 논의에서 김용섭 교수가 처음 토대로 삼았던 것은 칼빈의 인간론이었다. 김용섭 교수가 이해한 칼빈의 인간론에 따르면, 인간은 하늘의 영혼과 땅의 육체로 구성된 이원론적 존재, 하나

---

4. 김용섭, "칼빈의 세계관, 인간관과 개혁주의 교육관: 교육목적, 교사-학생관을 중심으로," 「고신대학 논문집」 13(1985.7.): 69-93; 이 논문은 이후 고신대학교 기독교교육연구소에서 『칼빈의 세계관, 인간관과 개혁주의 교육관』이라는 제목의 소책자로 발간되었다(1992).

5. 김용섭. 『칼빈의 세계관, 인간관과 개혁주의 교육관』, 5.

6. 김용섭. 『칼빈의 세계관, 인간관과 개혁주의 교육관』, 6.

님의 형상으로 창조되어 동물들과 구별되는 독특한 존재, 영혼에 하나님과의 관계를 추구하는 하나님 형상의 잔영이 남아있는 존재였다. 자유의지에 따른 타락으로 하나님의 형상은 훼손되었고, 원죄의 영향으로 반역적 방향을 지향하는 존재가 되었다. 그러나 하나님의 은혜와 계시로 영적 지혜를 얻고, 중생으로 하나님의 주권을 겸허하게 받아들이는 존재가 된다. 하나님의 은혜로 인간의지는 바른 방향으로 문화창조의 역량을 발휘할 수 있게 된다.[7]

김용섭 교수가 기독교철학적 인간관의 기초로 삼았던 것은 도예베르트의 인간론이었다. 도예베르트는 인간을 하나님의 형상으로 간주하고, 하나님의 형상의 좌소는 종교적 중심이면서 존재의 중심인 마음에 있다고 보았다. 인간의 몸의 구조는 양상이론의 기초에서, 생리-화학적 자질, 생명적 자질, 심리적 기능, 그리고 결의적 기능이 통전적으로 결합된 전인적 인간이다. 인간은 중심인 마음에서 일어나는 앎, 상상, 열망의 방식으로 몸의 다양한 기능들을 통하여 규범적 행동을 한다는 것이다.[8] 김용섭 교수는 칼빈의 신학적 인간론과 도예베르트의 기독교철학적 인간론의 기반에서, 인간을 하나님의 형상으로 창조된 존재이며, 인간의 주요 특성은 종교적 존재, 합리적 존재, 도덕적 존재, 사회적 존재, 자유로운 존재, 책임질 수 있는 존재라고 정리하였다.[9]

김용섭 교수는 기독교교육학자로서, 칼빈의 신학적 인간론의 배경에서 기독교교육학적 인간관을 더 구체화하는 일에 관심을 가졌다. 기독교교육철학은 기독교교육학적 인간관의 기초적 논의 과제를 가지고 있기 때문이다. 그의

---

7. YongSub, Kim. "Contours of a Scriptural Approach to Education in the Republic of Korea," 294-308.

8. YongSub, Kim, "Contours of a Scriptural Approach to Education in the Republic of Korea," 311-312.

9. YongSub, Kim, "Contours of a Scriptural Approach to Education in the Republic of Korea," 319-330.

이러한 과제 수행 필요에 기초적인 자료가 된 것은 미국 칼빈대학교 교육학 교수였던 야르스마(C. Jaarsma)의 문헌들이었다. 야르스마는 네덜란드의 바빙크(H. Bavinck)와 바터링크(J. Waterink)의 개혁교육학을 미국 교육심리학과 통합한 모델을 보여주었던 기독교교육학자였다. 김용섭 교수는 야르스마의 교육이론모델을, 우리나라의 개혁주의 기독교교육학 확립과 발전을 위해 논의해야만 할, 가장 의미 있는 모델로 확신했다.

김용섭 교수는 우리나라에서 야르스마의 대표적 연구자였다. 이미 그의 박사논문(1980)에서 우리나라 사람으로서 처음 야르스마의 교육이론을 논의하였다. 이후 야르스마의 학습이론(1981), 야르스마의 인간발달론(1985), 야르스마의 기독교교육사상(1993)을 주제로 개별 논문들을 지속적으로 발표하였다. 야르스마는 바빙크의 인간론을 수용하면서도 바빙크와 달리 인간을 삼분설에 따라 영(pneuma), 혼(psyche), 몸(soma)로 구분하였다. 그는 전인적 인간을 인성(personality)으로 표현한 후, 생리적, 정서적, 사회적, 지적 차원으로 구별하여 발달을 논하되, 발달을 가능하게 하는 힘을 영이 부여하는 발달충동으로 설명하였다.[10] 김용섭 교수는 야르스마가 개혁주의 인간관과 심리학을 통합하여 교육학에 맞게, 퍼스날리티의 관점에서 구체적인 전인적 인간과 교육이론을 서술하는 독창성을 보여주었다고 평가하면서도, 여러 개혁주의 신학자들이 야르스마를 비판한 것처럼, 영과 발달충동을 동일시한 점을 비판함으로써 철저한 신학적 입장을 견지하였다.[11]

인간관에 있어서 김용섭 교수는, 칼빈과 도예베르트와 야르스마의 사상을

---

10. 조성국. 『기독교세계관 형성을 위한 기독교학교교육의 역사와 철학』(서울: 생명의 양식, 2019), 151, 228-229. 야르스마는 헤르만 바빙크의 기독교교육철학을 주제로 한 논문으로 박사학위를 받았다. 그의 박사학위 논문은 정정숙 교수에 의해 1983년 우리말로 번역 출간되었다.
11. 김용섭. "Cornelius Jaarsma의 교육사상," 「고신대학교 논문집」 (1993.12.): 69-70.

개혁주의 인간관의 핵심 기초 자료로 간주하여 소개하였다. 그러나 김 교수는 세 사람의 학자들의 인간론을 자신의 관점에서 많이 논의하지는 않았다. 그에게 처음 깊은 영향을 준 것은 칼빈의 인간론이며, 야르스마의 인간론에는 교육이론이해를 근거로 동정적이었다. 칼빈의 이원론과 야르스마의 삼원론도 깊게 논의하지는 않았다.[12] 그럼에도 불구하고 김용섭 교수에게 야르스마의 교육학적 인간론의 영향은 지속적이었는데, 그 흔적 중 하나는 그가 칼빈의 이원론을 다루면서도 야르스마의 삼원론 구조의 표현을 가져와, 영혼(psyche, soul)을 지속적으로 우리말 '혼'으로 표현한 것이다. 김용섭 교수의 교육이론에서 도예베르트의 인간론은 그의 박사학위 논문 이후 더 발전적으로 논의되지는 않았다.[13]

3.2. 개혁주의 기독교교육이론

개혁주의 세계관과 인간관은 필연적으로 일반교육이론과 구별되는 기독교교육이론 구축의 과제를 요구한다. 김용섭 교수는 일반교육이 기독교교육과 구별될 수밖에 없는 것은, 교육은 전인적 인간의 형성 활동이므로, 교육관의 토대가 되는 세계관과 인간관이 구별을 만들어낼 수밖에 없다고 보았다. 그는 기독교교육의 독특성을, 성경말씀이 교육의 원리와 내용의 원천이라는 것, 교육이 목표하는 인격이 그리스도를 닮은 인성을 목표한다는 점, 학생의 마음의 변화와 중생과 성숙에 초점을 맞춘다는 점, 문화적 사명을 수행하여 하나님 나라에 적합한, 문화의 보존과 발전을 추구한다는 점이라고 보았다.[14]

---

12. 김용섭 교수는 일반적인 수준에서 찰스 하지의 문헌을 기초로 이분설과 삼분설을 비평하였고, 바터링크와 야르스마는 통합된 전인적 인간론을 가진 것으로 설명한 일은 있다. 김용섭. 『기독교교육철학』(서울: 개혁주의신행협회, 1996), 213-234.
13. 김용섭. 『칼빈의 세계관, 인간관과 개혁주의 교육관』, 8-10.
14. 김용섭, "일반교육과 기독교 교육에 있어서의 교육과정 및 교수-학습의 개념에 대한 비교 연구," 「고

김용섭 교수는 개혁주의 기독교교육이론의 체계적인 서술과제를 이미 박사학위 논문(1980)에서 개괄적으로 수행하였고,[15] 이후 지속적으로 이 작업을 발전시켜 독립적인 저술로 완성하였다. 그가 집필하여 출간한 『기독교교육철학』(1996)은 개혁주의 신학과 철학의 관점에서 교육이론을 학문적으로 다룬 전형적 사례의 역작으로서, 개혁주의신학총서로 인정받았고, 지속적인 수요에 따라 중판되었다.[16] 일찍이 우리나라에 번역 소개되거나, 한국학자가 집필한 기독교교육학 저서들은, 많은 경우 미국의 신정통주의 신학과 진보신학들에 기초한, 혹은 복음주의 신학에 기초한 교회교육이론서들임에 비하여, 김용섭 교수의 저서는 개혁주의적 관점에서 일반 교육학이론들을 비평하면서 개혁주의 교육학을 적극적으로 서술한 교육학의 이론적 저서였다.

김용섭 교수는 교육의 본질에 대한 논의에서, 일반교육이론(준비설, 개현설, 심의구성설, 형식도야설, 항존주의, 진보주의교육관)과 미국 기독교교육학 이론인 종교교육학파와 기독교교육학파 이론들을 개혁주의 교육학 이론(바터링크와 야르스마)과 비교하여 논의하였다. 그는 교육의 본질에 대한 논의에서, 개혁주의 기독교교육학이 일반 교육이론들과 구별되는 특성은 근본적으로 전혀 상반된 인간론과 기본 동인에 있다고 보았다. 그리고 미국 신정통주의 교육신학자 쉐릴의 사상에 대하여는, 기독교교육이론으로서의 체계성과 논리성을 높게 평가하면서도, 인간의 실존주의적 불안의 원천이 되는 죄성(罪性), 타락한 본성에 대하여 명확하게 말하지 않는다는 점을 지적하였고, 하나님의 영에 의한 마음의 근본적 변화 없이는 쉐릴이 의도하는 전인격 구조

신대학 논문집」 15(1987.10.): 268-272.

15. YongSub, Kim, "Contours of a Scriptural Approach to Education in the Republic of Korea," 제5장(교육의 본질과 목적), 제7장(교사와 학생과 기관), 제8장(교육과정과 교수학습과정).

16. 김용섭, 『기독교교육철학』 (서울: 개혁주의신행협회, 1996). 2000년에 재판 발행됨.

와 기능의 깊은 변화를 기대할 수 없다고 평가함으로써 쉐릴의 사상을 개혁주의 관점과 구별하였다.[17] 개혁주의 교육은 구체적인 교육과정에서, 성경과 성령으로 이루어지는 인간 마음의 변화에 초점을 맞추고, 다양한 역량을 개발하고 통합하는 교육을 제공함으로써 전인적으로 성숙한 인격에 이르고, 하나님의 영광과 인류공동체의 복리에 기여하는 사람이 되게 하는 것이라 보았다.

김용섭 교수는 교육주체들에 대한 논의에서, 개혁주의 관점에 따라 부모와 교사, 그리고 학생의 본질과 상호관계의 특성을 다루었다. 근대(현대)교육에서는 교사만을 다루는 경우가 일반적이지만, 그는 개혁주의 언약신학의 기초에서 부모가 하나님으로부터 신성한 교육적 사명을 부여받았고, 교육을 위한 권위를 위임받았다고 보았다. 교사는 부모로부터 위임된 권위를, 학교는 가정으로부터 연장된 권위를 행사한다고 보았다.[18] 기독교 교사는 아동의 영적 발달의 책임을 수행하는, 아동을 참으로 교육하시는 하나님의 동역자이다. 학생은 하나님의 형상이며, 한편으로는 타락한 본성의 비관적 특성을 가지고 있지만, 또 다른 한편으로 은혜 언약 안에서 하나님의 자녀라는 긍정적 특성도 가지고서 전인적 발달을 이루어가는 존재로 간주된다. 교육의 주체들에 대한 논의에서 김용섭 교수는, 부모와 교사도 위임받은 권위로 교육을 실행하는 자들이며, 학생도 하나님의 형상으로서 변화와 성숙을 이루어가야 할 존재이므로, 교육은 아동중심 혹은 인간중심일 수 없고, 하나님 중심이어야 한다고 주장하였다.[19]

교사와 학생의 관계에 대한 논의에서 김용섭 교수가 깊은 관심을 가진 주제는, 자유, 훈계, 권위였다. 그는 이 주제에 대한 독립적인 논문을 철학 학술

17. 김용섭, 『기독교교육철학』, 131-134.
18. 김용섭, 『기독교교육철학』, 247.
19. 김용섭, 『기독교교육철학』, 265.

지에 기고한 일도 있다.[20] 교육 주체들 간에 상호소통 과정인 교육과정에는 필연적으로 자유와 훈계와 권위 문제가 발생한다. 이 개념들의 함의에는 현대교육과 기독교교육 사이에 큰 간격이 있다. 김용섭 교수는, 교육적 자유란 속박에 대한 무조건적 자유를 뜻하는 것이 아니라고 보았다. 자유는 존재의 본질에 속하고 생존의 양태를 규정하는 제약조건의 속박에 순응할 때 있다는 바터링크의 주장을 수용하였다.[21] 그리고 자유는 반드시 책임을 수반한다는 점을 강조하였다.

훈계의 주제에서 김용섭 교수는, 학생을 바른 방향으로 이끌어 교육목표에 도달하게 하는, 훈계의 긍정적이고 적극적인 점에 주목해야 한다고 보았고, 하나님의 말씀의 규범에 따라 학생을 이끌어 학생의 자기 훈계에 이르도록 지도해야 한다고 보았다. 김용섭 교수는 야르스마의 견해에 기초하여, 훈계를 건설적 훈계, 예방적 훈계, 치유적 훈계로 나누어 논의하였다.[22] 훈계는 학생에 대한 깊은 이해와 사랑과 인내에서 우러나와야 정당화된다.

권위는 적극적인 교육을 가능하게 하는 근거이므로 교육에서 주요한 주제이지만, 현대 일반 교육은 권위를 부정적으로 다루는 경향을 보였다. 김용섭 교수는 교육을, 하나님의 권위에 기반을 둔, 위엄 있는(authoritative) 형성 활동으로 보았다. 권위는 인간 자존적인 것이 아니다. 하나님의 절대 권위로부터 파생적이고 대행적인 권위이므로, 한편으로는 하나님의 규범으로만 정당화되고, 또 다른 한편으로는 사랑의 마음에서 발휘되어야 정당화된다고 보았

---

20. 김용섭,. "교육에 있어서의 자유와 훈계와 권위의 문제," 「향연」 1 (1984), 43-59. 이 학술지는 전북대학교 철학과의 학술잡지였다. 김용섭 교수는 철학 학술지에 기독교교육철학적 논의의 논문을 기고하였다.
21. 김용섭, 『기독교교육철학』, 272.
22., 김용섭, 『기독교교육철학』, 284.

다.[23] 그리고 이 세 가지 주제를 다음과 같은 말로 요약하였다: "교육이 참으로 성공을 거두려면, 절제와 책임이 앞서는 자유와 그리고 사랑의 동기에 바탕을 둔 훈계와 권위, 이 3자는 언제나 균형과 조화를 이루어 필요할 경우에 적절하게 행사되지 않으면 안 된다."[24]

김용섭 교수는 교육적 기능을 발휘하는 기관으로, 가정, 교회, 학교, 정부, 사회를 구별하여 논의하였다. 현대교육이 학교와 정부에 집중된 관심을 보인 것과 달리, 그는 하나님이 제정하여 언약적 유대로 세우신 가정과, 은혜언약의 기초에서 제정하신 교회의 본질적 교육기능을 강조하였다. 김용섭 교수는 기독교철학자 딸야르트의 논의에 기초하여, 학교는 가정의 연장선에서 전인적인 발달과 성숙을 위해 세워진 존재론적 개별성을 가진 기관이며, 특별히 가르치고 배우는 일에 전문화된 기관으로 간주하였다.[25] 교육은 국가의 주요 과제이고 국가는 직접 교육기능을 수행하기도 하지만, 국가는 교육에 있어 전체주의적 통제가 아니라, 교육적 자주성과 자율성을 보장해주어야 하는 데, 그 이유는 교육 고유의 특성과 기능 때문이라고 주장하였다.

교육과정론에 있어 김용섭 교수는 야르스마의 연구를 기초로, 현대교육의 정보지식획득 개념, 도야의 개념, 사회적 개념, 창의적 개념과 구별하여, 기독교적 교육과정의 특성을 적극적으로 서술하였다. 그에 따르면 기독교적 교육과정의 특성은, 전인적인 존재로서 전인적으로 살아가고 행동하는 하나님의 형상의 본질적 특성, 그리고 하나님의 창조세계에 있는 문화적 자원들의 다양성의 특성 위에 세워져 있다. 따라서 기독교적 교육과정은 그리스도를 닮은 인격의 온전한 인간 실현을 위해, 마음의 변화와 중생을 기초로 전개되어

---

23. 김용섭, 『기독교교육철학』, 295,297.

24. 김용섭, "교육에 있어서의 자유와 훈계와 권위의 문제," 58.

25. 김용섭, 『기독교교육철학』, 332.

야 한다. 그리고 하나님의 말씀 계시의 기초 위에서, 현세적이고 인간적인 모든 요소들과, 초월적, 초현세적 요소들도 포함해야 한다고 주장하였다.[26] 또한 교과의 주제는 기독교적 문화개념과 문화적 사명의 과제를 다루는 것이어야 한다고 보았다.

교수학습이론에서 김용섭 교수는, 현대교육이 아동 중심적 경향을 견지하여 교수(teaching)에는 소극적이고 아동의 심리적 본성에 기초한 학습(learning)에는 적극적인 관심을 보인 점과 구별하여, 교수는 영적 활동이고 하나님의 교육의 중심 위치에 있음을 강조하였다. 그는 미국 기독교교육학자 리(James Michael Lee)의 종교교수이론도 상세하게 설명하였으나, 실제적인 논의에서는 개혁주의 교육학자인 야르스마의 제안을 따랐다. 김용섭 교수는 교수를, 학습의 욕구를 환기시켜 목표로 안내하고, 고무하고, 부추겨, 작동하게 하는 기예(art)라고 보았다. 그래서 참된 교수(teaching)는, 학생과의 효과적인 소통, 곧 인격의 역동적 상호작용을 전제한다고 강조하였다.[27] 그리고 교수의 핵심 요인은 훈계이며, 그 훈계는 건설적 훈계, 예방적 훈계, 치유적 훈계에 따라 이루어져야 한다고 보았다.

학습에 있어서 김용섭 교수는, 현대교육이론들이 교육에 있어 결정적 요인으로 보는 유전과 환경 외에, 기독교적 관점에서 영의 원리를 더하였다. 그리고 일반 학습이론들은, 기독교적 인간관과 교육원리에 벗어나지 않는다면, 긍정적으로 수용하여 활용할 수 있다는 견해를 피력하였다. 그는 야르스마의 주장에 동의하여, 인간의 종교성을 학습이론의 출발점으로 삼아, 학습주체, 학습목표, 학습매체의 관계에 주의해야 한다고 말했다. 학습을 종교적 인간의 종교적 활동으로 보고, 학습과정에서 진리에 대한 이해, 느낌, 나눔, 음미

---

26. 김용섭, 『기독교교육철학』, 360.
27. 김용섭, 『기독교교육철학』, 399.

를 통해, 선택하고 책임 있는 수용에 이르는, 전인적인 활동이어야 한다고 서술하였다.[28] 그는 학습에 대하여, 전인에 의한, 전인의, 전인을 위한 학습이어야 한다는 야르스마의 생각을 수용하였다. 그리고 학습이 학습자의 능동적인 활동, 곧 주체적인 활동이 되게 해야, 마음에서 이루어지는, 또한 마음이 받아들이는 참된 학습이 된다는 의미에서, 마음의 학습, 내면 학습이 기독교적 학습관이라고 말했다.[29]

김용섭 교수는 기독교적 교수-학습을 "하나님 앞에서의 교사와 학생의 만남이요 교통(communication)인 동시에 또한 교사와 학생이 하나님을 만나고 그의 부르심에 책임 있게 응답하고 자신을 결단"하는 활동으로 요약하였다.[30]

3.3. 기독교 교육심리학

김용섭 교수는 미국 대학원에서 교육심리학을 전공하였고, 고신대학교에서 교육심리학 교과를 강의하였으므로 일찍이 강의안을 교과서로 출간하였다. 그의 저서 『교육심리』는 비록 교회교육기관인 총회교육원의 교회교사양성총서로 출간되었지만, 이 책이 서술한 내용의 범위와 수준은 교회교사양성보다 사실상 교육학대학에서 학교교사를 양성하려는 필요로 개발된 교육심리학 교과서였다.[31]

김용섭 교수는 교육심리학을 경험 기술적 과학(descriptive science)이면서 또한 당위성을 추구하는 규범학문(normative science)으로 간주하였다.[32]

---

28. 김용섭, 『기독교교육철학』, 415.
29. 김용섭, 『기독교교육철학』, 421.
30. 김용섭, 『기독교교육철학』, 425.
31. 김용섭, 『교육심리』 (부산: 고신출판사, 1988).
32. 김용섭, 『교육심리』, 13-14.

그는 교육심리학을 우선적으로 경험 기술적 과학으로 간주하였으므로, 기독교적 인간관과 교육원리에 위배되지 않는다면, 교육심리학 연구의 내용을 긍정적으로 수용할 수 있다고 보았다. 그래서 『교육심리』에서는 일반적으로 교육심리학 교과서가 다루는 주제들, 곧 교육심리학, 발달, 학습, 적응과 지도(상담심리), 교육평가 등의 세부 영역들에 따라, 현대의 연구 내용들을 잘 정리하여 설명하였다. 다른 연구논문들을 통해서는 교육심리학의 세부영역인 상담심리(적응와 지도) 영역의 주제들을 많이 다루었다. 예컨대 퍼스낼리티의 본질(1977), 대인관계론(1984), 열등감(1986), 분노(1984), 퍼스낼리티의 성숙과 종교(1994) 등의 주제 논문들이다.

김용섭 교수의 교육심리학 연구는 대부분 이론적 연구방법으로 이루어졌고, 교육심리학의 일반 주제를 논의하는 연구에 기독교적 내용과 적용을 부가하는 방식이었다. 『교육심리』에서는 인간의 종교성과 파울러(James Fowler)의 신앙발달이론을 추가하여 소개하였고,[33] "분노에 대한 연구"에서는 마지막 부분에 성경의 분노에 대한 가르침을 부가하였으며,[34] "열등감과 적응"에서는 결론 부분의 내용 안에서 그리스도인을 위한 적용 함의를 간단하게 부가하였다.[35] 또 "Gordon W. Allport의 Personality Theory에 있어서의 성숙의 개념과 종교적 함의"에서는, 알포트가 종교를 인간성숙의 최고 차원으로 간주한 것을 의미 있게 보고 상세하게 소개하여 제시하면서도 종교개념의 신학적 한계를 지적하는 방법으로 느슨한 기독교적 접근을 시도하였다.[36]

김용섭 교수는 미국의 개혁주의 기독교교육학자 야르스마의 교육심리학

---

33. 김용섭, 『교육심리』, 65-66, 79-82.
34. 김용섭, "분노에 대한 연구," 「고신대학 논문집」 11 (1984.7.): 86-88.
35. 김용섭, "열등감과 적응," 「고신대학 논문집」 14 (1986.10.): 182-183.
36. 김용섭, "Gordon W. Allport의 Personality Theory에 있어서의 성숙의 개념과 종교적 함의," 「고신대학교 논문집」 (1994.12.): 102-111.

을 깊이 연구해가면서 교육심리학의 규범학문적 특성, 특히 교육심리학의 출발과 구조에서의 기독교적 접근과 해석에 대한 관심을 더 발전시켰다. 김용섭 교수는 초기에 야르스마의 학습에 대한 분석의 논문에서, 야르스마가 성경적 관점의 인간론으로부터 마음의 학습, 능동적 학습, 전인적 학습을 제안한 것에 대하여 높이 평가하면서도, 야르스마는 학습이론에서 반주지주의적 경향성을 보였고, 학습의 합리성에 대한 오해가 있다고 비판하였다.[37]

그러나 야르스마의 교육사상에 대한 연구가 확장되면서 김용섭 교수는 야르스마의 교육심리학의 많은 부분에 동의를 표하였고, 자신의 기독교교육사상의 기초로 삼았다. 김용섭 교수는 자신의 처음 생각처럼, 야르스마가 인간을 성경적 인간관에 따라 전인적인 퍼스낼리티로 간주한 것이 맞는다고 보았다. 특히 야르스마가 교육심리학 이론을 개혁주의 인간관으로부터 일관성 있게 전개하여 발달이론과 학습이론도 재구성한 사례로부터 기독교적 학문의 새로운 지평을 확인하였다. 물론 김용섭 교수는, 교수활동 초기에는 교육심리학자였으나, 이후 교육철학자로 연구 활동을 지속하였으므로, 경험과학적인 방법의 교육심리학 연구를 계속 발전시키지는 못했다.

3.4. 한국 기독교교육역사

김용섭 교수는 그의 박사학위 논문(*Contours of a Scriptural approach to education in the Republic of Korea*) 내용의 제1부에서 우리나라 교육의 전체 역사를 개관하였다. 비록 그가 자신의 논문 제1부의 제목을 "역사적 발전의 개관(a brief view of historical development)"이라 표현하였음에도, 한국교육역사는 그의 논문에서 200페이지 이상의 분량으로 이루어져 있고, 고대국

---

37. 김용섭, "Cornelius Jaarsma에 있어서의 학습의 기본개념," 「고신대학 논문집」 9 (1981.5.): 107-109.

가의 교육에서부터, 삼국시대와 고려시대와 조선시대의 교육, 근대교육, 그리고 해방이후 1970년대까지의 현대교육을 주요 특성들에 따라 모두 서술하였으므로, 사실상 전체적인 범위에서 한국교육의 역사를 상술하였다고 말할 수 있다. 한국교육역사에 대한 상세한 정보를 담고 있는 영문문헌이 많지 않았던 시기에,[38] 특히 오늘날처럼 사이버 공간에서 어렵지 않게 해외 문헌들을 불러내어 읽을 수 있는 여건이 조성되지도 못한 당시대에, 그의 논문은 서구의 교육학자들, 특히 남아프리카공화국의 교육가들과 지식인들이, 그가 서술한 한국 문화와 교육에 대한 학문적인 그리고 상세한 내용의 글을 접하여, 한국과 한국인을 이해할 수 있게 하는, 문화적 기여를 하였다.

김용섭 교수는 교육역사 연구 범위에서, 특히 근대의 기독교학교인 미션스쿨 연구자였다. 그는 "Mission School들이 한국교육의 현대화에 끼친 영향"(1988)이라는 논문에서, 당시대 조선사회의 세계관, 외교와 정치적 상황, 선교사들의 선교활동의 특성, 미션스쿨의 현황, 그리고 미션스쿨 교육내용을 서술한 이후, 미션스쿨이 근대 한국사회에 기독교복음의 전파와 함께, 자유교양교육을 통하여 근대 민주적 의식, 공공의 윤리와 준법정신, 민족주의적 의식, 여성의 인권의식을 일깨우는 일에 실제적으로 기여하였다고 주장하였다.[39]

김용섭 교수 자신이 11년간 미국 남장로교 선교사들이 설립했던 미션스쿨 교사로 일한 경험에 비추어, 그리고 한국교육의 역사에 대한 연구자의 역량에 비추어, 한국 기독교학교에 대한 역사적 연구에서 그의 특별한 기여가 더 기대되었지만, 교육역사에 대한 연구 시작의 시점이 비교적 늦었고, 우리나라

---

38. YongSub, Kim, "Contours of a Scriptural Approach to Education in the Republic of Korea," 542-543. 김용섭 교수가 당시 마이크로필름 형태로 구하였던 한국교육역사에 대한 미국 박사학위 논문은 9편에 불과하였고, 그 중 전체 역사를 다룬 것은 7편 정도였다.

39. 김용섭, "Mission School들이 한국교육의 현대화에 끼친 영향," 「고신대학 논문집」 16 (1988.10.): 164-168.

신학대학 기독교교육과는 일반적으로 교회교육 연구에 관심이 집중되어 있어 학교에 대한 관심이 적었으므로, 많이 결실하지 못하였다.

김용섭 교수는 정년퇴임이후, 그가 장로로 봉사해 온 제일영도교회의 역사를 기술하는 일에서 역사적 연구의 마지막 결실을 보였다.[40] 그가 집필한『제일영도교회 100년사: 1896-1996』는 개별 교회 역사 연구의 역작으로서, 이후 개별 교회사 연구문헌들의 모범 사례가 되었다. 그의 저서가 다룬 제일영도교회는 부산에서 한국인이 설립한 최초의 교회였고, 고신교회의 중심 교회 중 하나였으므로, 그의 저서는 개별교회를 중심한 한국교회사 서술이 되었다.

4. 김용섭 교수의 기독교교육사상의 역사적 의의

김용섭 교수의 교육활동과 기독교교육사상의 역사적 의의는 고신대학교 기독교교육과의 역사적 의의와 맞물려 있다. 고신대학교에서 기독교교육은 1946년 설립이후부터, 평양장로교신학교의 전통처럼, 신학 예과에서 주일학교교육을 위한 교양과목과 실천과목으로 가르쳐져왔다. 1961년부터 1963년까지는 종교교육과가 설치되어 운영되었다. 그러나 1964년 이래로 독립학과가 유지되지 못하여 다시 신학 예과의 교양 및 실천 교과목으로 실행되었다. 고신대학교가 1969년 대학학력인정 교육기관이 되면서 다시 새로운 발전의 계기가 만들어졌다. 김용섭 교수와 더불어 교육학이 대학의 교직과목으로 확립되었고, 1977년에는 김용섭 교수와 더불어 대학의 독립적인 학과로 재개설되었다.[41] 한국교회 현실에서 기독교교육은 오랫동안 신학의 실천분야로 간주

---

40. 김용섭,『제일영도교회 100년사: 1896-1996』(부산: 육일문화사, 1997).
41. 조성국. "고신대학교 기독교교육(학)과의 역사적 발전양상(1946-2016),"「고신신학」 18 (2016.9.8.):

되어왔으나, 네덜란드 자유대학교 유학경험으로부터 교육학을 신학에서 독립된 기독교학문으로서 이해했던 신학자 이근삼 교수의 주도로,[42] 그리고 초기에 교육학자 김용섭 교수의 실제적인 작업으로, 고신대학교 기독교교육과는 우리나라에서 개혁주의 기독교교육(학)과로 확립되었다.

김용섭 교수의 교육활동과 기독교교육사상에서의 기여는 다음 몇 가지로 정리될 수 있다.

첫째, 김용섭 교수는 기독교교육과의 전공교육과 기독교교육학을, 고신대학교의 신학적 정체성인 개혁주의 신학과, 기독교세계관에 기초한 개혁주의 기독교철학의 기초 위에 확립하는 작업을 적극적으로 시도하였다. 그는 신학자가 아니었으므로 신학 영역의 연구에서는 칼빈의 신학에 집중하였다. 그는 기독교 교육철학자였으므로 기독교세계관을 해명하는 네덜란드계 기독교철학(개혁철학)과, 기독교철학적 인간관을 연구하고 가르치는 일에 관심을 가졌다. 1980년대 초부터 그는 네덜란드의 기독교철학자 도예베르트의 철학, 남아공화국의 기독교철학자 스투어커르의 철학, 그리고 그들의 철학을 해설하는 스피르, 칼스베이크, 딸야르트의 저서 내용을 교육과 연구에서 활용하였다.

둘째, 김용섭 교수는 네덜란드계 개혁주의 교육학 연구자로서, 우리나라에 네덜란드 자유대학교의 바터링크와, 미국 칼빈대학의 야르스마의 교육이

279-309.

42. 조성국. "고신대학교 기독교교육(학)과의 역사적 발전양상(1946-2016)". 「고신신학」 18. 2: 290-291. 이근삼 교수는 1964년 고신대학교의 기독교교육과 첫 번째 학과장으로 선임된 일이 있다. 기독교교육과가 지속되지 못했지만, 그는 1964년 미국 고돈대학교 샤플(Charles Schauffle) 교수를 초청하여 고려신학교 신학과에 기독교교육 집중특강을 열었다. 이후 이근삼 교수는 1969년 이후 기독교교육학의 초기 교수들인 김용섭, 그리고 1977년부터 김성수 교수가 개혁주의 교육학을 연구하고, 개혁주의 교육학을 고신대학교 기독교교육과의 교육학이 되게 하는 일을 지원하고 격려하였다. 이근삼 교수의 노력으로 남아공화국 포첸스트룸대학교의 교수 박사학위 유학 프로그램이 열렸고, 그의 지원에 따라 먼저는 김용섭 교수, 이후에 김성수 교수가 차례로 박사과정에 유학하여 연구하였고, 두 사람은 우리나라의 대표적인 개혁주의 교육학자가 되었다.

론을 소개하는 일에 기여하였다. 영어문헌 해독에 한정된 조건에서 네덜란드 문헌이 대부분인 바터링크의 저서들 전체를 소개하기는 어려웠지만, 영어문헌들로 이루어진 야르스마의 교육이론은 명료하게 소개하고 깊이 논의하였다. 우리나라 기독교교육학이 미국 신학대학에서 전래되어 교회교육신학의 성격을 가졌으나, 김용섭 교수는 개혁주의 기독교대학교의 교육학 전통에 따라, 일반 교육학의 연구 전통처럼, 교육에 대한 본질적 논의와, 교육이론에 대한 기초적인 비평적 논의를 통하여 기독교적 교육학을 확립하려 했던 정통 교육학자였다.

셋째, 김용섭 교수는 개혁주의 기독교교육철학을 학문적 목적에 따라 체계적으로 해설하는 저서로 눈에 띄는 학자가 되었다. 그의 저서 『기독교교육철학』은 개혁주의 신학과 철학의 기초에서 일관성 있게, 교육의 본질, 교육적 인간론, 교사와 학생의 관계, 교육과정, 교수학습의 전체 분야를 논의하였고, 개혁주의 기독교교육철학이 일반 교육학 이론과 교회교육신학이론들과 어떤 구별성이 있는지 드러내었다. 이 저서는 그리스도인인 교육학자들과 학교교육에 참여하고 있는 교사들이 개혁주의 기독교교육학의 독특성과 학문성을 접할 수 있는 주요 문헌이 되었다.

넷째, 김용섭 교수는 한국교육의 역사와 조건 안에서 개혁주의 교육학의 필요를 설득하고 개혁주의 교육학의 탁월성을 해설하는 전도자였다. 한국교육역사 전체에 대한 개관적 서술, 특히 미션스쿨의 역사에 대한 서술, 교회역사에 대한 서술에서, 기독교교육학이 우리나라 전체 역사와 사회 전반에 대한 시야를 갖도록 독려하였다. 우리나라의 보수적인 혹은 복음주의적인 기독교교육학이 이원론적 관점에서 교회사와 교회교육에만 관심을 집중하는 경향을 보였으나, 그는 기독교교육가들이 우리나라 전체의 교육역사와 한국 사회로 시야를 확장하도록 요구하였다. 교육실천에서도 교회교육만 아니라, 가정

교육, 학교교육에 적극적인 관심을 갖도록 독려하였다.

물론 김용섭 교수의 학문적 연구에는 아쉬운 점들도 있다. 개혁신학 주제와 기독교철학 주제의 연구가 다양하지 않았고, 네덜란드어(와 아프리칸스어) 문헌에 대한 접근에 한계가 있었고, 야르스마 이후의 북미 개혁주의 기독교교육학자들의 문헌에 대한 논의가 별로 없었고, 교회교육 실천에 대한 연구가 별로 없었다는 것 등이다. 그러나 모든 학자들이 모든 주제에 대한 연구자가 될 수 있는 것은 아니다. 그는 고신대학교의 첫 번째 기독교교육학자로서, 고신신학에 일치하는 개혁주의 교육학을 잘 소개하였고, 학문적 수준에서 체계적으로 개혁주의 기독교교육철학을 해설하였고, 고신대학교 기독교교육과를 개혁주의 교육학과로 확립하였다는 것만으로도 그의 기여는 충분히 인정받아야 한다. 그가 충분하게 다루지 못한 학문적 과제들은 그의 후속학자들이 수행해야 할 과제이기 때문이다.

5. 나가면서

김용섭(1929-2021) 교수는 고신대학교의 첫 번째 개혁주의 기독교교육학자였다. 그는 고려신학대학의 첫 번째 교육학 교수로 교육학을 가르쳤고, 네덜란드계 개혁주의 기독교대학교에서 개혁주의 교육철학으로 박사학위를 받은 첫 번째의 한국인 박사였다. 그는 고신대학교에 기독교교육과가 설치된 이후에는 전공교육과 학문연구에서 개혁주의 교육학을 확립하는 과제를 수행하여, 고신대학교 기독교교육과가 개혁주의 교육학 교육과 연구에 특화된 기관이 되는 일에 기여하였다. 그의 저서 『기독교교육철학』은 우리나라 교육학자가 네덜란드계 개혁주의 관점의 기독교교육철학을 논의한 의미 있는 저서

여서, 이후 기독교교육자들에게 개혁주의 교육학을 체계적으로 이해하는데 도움을 주었다.

김용섭 교수는 칼빈의 신학과 개혁주의 기독교철학의 기초에서, 교육학적 인간론, 교육이론, 교육심리, 한국교육역사 연구에 관심을 집중하였다. 그는 개혁주의 교육학자인 네덜란드의 바터링크와, 특히 미국의 야르스마의 대표적인 연구자가 되어, 우리나라에 이 학자들의 교육이론을 상세하게 소개하였다. 개혁주의 기독교교육학은 하나님 중심의 규범적 교육학이다. 개혁주의 교육학은 하나님의 권위와 역사를, 교육을 가능하게 하는 기초로 간주한다. 성경과 성령의 역사가 교육과정에서 중심으로 인정되어야 하고, 교육은 인간 마음의 변화를 통한 전인적 발달과 성숙을 도모해야 하며, 문화적 사명의 범위와 과제를 다루어, 학생이 하나님의 영광과 인류사회의 복리에 기여할 수 있게 해야 한다는 말로 그의 기독교교육사상은 요약될 수 있다.

참고문헌

김용섭. "Motivation in Learning." 「고려신학대학 논문집」 2 (1973.5.): 78-98.

김용섭. "우리나라 기독교신자 대학생들의 교회생활 및 사회현실에의 적응에 관한 연구." 「고려신학대학 논문집」 3 (1974.10.): 86-142.

김용섭. "유아기의 가정교육." 「고신대학보」 (1975.2.).

김용섭. "Personality의 본질: 그 기본개념과 형성을 중심으로." 「고려신학대학 논문집」 5 (1977.4.): 41-67.

김용섭. "효의 의미와 기독교적 이해." 「고신대학보」 38 (1978.5.20.).

김용섭. "Cornelius Jaarsma에 있어서의 학습의 기본개념." 「고신대학 논문집」 9 (1981.5.): 93-110.

김용섭. "한국교육의 역사와 기독교교육의 미래." 「미스바」 6.

김용섭. "교육에 있어서의 가르치는 자와 배우는 자." 「고신대학 논문집」 10(1982.5.): 111-138.

김용섭. "포쳅스트룸대학의 도서관." 「미스바」 8.

김용섭. "이상적인 대학생상." 「학생생활연구지도」 1 (1983): 10-14.

김용섭. "교육에 있어서의 자유와 훈계와 권위의 문제." 「향연」 1 (1984): 43-59.

김용섭. "분노에 대한 연구." 「고신대학 논문집」11 (1984.7.): 71-90.

김용섭. "대인관계론." 「학생생활연구지도」 2 (1984): 5-16.

김용섭. "칼빈의 세계관, 인간관과 개혁주의 교육관: 교육목적, 교사-학생관을 중심으로." 「고신대학 논문집」 13 (1985.7.): 69-93.

김용섭. "Human Development (Cornelius Jaarsma)." 「교회문제연구」 4 (1985.12.).

김용섭. "열등감과 적응." 「고신대학 논문집」 14 (1986.10.): 163-184.

김용섭. "한국교회와 교육문제." 「교회문제연구」 5 (1986.9).

김용섭. "일반교육과 기독교교육에 있어서의 교육과정 및 교수학습의 개념에 대한 비교 연구." 「고신대학 논문집」 15 (1987.10.): 263-297.

김용섭. "Mission School들이 한국교육의 현대화에 끼친 영향." 「고신대학 논문집」 16 (1988.10.): 145-169.

김용섭. "교육의 기관과 장에 대한 고찰." 「미스바」 13 (1988): 52-78.

김용섭. 『교육심리』. 부산: 총회교육위원회, 1988.

김용섭. "인간의 심성을 회복하는 길." 「고신대학보」 (1990.2.28.).

김용섭. "기독교대학과 교수들의 과제." 「고신대학 논문집」 (1990.12.): 253-260.

김용섭. "교회의 교육적 사명." 「파이데이아」 5 (1991).

김용섭. 『칼빈의 세계관, 인간관과 개혁주의 교육관』. 부산: 고신대학교기독교교육연구소, 1992.

김용섭. "Cornelius Jaarsma의 교육사상." 「고신대학교 논문집」 (1993.12.): 37-74.

김용섭. "Gordon W. Allport의 Personality Theory에 있어서의 성숙의 개념과 종교적 함의." 「고신대학교 논문집」 (1994.12.): 87-112.

김용섭. 『기독교교육철학』. 서울: 개혁주의신행협회, 1996.

김용섭. 『제일영도교회 100년사: 1896-1996』. 부산: 육일문화사, 1997.

김용섭. 성격심리학 강의안. 노트 자료.

조성국. "고신대학교 기독교교육(학)과의 역사적 발전양상(1946-2016)." 「고신신학」 18 (2016): 279-309.

조성국. 『기독교세계관 형성을 위한 기독교학교교육의 역사와 철학』. 서울: 생명의 양식, 2019.

Kim, YongSub. "Contours of a Scriptural Approach to Education in the Republic of Korea." Ed.D. Thesis. Potchefstroom University, 1980.

Abstract

YongSub Kim's Life and His Reformational Philosophy of Christian Education

Prof. Dr. Joh, SongGuk

(Faculty of Christian Education)

YongSub Kim(1929-2021) was historically the first qualified education professor of Kosin University. He taught pedagogy as the first educationist in Korea Theological College (and Kosin University) from 1969 to 1994, and was the first Korean acquired a doctor degree in education from Dutch Reformed Christian University in 1980. He contributed to establishing the Christian education department of Kosin University, and to the department's becoming a Korean center of Reformational pedagogy. His book, Christian Philosophy of Education, is such a significant leading study of the Christian education from the Reformational perspective, that many Korean educators could understand distinctions of Reformational pedagogy academically and systematically.

YongSub Kim's study focused on educational anthropology, theory of education, educational psychology, and history of Korean education, on the basis of Reformational Christian philosophy. He introduced J. Waterink (Free University, Netherlands) and C. Jaarsma (Calvin College, USA) to Korean educators (both of them are Dutch Reformational educationists). He was a representative scholar in Korea on Jaarsma's education. Reformational pedagogy is a God-centered normative pedagogy. It is considered God's authority and works to be the real cornerstone of education. YongSub Kim contends that the Bible and the Holy Spirit should be located in the center of the process of education, and that education aim to the change of human heart, his holistic development and maturity. Reformational education should deal with all the scope and tasks of cultural mandate, so that students may contribute to God's glory and the wellbeing of humanity.

Key words: YongSub Kim, Kosin University, Reformational Education, Christian Philosophy of Education, Christian Education, Reformed Education, Potchefstroom University

고신신학 제23호
Kosin Theological Journal

인 쇄 2021년 9월 9일 1판 1쇄
발행일 2021년 9월 16일 1판 1쇄

발행인 안 민
편집인 송영목
발행처 고신신학회 (고신대학교 기독교사상연구소)
연락처 051) 990-2187
이메일 ymsongrau@kosin.ac.kr

펴낸곳 도서출판 더워드
주 소 서울 서대문구 독립문로 8길 54
디자인 CROSS-765
총 판 기독교출판유통 (031-906-9191)

출판등록 2019년 9월 6일 (2019-000086)
ISBN 979-11-969509-5-8 (13230)

가격 13,000원